西部大开发的战略选择
科学推进系统资源开发

吴靖平 ◆ 著

科学的资源开发模式
走出"资源诅咒"

怪圈

中共中央党校出版社
The Central Party School Publishing House

责任编辑　张克敏
版式设计　尉红民
责任校对　马　晶
责任印制　宋二顺

图书在版编目（CIP）数据

科学的资源开发模式——走出"资源诅咒"怪圈/吴靖平著.
北京：中共中央党校出版社，2010.5
ISBN 978-7-5035-4318-0

Ⅰ.科…　Ⅱ.吴…　Ⅲ.资源经济学-研究　Ⅳ.F062.1

中国版本图书馆CIP数据核字（2010）第070991号

中共中央党校出版社出版发行
社址：北京市海淀区大有庄100号
电话：(010) 62805800（办公室）　(010) 62805818（发行部）
邮编：100091　网址：www.dxcbs.net
新华书店经销
三河市南阳印刷有限公司
2010年5月第1版　2010年5月第1次印刷
开本：700毫米×1000毫米　1/16　印张：14.25
字数：246千字
定价：32.00元

目 录

序 ……………………………………………………………………（1）

第一章　导论 ………………………………………………………（1）

一、研究背景 ………………………………………………………（1）
　（一）研究的目的和意义 ………………………………………（2）
　（二）具备的条件 ………………………………………………（14）

二、研究方法 ………………………………………………………（15）
　（一）系统方法与统筹协调方法相结合 ………………………（15）
　（二）理论分析和案例分析相结合 ……………………………（15）
　（三）静态分析与动态分析相结合 ……………………………（16）
　（四）定性分析与定量分析相结合 ……………………………（16）

三、文献综述 ………………………………………………………（17）
　（一）国外研究状况 ……………………………………………（17）
　（二）国内研究状况 ……………………………………………（19）
　（三）国内外研究状况简要评述 ………………………………（20）

第二章　经济学中的资源理论 ……………………………………（22）

一、资源的界定 ……………………………………………………（23）
　（一）狭义的资源概念 …………………………………………（23）
　（二）广义的资源概念 …………………………………………（23）
　（三）资源系统概念 ……………………………………………（24）

二、传统资源理论回顾 ……………………………………………（24）
　（一）马克思主义的资源理论渊源 ……………………………（24）

（二）古典经济学的主要资源理论 …………………………（25）
　　（三）新古典经济学的资源理论 …………………………（37）
三、传统资源理论的局限 …………………………………………（38）
四、增长有限理论与增长无限理论的回顾 ………………………（41）
　　（一）增长的核心问题：人与自然的关系 ………………（41）
　　（二）增长理论的发展与争论 ……………………………（42）
　　（三）科技进步在资源战略中的作用 ……………………（46）
五、新经济增长模式的探讨 ………………………………………（48）
　　（一）均衡增长论 …………………………………………（48）
　　（二）有机增长论 …………………………………………（51）
　　（三）"无意外"发展论 ……………………………………（52）
　　（四）可持续发展论 ………………………………………（54）

第三章　系统资源理论分析 ……………………………………（56）

一、资源系统 ………………………………………………………（56）
　　（一）自然资源系统 ………………………………………（57）
　　（二）经济资源系统 ………………………………………（57）
　　（三）人文社会资源系统 …………………………………（61）
　　（四）资源系统三个子系统之间的关系 …………………（66）
二、资源的性质 ……………………………………………………（68）
　　（一）资源的共性 …………………………………………（68）
　　（二）自然资源的特性 ……………………………………（71）
　　（三）经济资源的特性 ……………………………………（72）
　　（四）人文社会资源的特性 ………………………………（73）
三、科学的资源观 …………………………………………………（74）
　　（一）科学的资源观是以人为本的资源观 ………………（75）
　　（二）科学的资源观是可持续发展的资源观 ……………（76）
　　（三）科学的资源观是统筹协调的资源观 ………………（77）
　　（四）科学的资源观是辩证的资源观 ……………………（78）
　　（五）科学的资源观是开放的资源观 ……………………（79）
　　（六）科学的资源观是优势的资源观 ……………………（79）
四、科学的资源观要回答的问题 …………………………………（80）
　　（一）资源与人类生存的关系 ……………………………（80）

（二）资源与自然界的关系 ………………………………………（80）
　　（三）资源与社会的关系 …………………………………………（81）

第四章　资源的集聚整合 …………………………………………（82）

一、资源集聚整合的理论分析 …………………………………………（82）
　　（一）资源集聚整合的含义 ………………………………………（82）
　　（二）资源集聚整合的互动作用机理 ……………………………（84）
　　（三）资源集聚整合的特点 ………………………………………（86）
二、资源集聚整合的方法 ………………………………………………（87）
　　（一）宏观层面的资源集聚整合 …………………………………（87）
　　（二）微观层面的资源集聚整合 …………………………………（92）
三、资源的配置 …………………………………………………………（94）
　　（一）资源配置的要素分析 ………………………………………（94）
　　（二）资源配置的目标原则 ………………………………………（95）
　　（三）资源配置的制度分析 ………………………………………（96）
　　（四）统筹协调市场配置资源 ……………………………………（101）
　　（五）资源配置的结构优化 ………………………………………（102）

第五章　系统资源理论发展模型 …………………………………（105）

一、传统资源理论的发展模型 …………………………………………（105）
　　（一）哈罗德—多马模型 …………………………………………（105）
　　（二）索洛模型 ……………………………………………………（107）
　　（三）新制度经济学的发展模型 …………………………………（110）
　　（四）超边际与边际分析发展模型 ………………………………（114）
二、系统资源理论发展模型 ……………………………………………（117）

第六章　资源价值理论分析 ………………………………………（122）

一、资源的价值理论 ……………………………………………………（122）
　　（一）资源的价值 …………………………………………………（122）
　　（二）资源的使用价值 ……………………………………………（124）
　　（三）资源的价值理论研究 ………………………………………（125）
　　（四）资源的价格 …………………………………………………（131）
二、资源资本化 …………………………………………………………（133）

（一）资源资本化的内涵 ………………………………………… (133)
　　（二）资源资本化的条件 ………………………………………… (134)
　　（三）资源资本化的经济学意义 ………………………………… (135)
三、资源价格形成机制 …………………………………………………… (135)
　　（一）基于马克思劳动价值论的自然资源定价模型 …………… (136)
　　（二）基于市场经济价格理论的自然资源定价模型 …………… (137)
　　（三）李金昌模型 ………………………………………………… (139)
　　（四）科学的资源开发模式中的资源价格模型 ………………… (140)
四、资源经济制度 ………………………………………………………… (140)
　　（一）资源经济制度的功能 ……………………………………… (141)
　　（二）资源经济制度的主要内容 ………………………………… (142)
　　（三）资源经济制度的典型形式 ………………………………… (144)
五、资源市场 ……………………………………………………………… (147)
　　（一）资源市场的种类 …………………………………………… (148)
　　（二）我国资源产权市场建设 …………………………………… (149)

第七章　科学的资源开发新模式的理论分析 ……………………… (151)

一、模式的概念 …………………………………………………………… (151)
二、传统资源开发模式及其存在的弊端 ………………………………… (152)
　　（一）传统资源开发模式存在的弊端 …………………………… (153)
　　（二）传统资源开发模式弊端产生的主要原因 ………………… (153)
　　（三）传统资源开发模式存在的体制缺陷 ……………………… (155)
三、资源富集地经济发展表现不佳及原因分析 ………………………… (156)
　　（一）"富饶的贫困"：自然资源富集地经济发展普遍表现不佳 … (156)
　　（二）"富饶的贫困"原因分析 …………………………………… (159)
四、科学的资源开发模式的概念和内涵 ………………………………… (168)
　　（一）科学的资源开发模式的概念 ……………………………… (168)
　　（二）科学的资源开发模式的内涵及核心理念 ………………… (168)
五、科学的资源开发模式对资源开发成本的测度 ……………………… (171)
　　（一）资源开发的三个代价和三种成本 ………………………… (171)
　　（二）资源开发的经济成本及计量 ……………………………… (172)
　　（三）资源开发的外在化影响 …………………………………… (172)
　　（四）资源开发的外在成本和测度 ……………………………… (173)

六、科学的资源开发模式与可持续发展……………………………(176)
　　　　（一）资源开发与经济发展的关系……………………………(176)
　　　　（二）科学的资源开发模式可持续发展内涵…………………(178)
　　　　（三）资源可持续发展……………………………………………(179)

第八章　科学的资源开发模式实证分析……………………………(184)
　　一、科学的资源开发模式的资源禀赋——凉山州的区域状况………(184)
　　　　（一）区域特征………………………………………………………(184)
　　　　（二）资源禀赋………………………………………………………(185)
　　　　（三）经济社会状况…………………………………………………(187)
　　二、科学的资源开发模式的机制分析——创新资源开发体制
　　　　机制……………………………………………………………………(188)
　　　　（一）构建科学合理的产权制度，推进资源开发的资本化、市
　　　　　　场化、产业化……………………………………………………(188)
　　　　（二）资源市场化：资源有偿使用、竞争出让………………………(189)
　　　　（三）资源资本化：资源优势向资本优势的"惊险一跃"……………(189)
　　　　（四）资源产业化：就地延伸产业链、就地转化增值………………(190)
　　　　（五）资源可持续：把不可再生资源开发收益转化为对人文社
　　　　　　会资源和可再生资源的培植……………………………………(192)
　　三、科学的资源开发模式的空间布局战略选择——实施统筹区
　　　　域城乡协调发展战略…………………………………………………(192)
　　　　（一）统筹区域城乡协调发展战略的内涵…………………………(193)
　　　　（二）多资源多要素集聚整合，努力推进生态经济、通道经济、
　　　　　　流域经济、产业经济协调发展…………………………………(195)
　　四、科学的资源开发模式的产业布局战略选择——多产业多要素
　　　　集聚整合，走新型工业化、新型城镇化和农业现代化"三
　　　　化"联动发展道路………………………………………………………(198)
　　　　（一）以工业强州战略为主导，走新型工业化道路…………………(199)
　　　　（二）突出培育区域增长极，打造"一核、一极、五区、多点"，
　　　　　　走新型城镇化道路………………………………………………(201)
　　　　（三）着力农业振兴，走农业现代化道路……………………………(201)
　　五、科学的资源开发模式的战略目标选择——以人为本，改善
　　　　民生，多利益主体和谐发展…………………………………………(202)

（一）加强基础设施建设，加快发展富民产业 …………………（203）
（二）大力发展教育事业，提升人力资源含金量 …………………（203）
（三）建设生态文明，提高可持续发展能力 ………………………（204）
（四）加大扶贫开发力度，着力改善民生、增进和谐 ……………（205）

主要参考文献 ……………………………………………………（209）

致　　谢 …………………………………………………………（215）

序

　　资源是人类赖以生存和发展的根本。关于资源与人类社会的相互影响问题始终是经济学界研究的重要内容。近300年来，经济学界对人类认识、开发和利用资源的理论研究不断拓展和深化。"资源"这一概念的内涵和外延也不断发展变化。

　　《科学的资源开发模式——走出"资源诅咒"怪圈》一书，在对国内外主要资源理论进行广泛回顾和系统思考的基础上，以马克思主义经济学理论和科学发展观为指导，充分汲取古典经济学、新古典经济学、发展经济学及资源经济学的研究成果，从宏观经济学层面，对系统资源理论的一系列问题，尤其是对构建科学的资源开发新模式的若干命题进行了多角度、多层次的综合研究，并紧密结合工作实际，在对资源的认识和资源理论的深化拓展上迈出了可喜的一步。一是提出了科学的资源观、系统资源理论，丰富了资源理论的内涵，为资源所在地科学开发资源确立了新的价值取向。二是提出了系统资源理论发展模型，强调了统筹协调的市场配置资源方式，分析了三大资源系统集聚整合的机理，在经济学理论上开辟了新的思路。三是提出了科学的资源开发模式，对资源资本化、市场化、产业化和可持续化进行了实证分析，对资源所在地科学配置资源、科学开发资源、科学利用资源，实现加快发展、科学发展、又好又快发展提供了一种具体的发展路径。

　　本书的作者吴靖平同志在四川省凉山彝族自治州担任了5年州委书记，始终致力于一方民众的脱贫致富和一个地方的跨越发展而上下求索。特别是对自然资源富集地区如何实现"开发一方资源、富裕一方群众、发展一方经济、保护一方环境"的科学发展目标进行了深入思考和大胆实践。书中深入分析了当今正处在从"物本"经济活动到"人本"经济活动，从"实体"经济到广义虚拟经济，从"看不见的手"到"看不见的心"的发展过程。提出了人是资源之本的观点,并进行了充分的论证。指出资源是由人发现的,资源价值是相对于人的,离开人,资源就无从谈起。资源是对于人类社会有用途或有价值的各种物质、能量、条件以及人与人、人与社会的关系的总和。任何成分在被归为资源以前,必须满足两个前提:首先,人类必须有获得和利用它的科学知识和技术技能;其次,它所产生的物质或服务能够满足人类的某种需求,要能为人类社会创造财富。由此,形成了资源是由自然资源、经济资源和人文社会资源三个子系统构成的一个广角资源系统理论。分析了自然资源、经济资源和人文社会资源三个子系统各要素之间相互作用,通过人的劳动和创造,实现资源的价值,推动人类社会向前发展的作用机理。本书的这一系列观点和具体论述,跳出了传统资源经济学的思维模式,在学术上带来了一缕新风。

  本书的创新之处在于深入分析了资源系统,在提出并研究系统资源理论的基础上,又以科学发展观为指导,以科学的资源开发模式为核心内容来展开实证分析,并围绕经济发展与资源开发提出路径建议。在理论上,从系统论、协同论、可持续发展论角度,创造性地构建系统资源理论,厘清人与自然、人与社会的关系,对资源系统中自然资源、经济资源和人文社会资源三个子系统之间的整合、互动和转化进行科学解释。对在新的发展时期如何全面认识资源、开发利用资源提供了一个新的视角。在实践上,以对四川省凉山彝族自治州科学的资源开发新模式的实证分析,回答和破解了"富饶的贫困"和"资源诅咒"等问题,为自然资源富集地区实现统筹区域城乡协调发展,推动经济社会环境实现又好又快可持续全面发展目标,提供了一个成功案例。因此,本书既是一本经济学理论专著,又可为党政干部,特别是资源富集地区各级领导同志科学认识资源、科学开发资源、实现科学发展目标,解决现实问题,提供可资借鉴的重要参考。

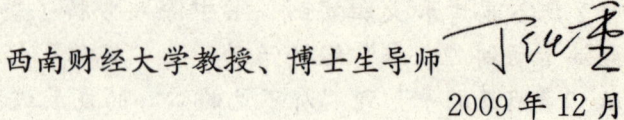

西南财经大学教授、博士生导师

2009 年 12 月

第一章 导　　论

有什么样的世界观，就有什么样的发展观。
有什么样的发展观，就有什么样的资源观。
有什么样的资源观，就有什么样的资源理论。
有什么样的资源理论，就有什么样的资源开发模式。

本书力求在科学发展观的指导下，结合资源富集地区探索资源开发新模式的具体实践，从宏观经济学和区域经济学的角度，提出科学的资源观、系统资源理论和科学的资源开发模式，其目的是为合理、有效地利用资源提供资源经济学的理论支撑，从而在科学资源观的指导下，以系统资源理论指导人们以更宽更广的视野科学认识资源、科学配置资源、科学开发资源、科学利用资源，全面推动经济社会又好又快发展。

一、研究背景

人们对资源能源问题的关注日益密切，最直接的背景是资源能源日趋紧缺、供求关系日益紧张。而导致资源能源问题突出、矛盾加剧最深刻的根源，是随着国际经济发展和人类社会进步，资源能源的消耗迅速增长，对资源能源的需求与日俱增，特别是发达国家资源能源产品消费高涨的势头有增无减，其中美国仅以世界5%的人口，就消费了1/3以上的世界资源。根据BP公司统计，2006年，美国石油探明储量299亿桶、比10年前的储量还要多1亿桶，储产比仅11.9%，远低于40.5%的世界平均水平，而消费量高达9.38亿吨，占世界的24.1%；天然气探明储量5.93

万亿立方米、比 10 年前的储量还要多 1.27 万亿立方米，储产比仅 11.3%，远低于 63.3%的世界平均水平，而消费量高达 6197 亿立方米，占世界的 22%。图 1.1 至图 1.11 显示了世界上贸易量最大的能源和金属矿产的生产和消费格局。所有这些例子都表明，发达国家在能源和矿产品消费中仍然处于主导地位，虽然发展中国家能源和矿产消费的绝对量提高了，但其在世界消费总量中仍然只占很小的一部分。由于以美国为代表的发达国家采取"储备国内资源、消费国际资源"的资源能源战略政策，加之国际投机资金疯狂炒作、哄抬价格、囤积居奇、火上浇油，使全球资源能源产品供求失衡、价格扭曲，全球经济发展中的"资源瓶颈"制约日益凸现。从某种意义上讲，现在全世界都受到资源品生产和供给的深刻影响，资源已经在悄悄地改变着国际政治经济格局。由于资源经济地位的快速上升，一些国家和人们很容易产生"自然资源拜物教"。与此相反的观点是，"资源诅咒"这一经济学命题并没有因自然资源价格的上涨而发生改变。"资源诅咒"认为，拥有丰富自然资源的国家往往在经济发展上慢于自然资源并不丰富甚至贫瘠的国家。笔者认为，必须跳出"自然资源拜物教"和"资源诅咒"的无效争论，创新资源理论，构建科学的资源开发模式，实现人类社会可持续协调发展。

（一）研究的目的和意义

创新资源理念，转变资源开发模式，资源才能支撑可持续发展。从国内来看，中国的资源总量和人均资源都严重不足，而资源消耗和增长速度却是十分惊人的。在资源总量方面，中国的石油储量仅占世界的 1.8%，天然气占 0.7%，铁矿石不足 9%，铜矿不足 5%，铝土矿不足 2%。在人均资源量方面，中国人均矿产资源为世界平均水平的 1/2，人均耕地、草地资源为 1/3，人均水资源为 1/4，人均森林资源为 1/5，人均能源占有量为 1/7，其中石油占有量仅为 1/10。从资源消耗角度看，从 1990 年到 2001 年，中国石油消费量增长 100%，天然气增长 92%，钢增长 143%，铜增长 189%，铝增长 380%，锌增长 311%，10 种有色金属增长 276%。如今，中国钢铁消费量已经达到 2.5 亿吨，接近美国、日本和欧盟钢铁消费量的总和，约占世界总消费量的 40%；水泥消费量约 8 亿吨，约占世界的 50%；电力消费量已超过日本，居世界第二位，仅次于美国。中国油气资源的现有储量不足 10 年的消费量，最终可采储量勉强可维持 30 年。总之，国内资源已难以支撑传统工业文明的持续增长。从国际来看，

第一章
导 论

各种经济主体围绕资源能源展开的争夺日益加剧,资源能源价格剧烈波动,使人们对资源问题的关注程度甚至超过了对科学技术发展的关注程度,无论是经济学家还是地缘政治学家,都不得不认真思考和对待资源问题;无论是伊拉克战争还是非洲的政治运动,其背后也都与资源的争夺相关联。

创新资源理念,转变资源开发模式,环境才能承载发展压力。当前,中国面临的环境形势十分严峻。中国现有荒漠化土地面积267.4万多平方公里,占国土面积的27.9%,而且仍以每年新增1万多平方公里的速度扩展;中国18个省的471个县,近4亿人口的耕地和家园正遭受着不同程度的荒漠化威胁;中国目前的废水排放总量为439.4亿吨,超过环境容量的82%;中国七大江河水系,劣五类水质占40.9%,75%的湖泊出现不同程度的富营养化;中国600多座城市中有400多座供水不足,其中100多座城市严重缺水;中国尚有3.6亿农村人口喝不上符合卫生标准的水;中国废气中二氧化硫排放量为1927万吨,烟尘排放量为1013万吨,工业粉尘排放量为941万吨,居民身体健康受到严重损害。在面对全球性能源、资源危机的同时,人们正日益陷入全球性气候变暖、极端性气候频发、灾难性生态恶化的环境危机之中。只有创新资源理念,转变资源开发模式,既留出经济发展的"绿线",更划出环境保护的"红线",才能走上生态文明的发展道路。

创新资源理论,转变资源开发模式,才能统筹区域协调发展。在现实中,由于自然资源富集地区财富增长主要依赖于出口自然资源或初级产品,不仅使得其产品变得毫无竞争力,而且使其进口产品相对于本地产品而言变得很便宜,这些地区的居民拥有现金后,消费基本上依赖于进口产品,使得本地的工业部门逐渐萎缩,从而限制其工业化进程,陷入资源诅咒(resource curse)。面临着"丰富的自然资源反而拖累其经济发展"的资源悖论,处于"富饶的贫困"之中。在实践上,自然资源富集地区面临着"财富拿走,贫困留下;资源拿走,污染留下"的发展困境,由于不能分享到精深加工环节产生的高附加值,资源富集地区出口自然资源或初级产品获得的价值,甚至不足以弥补自然资源开发过程中生态破坏、环境污染造成的损失。

创新资源理念,转变资源开发模式,才能提升国家竞争力。中国加入世界贸易组织后,国际上各式各样严格的法规和标准接踵而来,各种各样的贸易壁垒成为中国企业走向世界的一个主要阻力。特别是近年来资源环境因素

科学的资源开发模式
——走出"资源诅咒"怪圈

在国际贸易中的作用日益凸显,"绿色壁垒"成为中国扩大出口面临最多也是最难突破的问题,有的已对中国产品在国际市场的竞争力造成了严重影响。如何有效规避和消除贸易壁垒,在日趋激烈的国际竞争中占有一席之地,是当前中国经济发展急需探讨和研究的一个重大问题。

创新资源理念,转变资源开发模式,才能保证国家安全。资源能源是赖以生存和发展的前提,是国民经济的基础,资源能源问题关乎国家安全。为此,应该认真研究中国资源能源的对外依赖度问题,以确保国家资源能源安全和经济安全。未来一个时期,中国的产业结构仍将处于重化工主导的阶段,高能耗、高污染产业仍然具有高需求。由于国内资源不足,节能降耗无疑是确保我国资源能源安全和经济安全的必然选择。创新资源理念,转变资源开发模式,大力节约资源、促进资源永续利用,是保障国家安全的重大战略措施。

创新资源理论,转变资源开发模式,才能推动经济发展方式转变。面对全球性的能源、资源和环境问题,人类是继续无休止地索取自然资源以满足自身无限的欲望,还是抽身退步,从人自身来重新审视资源,寻找答案?人与自然资源,特别是"经济人"与自然资源是一个什么样的关系?为什么自然资源富集地区会出现"财富拿走,贫困留下;资源拿走,污染留下"的发展困境,如何破解这个难题?如何构建一个资源开发模式来妥善处理开发与保护的关系?对于这些资源领域的新现象和新问题,传统的自然资源理论已经不能作出令人信服的解释。而传统的资源开发模式,造成物质资源与非物质资源相脱节、自然资源与社会资源相脱节,使得资源得不到科学有效的利用。因而,从理论到实践上,都呼唤构建一种在科学发展观指导下的新的资源观和资源开发模式,用科学的资源观来解决科学认识资源的问题,用科学的资源开发模式来解决自然资源富集地区可持续发展的问题,从而促进资源节约型社会和环境友好型社会建设,破除"资源诅咒",破解"富饶的贫困"难题。

第一章

导 论 diyizhang

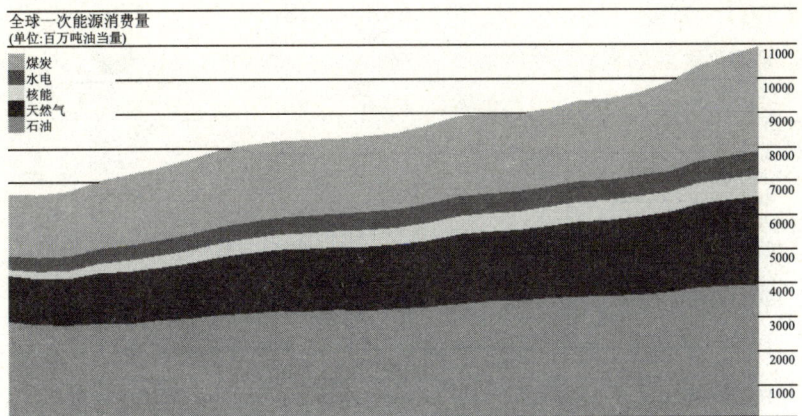

2006年,世界一次能源消费量增长减缓,但仍高于过去10年的平均水平。石油的增长最慢而煤炭的增长最迅速。尽管石油仍然是全球最重要的能源,它的市场份额已经部分让位给煤炭和天然气。

图1.1 1981—2006年全球一次能源消费量增长

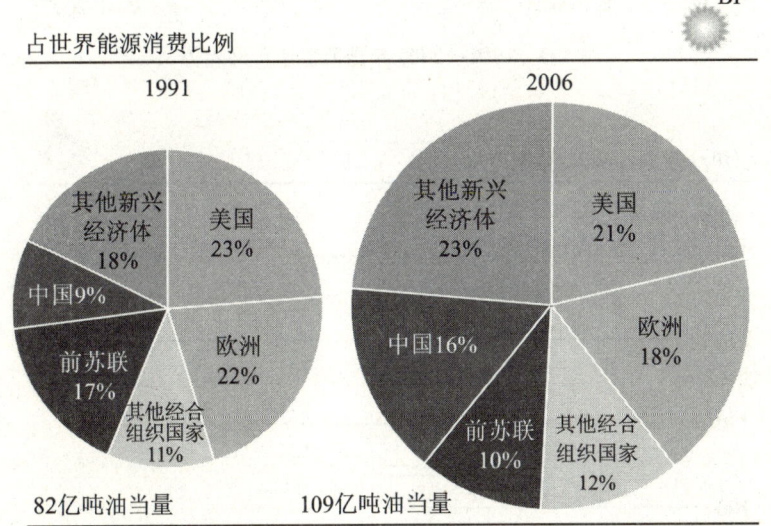

2007年BP世界能源统计年评

图1.2 1991年和2006年世界主要经济体能源消费比例

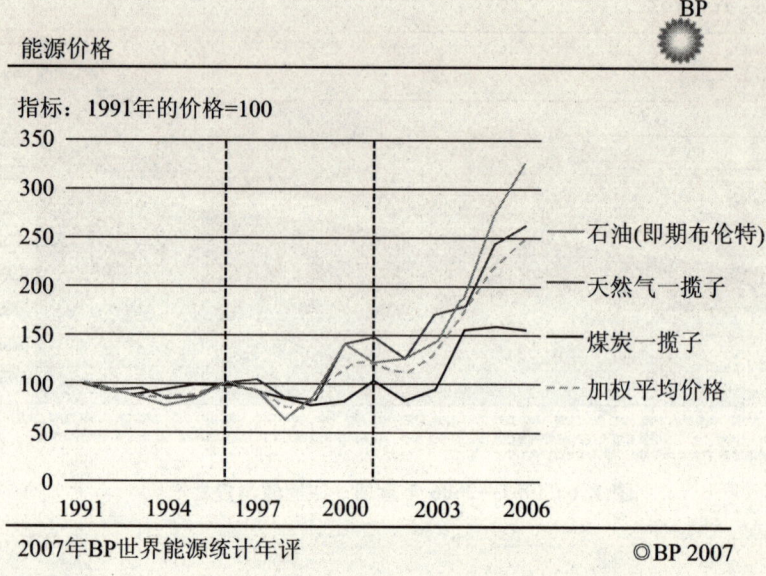

图 1.3　1991—2006 年国际能源价格走势

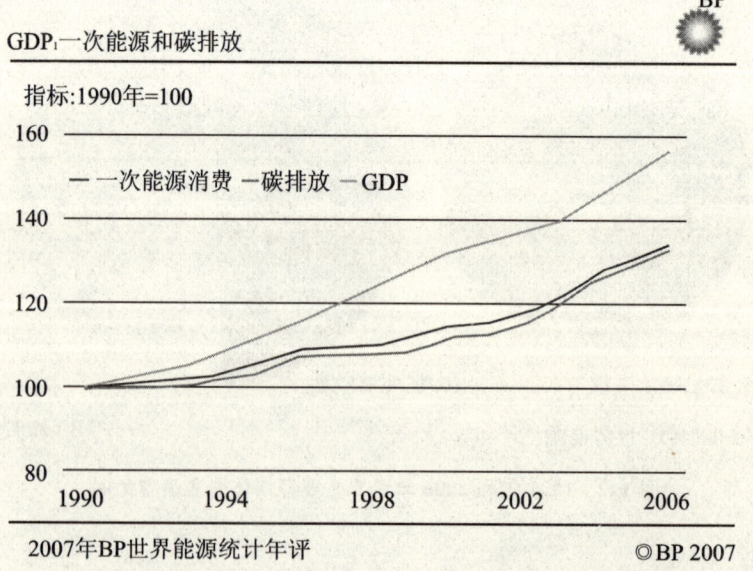

图 1.4　1990—2006 年世界经济增长、能源消耗和碳排放趋势对比

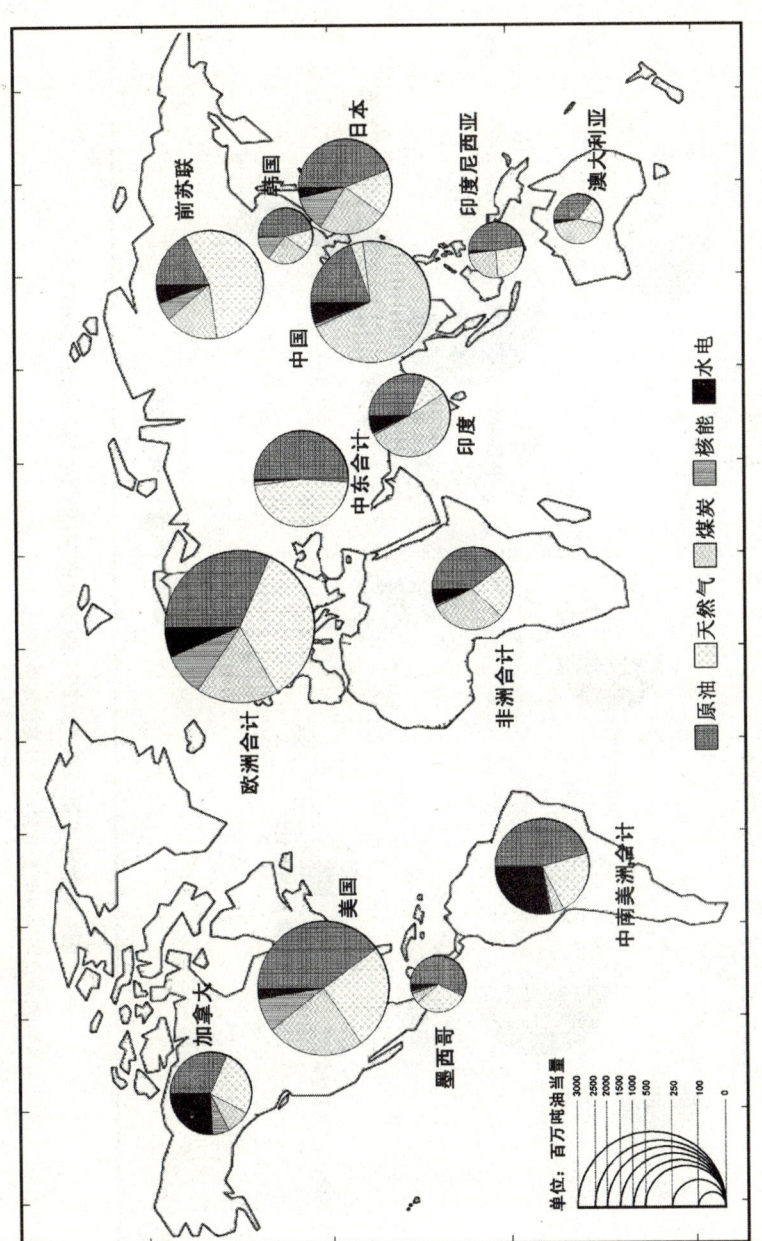

图1.5 世界主要国家(地区)一次性能源消费构成(2007)

资料来源：国家发改委能源局《世界能源数据提要》。

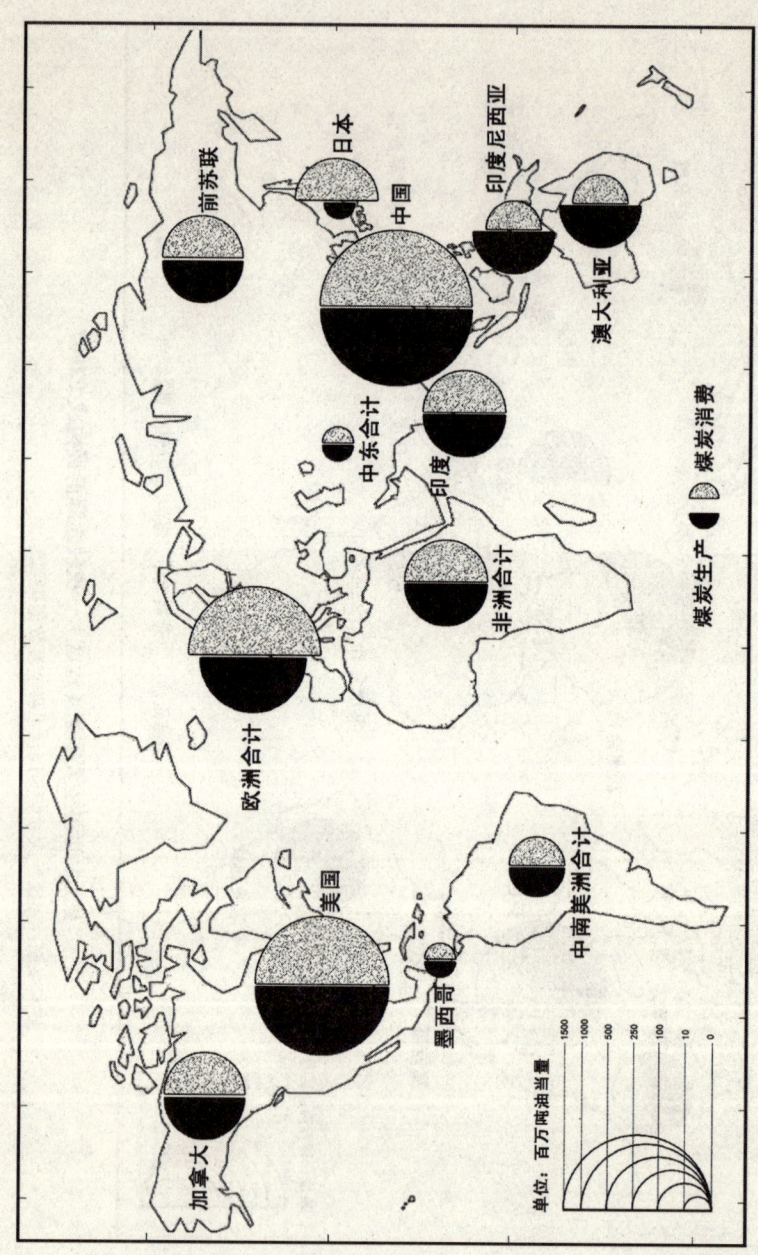

图1.6 世界主要国家（地区）煤炭生产和消费的空间格局（2007）

资料来源：国家发改委能源局《世界能源数据提要》。

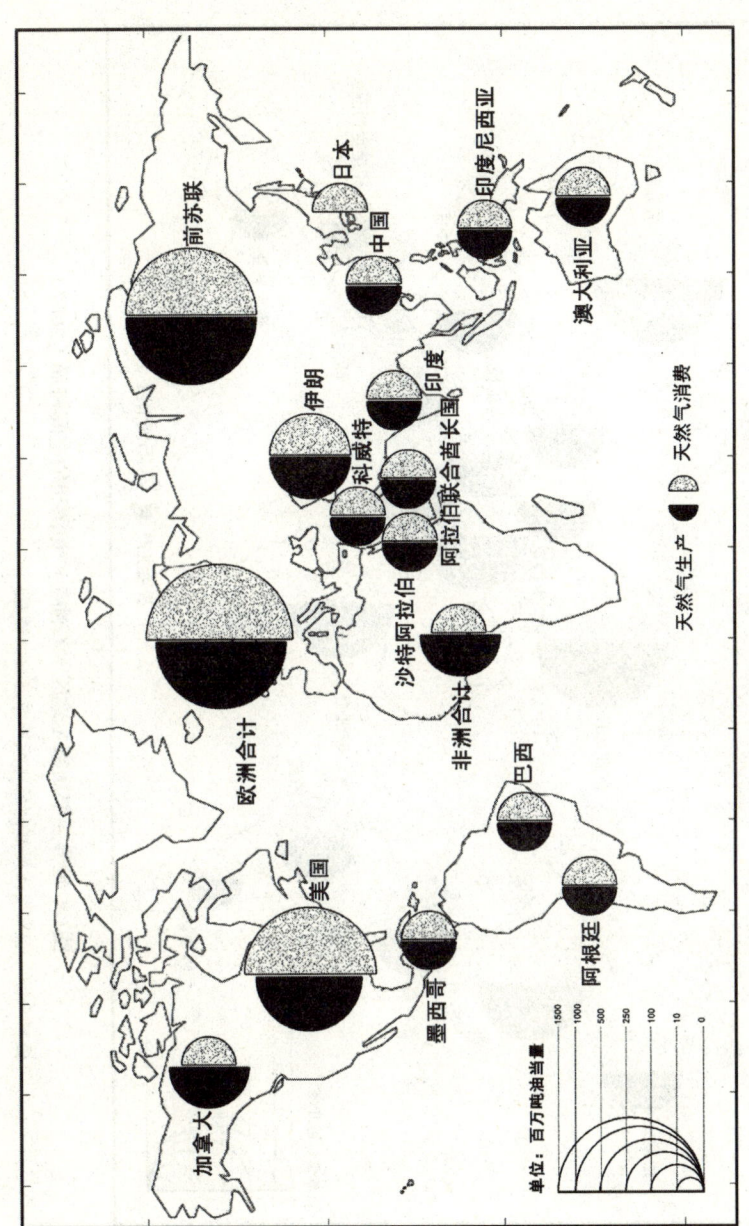

图1.7 世界主要国家（地区）天然气生产和消费的空间格局（2007）

资料来源：国家发改委能源局《世界能源数据提要》。

科学的资源开发模式
——走出"资源诅咒"怪圈

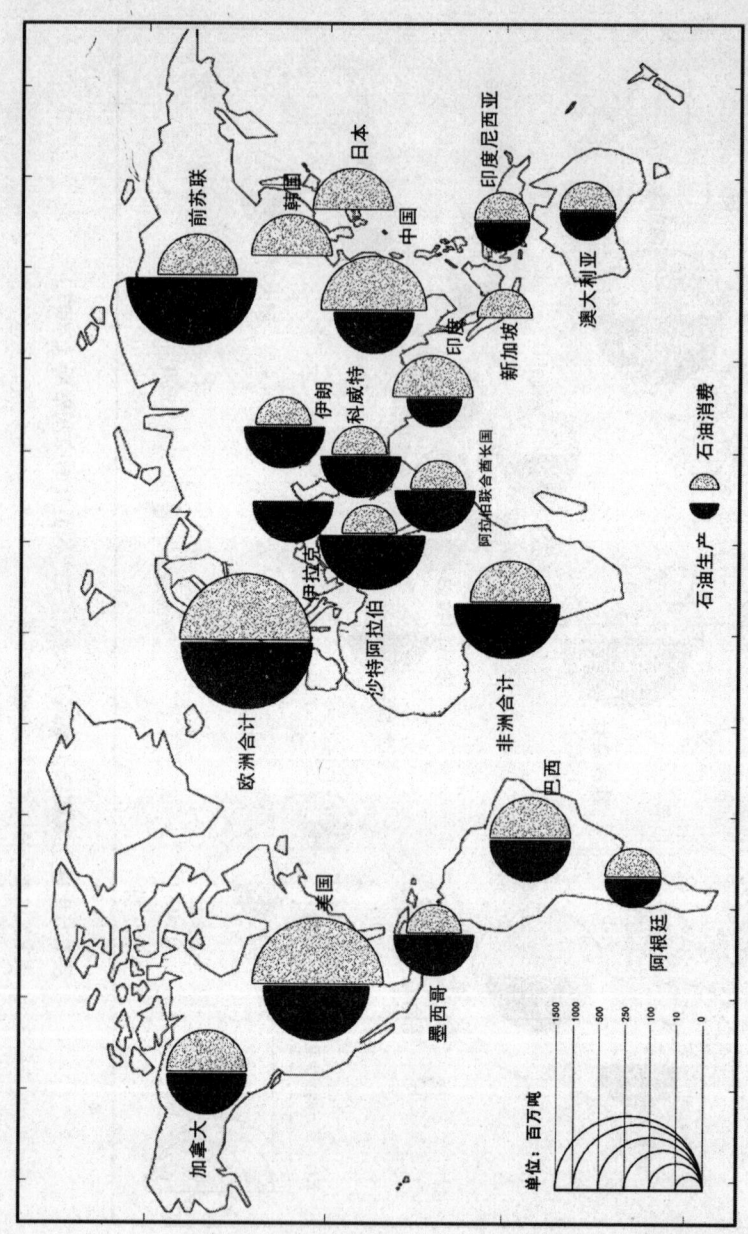

图1.8 世界主要国家（地区）石油生产和消费的空间格局（2007）

资料来源：国家发改委能源局《世界能源数据提要》。

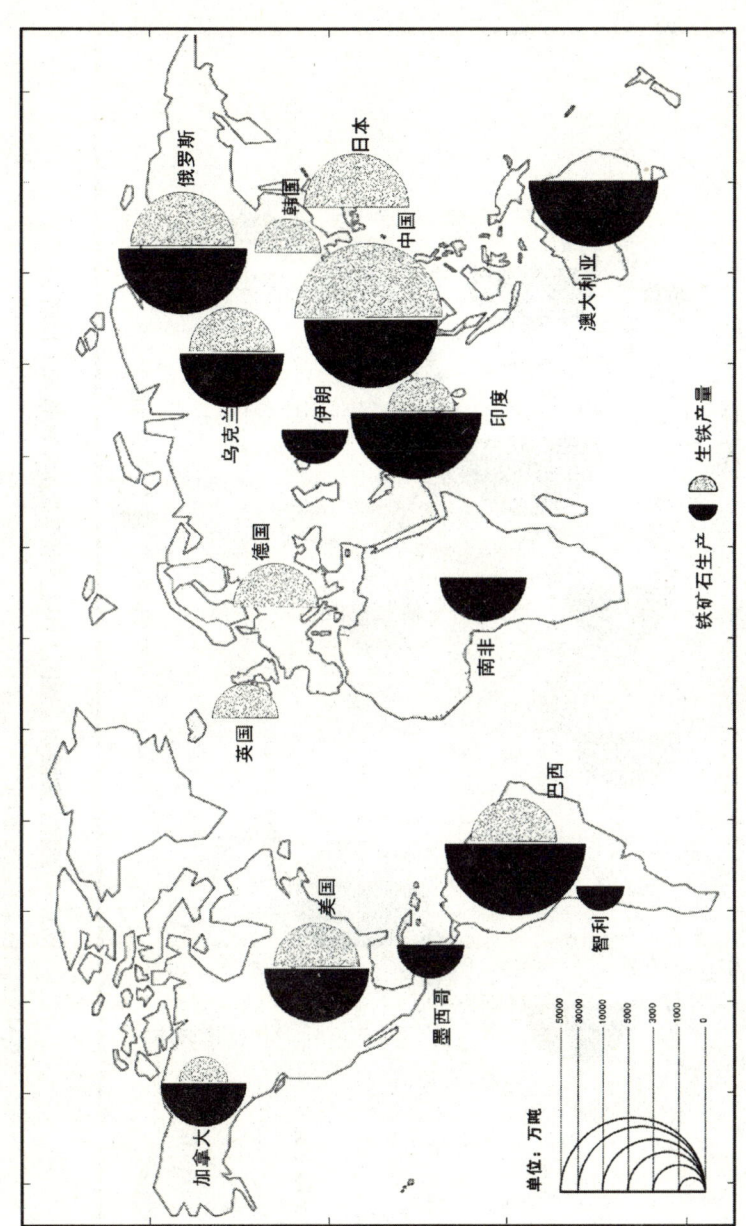

图1.9 世界主要国家铁矿石生产和消费（生铁产量）的空间格局（2007）

资料来源：Steel Statistical Yearbook2007 International Iron and Steel Institute(IISI).

科学的资源开发模式
——走出"资源诅咒"怪圈

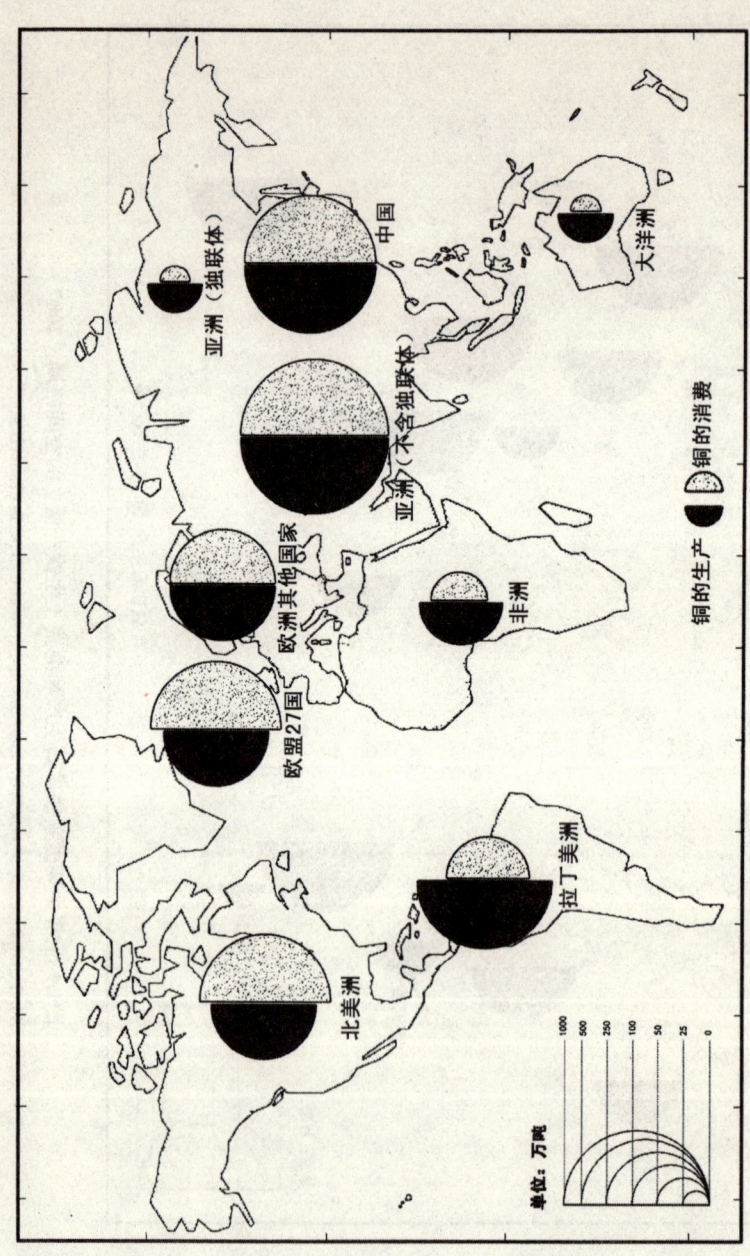

图1.10 世界主要国家（地区）铜生产和消费的空间格局（2007）

资料来源：Brookhunt,安泰科。

第一章
导 论 diyizhang

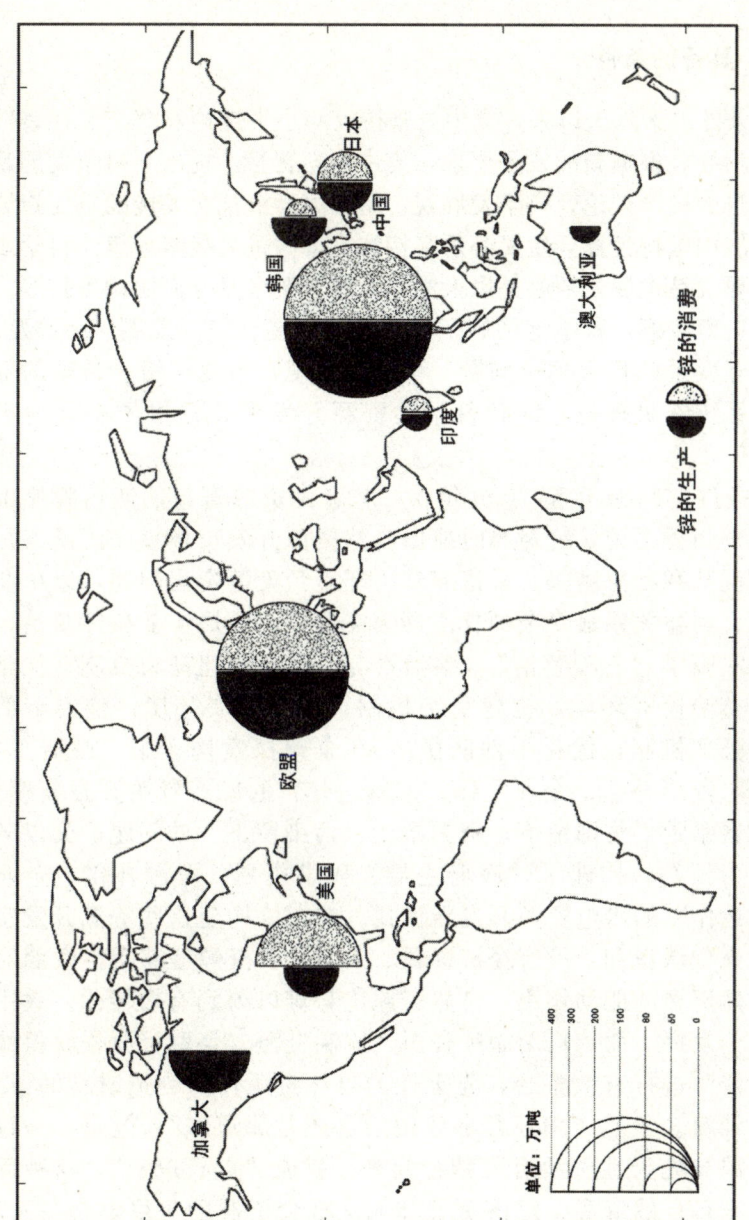

图1.11 世界主要国家（地区）锌生产和消费的空间格局（2007）

资料来源：Brookhunt，安泰科。

(二) 具备的条件

理论条件：十六大以来，党中央坚持以邓小平理论和"三个代表"重要思想为指导，根据新的发展要求，集中全党智慧，提出了科学发展观这一与时俱进的科学理论。科学发展观，是我国经济社会发展的重要指导方针，是发展中国特色社会主义必须坚持和贯彻的重大战略思想。科学发展观，第一要义是发展，核心是以人为本，基本要求是全面协调可持续，根本方法是统筹兼顾，科学地回答了"什么是发展、怎样发展、为谁发展"这三个相互联系的重大理论问题。科学发展观，为我们树立科学的资源观、构建系统资源理论、创新科学的资源开发模式提供了坚强的理论支撑。

实践条件：2004年至2009年初，笔者到资源富集的四川省凉山彝族自治州任州委书记，针对当时凉山自然资源开发市场秩序混乱、社会治安秩序混乱和私挖滥采、采富弃贫、环境污染等突出问题，以矿业秩序最混乱、利益关系最复杂的甘洛县为突破口，开展矿业秩序整治，提出并大力实施了"三项整治"（整治资源市场，构建动力机制，优化资源配置；整治投资环境，构建稳定机制，优化发展环境；整治干部作风，构建公平机制，优化干部队伍），在全州探索构建了"政府主导、科学规划、资源补偿、企业主体、市场运作"的矿产资源开发新模式。针对"财富拿走，贫困留下；资源拿走，污染留下"的问题，又以"资源入股"为核心，构建了"政府主导、科学规划、资源补偿、企业主体、市场运作"的水电资源开发新模式。在探索构建这些资源开发实践中，笔者充分认识到：没有经济资源、人文社会资源等获得性资源对先天性的自然资源的能动作用，自然资源优势难以得到有效转化，效用难以得到充分发挥。而一旦用制度资源、体制资源、金融资源等获得性资源对自然资源进行有效整合，先天性的自然资源作为创造财富的源泉，就能充分涌流。虽然"山还是那座山，水还是那道水"，但是，一旦把获得性资源与先天性资源有机结合起来，就能"点石成金"。这种巨大的魔力，来自自然资源、经济资源和人文社会资源的集聚整合与互动。这些探索，为系统地研究科学的资源观、系统资源理论、科学的资源开发新模式，打下了坚实的实践基础。

二、研究方法

（一）系统方法与统筹协调方法相结合

系统方法是现代经济理论及实践的重要方法。在政治经济学的研究上，辩证方法首先具体化为系统方法与发展方法。① 马克思在《资本论》中，运用系统方法研究资本主义生产方式的内在联系和内部结构以及组成这一内部结构的各个要素的地位和功能，从而揭示了资本主义经济运行规律和特点。但系统方法只是辩证法的一个方面，它必须与统筹协调方法联系起来进行考察，才能真实揭示事物的本质和发展趋势。统筹协调是坚持科学发展的根本方法。只有把系统方法和统筹协调方法结合起来，在统筹协调中考察系统，才能真正揭示出社会主义市场经济产生、变化和科学发展的趋势。系统方法与统筹协调方法相结合的研究方法，同样适用于资源开发模式的分析和研究。因为，自然资源、经济资源、人文社会资源是资源系统中既有联系又有区别的三个子系统，自然资源受自然规律的支配，经济资源受经济规律的支配，而人文社会资源受人类社会发展规律的支配。如何按照自然规律、经济规律和社会规律，推进资源集聚整合与互动，是资源开发的中心议题，也是本书研究的核心内容。解决这些问题，只有树立科学发展观，采用统筹协调的方法，用系统方法把自然、经济、社会三大系统有机结合起来考察，才能把握资源开发的内在规律，找到科学开发资源的有效路径和模式。

（二）理论分析和案例分析相结合

系统资源理论和科学的资源开发新模式的研究，重点探索资源集聚整合、资源转化、资源互动的规律性，这决定了资源开发的研究，必须采取理论研究与案例研究相结合的方法。理论分析研究着重分析所涉及课题的内在规律，并根据这些规律，分析和预测经济行为的效果，说明"为什么"和"是什么"的问题。案例研究则以一定的价值理论判断为基础，基于某些原则和立场作为分析处理经济问题的标准，并研究如何才能符合这些标准，它要回答的是"应该做什么"和"怎么做"的问题。与任何经济问题的研究一样，资源开发的研究首先要构建系统资源理论，回答"为什么"和"是什

---

① 胡钧：《胡钧经济论文集》，辽宁人民出版社1998年版，第9页。

么"的问题。不仅如此，经济学不是束之高阁的空洞说教，而是解决现实经济问题的理论武器。要通过案例分析，回答"怎么做"，还要解释资源开发模式"应该是什么"，面临的经济问题"应该怎样解决"才是"值得"的等等。前者属于理论分析的范畴，后者属于案例研究的范畴。在资源理论及开发模式问题的研究中，只有以系统资源理论为指导，通过对资源开发中的大量客观现象进行案例分析，揭示其问题的本质，并提出针对性的解决方案，才能提出科学的价值判断和资源开发模式。

（三）静态分析与动态分析相结合

所谓静态分析就是在某一时点上对经济现状进行分析，它揭示事物的内在联系，即深层次的本质属性。所谓动态分析，就是对某一时期经济所发生的变化进行分析，揭示事物本质的运动、发展和变化的趋势。资源理论及开发模式的研究要对其经济发展的状况、水平、特点和问题做出分析与评价，把握其发展的现实和全貌，这就要求进行静态分析。同时，任何经济都是动态的，是时间的函数，不可能一成不变，如果仅仅停留在静态分析的层次上，就无法探索经济变化发展的规律性。因此，必须充分考虑其外在环境条件和内在制约因素的变化，把握发展变化的速度、方向和趋势，进而提出相应的政策措施，这就要求进行动态分析。静态分析是动态分析的基点，没有静态分析，动态分析就会失去基础。在静态分析与动态分析相结合中，特别要强调动态分析，因为经济活动每时每刻都在发展变化。随着社会发展和科技进步，资源开发还将不断地出现新情况、新问题，需要调整和改革原有的不相适应的资源开发模式。显然，只有把静态分析与动态分析相结合起来，才能把握资源开发活动的过去与未来，才能掌握其规律与发展趋势。

（四）定性分析与定量分析相结合

系统资源理论作为一个有机系统，既有量的表现，也有质的规定性。研究资源既要分析它的量，也要分析它的质。定量分析与定性分析是研究资源问题"量与质"的两种研究方法。定性分析是定量分析的前提和基础，而定量分析只有建立在大量按质的规定性进行归类统计的资料分析基础之上，才能揭示出事物的内在联系及其发展规律。因为定量分析与定性分析各有其特点，定量分析比较精确，但不易反映事物的本质特征；定性分析反映事物的本质、特征与方向，但缺乏精确性。而且由于经济研究不同于物理研究，不可测因素较多，有些问题难以进行精确描述。在研究资源理论及资源开发模式的过程中，重视定性分析与定量分析的相互补充作用，以定性分析为基础，以定量分析为手段，用定性分析指导定量分析，以定量分析来支持定性分析，取长补短，相得益彰。

三、文献综述

（一）国外研究状况

对超越自然资源概念及其理论的一般资源概念和理论来讲，资源及其配置方式的理论和实践是经济学研究的基本问题和重大问题，贯穿于经济学的历史与现实发展的全过程。国外关于资源理论的研究，可以追溯到17世纪威廉·配第提出的"土地为财富之母，劳动为财富之父"著名论断，这是资源价值理论的最早萌芽。18世纪至20世纪初，亚当·斯密、李嘉图、马歇尔等经济学家从自由市场的"稀缺"层面，对经济与自然资源的关系进行研究，并得出"自然资源的稀缺可以通过市场的价格机制得到解决"的一致结论，形成了以市场配置资源为基础的市场经济理论。古典经济学和新古典经济学是市场配置资源理论的主流和杰出代表。

20世纪初期，国外资源理论研究以市场经济理论为前提，开始向两个方向发展：一是自然资源学与经济学的结合，把自然资源当作一门经济学科系统来研究；二是继续从纯经济学角度研究自然资源的优化配置问题。前者的开创者是美国的R. T. Ely和E. W. Morehous，他们1924年合作出版的《土地经济学原理》被认为是自然资源经济学科建立的奠基之作。随后，H. Hotelling 1931年发表了《可耗竭资源经济学》，提出了资源耗竭理论，即著名的"候太龄定律"。20世纪70年代末，随着生态保护主义运动的深入，资源经济学研究进入了一个辉煌的时期。以Charles. W. Howe的《自然资源经济学》为代表作，重点论述了自然资源的经济问题，讲述了自然资源的属性、公享资源的管理、自然资源非市场效益的评价、稀缺度量、自然资源最优利用条件、项目经济分析、帕累托效率。到20世纪80年代，资源经济学已经形成了完整的学科体系。美国阿兰·兰德尔出版了《资源经济学》，他认为：资源经济学是微观经济学的一个分支，是研究自然资源和环境政策的一个分支，是研究自然资源和环境政策的一门应用经济学，它是利用经济学理论和定量分析的方法来揭示、分析、评价和指导制定关于自然资源和环境方面的政策。① 随着数学分析方法和计算机的发展,数学分析方法在资源经济学中应用越来越广。近年来,自然资源经济学充分吸收现代西方经济学的研究成果,重点研究资源环境价值计量、制度政策、自然资源的可持续利用等问题。

在用纯经济学研究自然资源优化配置的发展方向上,1920年,庇古在其所发表的《福利经济学》中提出外部性问题解决的"庇古税"方法,这成为政府管制自然资源供求的重要理论基础。随后,许多经济学者普遍地在这个命题上,按"外部因素内部化"的经济分析原理,进行具体的理论和应用研究。与"庇古税"相对立,主张回归亚当·斯密自由市场经济学的自然资源配置理论是 Ronald. H. Coase 创立的"科斯市场"理论。随后,不少经济学者提出:明确单一的产权安排已足以矫正外部性方面的市场失灵。但也有相当部分的学者在深入研究后提出:交易成本过高将限制市场的形成,"庇古税"等政府管制办法在某些方面比"科斯市场"有优势。学术界较为一致的结论是,引入外部性产权交易去对接政府管制,能有效地提高资源经济的运行效率。

传统发展经济学以物质财富的增长为核心,认为经济增长必然带来财富的增加和人类文明福利。在传统发展经济学中,人们始终把追求经济的无限增长及物质财富的无限增加作为发展经济的终极目标。1972年,丹尼斯·梅多斯等罗马俱乐部成员发表《增长的极限》,提出增长极限论,认为地球上大部分地区的资源资本都正面临着严重的枯竭,如果人们不采取措施,不改弦易辙,人类就可能遭受灭顶之灾。而以西蒙为代表的乐观学派认为,从任何经济意义上讲,自然资源都不是有限的,能源都是无限的。1981年,西蒙出版了《没有极限的增长》,着重对"无限的自然资源"和"永不枯竭的能源"进行论述,他认为随着科学技术的发展,资源也在发展,新资源、新能源有待于人们去发现、开发和利用;通过经济增长,富国可以越来越富,穷国可以逐渐富裕。

在悲观学派和乐观学派的争论与发展中,可持续发展理论应运而生。布伦特兰委员会提出的可持续发展是:"既满足当代人的需要,又不对后代人满足其需要的能力构成危害的发展"。莱斯特.R.布朗针对传统发展模式中对大量自然资源的消耗提出了"拯救地球,延续文明"的课题。他认为西方的经济模式不能再延续,必须从 A 模式——传统的经济模式——转向 B 模

---

① 阿兰·兰德尔:《资源经济学》,商务印书馆1989年版,第1页。

第一章
导 论

式，构建一个新的经济和新的世界①。

（二）国内研究状况

我国资源理论研究起步较晚。20 世纪 80 年代以前，对资源理论的研究一般仅局限于自然资源综合考察、区划和地理研究。20 世纪 80 年代以后，才真正开始比较系统地研究资源理论问题，研究内容主要集中在自然资源的价格理论和自然资源的使用制度两大主题上。1984 年，中国农业科学院牛若峰研究员以美国《自然资源经济学》（1979 年）和苏联《自然资源利用经济学》（1982 年）为基础编写了《资源经济学和农业自然利用的经济生态问题》。1993 年前，倪祖彬先生、刘书楷教授、许涤新先生、马传栋研究员、黄亦妙教授、樊永廉教授、陈迭云教授、黄鸿权教授、史忠良教授、程鸿研究员等先后编著了一些有关资源经济问题的著作。所有这些研究工作，丰富和发展了我国资源经济学，其中最明显的一个特点是，较注重政府管理研究，忽视市场机制利用研究。1993 年后，越来越多的学者强调综合运用新制度经济学研究自然资源优化配置问题，研究大多集中在产权制度改革、引入市场机制和激励性机制手段方面，包括公共资源补偿机制、外部性激励与抑制机理、资源代际管理机制优化、可持续发展经济机制、环境经济手段、排污权交易、经济激励机制、资源产权市场化等方面。

厉以宁教授等把资源研究的对象从资源优化配置进一步拓展到资源转化。厉以宁在《资源转化和西部开发》一文中，首先对什么叫资源转化进行了界定，提出了"资源转化就是资源资本化"的狭义概念。他认为："我们通常说，要把潜在优势变成现实的优势，把潜在的资源变成经济的资源，这种说法当然都是对的，但没有抓住一个要害问题，即怎样把资源转化为资本。把资源转化为资本，才是要害问题。"②并且他举证历史上的资源转化为资本的成功例子说明了这个问题。同时，他又对资源转化为资本起重要作用的产权、市场和企业家等进行了分析，最后对如何提高资源转化效率问题提出了具体看法和实施对策。这是最近以来关于资源理论不多见的成果。张贵祥等发表的《区域资源开发的系统转换理论》、《区域资源开发的互补转换

---

① 莱斯特.R.布朗：《B 模式 2.0》，林自新、暴自宁等译，东方出版社 2006 年版，第 3 页。

② 厉以宁：《资源转化和西部开发》，参见陈育宁：《中国西部经济发展——实证分析与对策研究》，中国经济出版社 2004 年版，第 13 页。

理论》等文章,运用系统结构和系统功能的研究思路,基于对资源结构和资源功能两个相关问题的分析,初步提出资源优势的"系统转换理论",① 对区内结构转换、区际结构转换、区内功能转换、区际功能转换等基本转换模式进行了分析研究。王来喜在《资源转换论》一书中,以全球性资源短缺、能源危机现状为背景,从可持续发展角度,运用经济学优势理论,构建资源转换理论框架,并据此对自然资源富集地区资源优势转换的路径和模式进行了系统探讨。② 这些研究成果,对资源开发地区特别是自然资源富集地区寻求有效摆脱"富饶的贫困"路径,具有现实意义。

(三) 国内外研究状况简要评述

国内外经济学家们关于资源理论的研究,其进步之处更多地表现在研究手段的改进。随着科技的发展,计算技术、信息技术被广泛应用到研究中。这些技术的应用无论对资料广泛准确的收集和处理,还是对研究领域的扩展和研究深度的加强,都起到了至关重要的作用。但就研究结论而言,200多年前的经济学家和当前的经济学家却没有更多的差别。从李嘉图等人的经济稳定状态到马歇尔、熊彼特等人的技术市场决定论再到梅多斯等人的增长有限论,其研究结论始终在徘徊,从始点出发,又回到了原先的始点。至于梅多斯结论之后的争论和研究,如果做一个大胆的预测,很可能又是一次从始点出发的过程。

经济学家每一个研究结论,都与他们所处的那一时代的社会经济背景和科学技术水平密切相关。马尔萨斯等人所处的那一时期,农业在整个国民经济中占有绝对重要的地位,而科学技术却处于较低水平,尤其是科技在农业中的应用程度更是有限。因此,他们都把土地供给的有限性和农业的报酬递减作为未来经济增长的限制条件。但是,整个19世纪经济发展情况表明,所谓的稳定状态并未出现。因此,新古典经济学家抛弃了马尔萨斯等人经济稳定状态这一观点,他们已经很少关注经济增长与资源相互关系这一问题。这是因为,生产技术的迅速发展,新的自然资源的发现和劳动熟练程度的提高,都促进了经济的快速增长。人口的增长也远远没有达到马尔萨斯所预言的爆炸程度。随着经济增长,利润在国民收入中的比重显著增加,地租比重

---

① 张贵祥:《区域资源开发的系统转换理论》,《资源开发与市场》,2000年第16期。
② 王来喜:《资源转换论——西部民族地区资源优势转换的经济学分析》,中国经济出版社2006年版,第1页。

第一章
导 论 diyizhang

下降,土地及自然资源在经济要素中的影响度降低了。所有这些,使古典经济学家们在论证经济稳定状态时所依据的实际基础都发生了巨大的变化。在这一背景下,马歇尔等新古典经济学家关于经济增长的论述就不难理解了。

20世纪,在理论上,"技术乐观派"依据历史发展的事实,不断论证技术进步会消除自然资源对经济增长的限制。随着知识经济时代的到来,这一观点达到了顶峰。而进入新世纪以来,资源经济地位突然上升,自然资源的战略地位进一步提高。"技术消极派"则认为技术最终不能规避自然资源的限制作用,增长的极限使经济增长最终会停止。从这些理论上的争论到现实经济发展中出现的自然资源瓶颈问题、生态问题,使得自然科学和其他社会科学被融合到经济学当中,从而出现许多边缘学科(如资源经济学、环境经济学、生态经济学等)。这些学科的发展无疑会对探讨资源与经济增长的相互关系做出贡献。但是,在不明确资源范畴及其理论的条件下,任何一种理论和观点都很难取得共识。在这种情况下,自然资源的瓶颈制约和环境的不断恶化并没有挡住各国追求经济增长的步伐。现实呼唤新的资源理论:既要破解"自然资源的诅咒",又要破解"自然资源拜物教";既要推动经济社会全面协调可持续发展,又要正确面对并解决自然资源的瓶颈问题和生态环境问题。

马克思在《关于费尔巴哈的提纲》中指出"哲学家们只是以不同的方式解释世界,而问题在于改变世界。"[①] 虽然学术界对资源问题高度关注,对资源理论的研究著作也很多,但现有的研究成果更多地停留在"提出问题"的层面上,而对于"如何解决问题",往往缺乏实质性的、可操作的对策,更没有形成从科学发展的高度进行研究的权威性理论成果。

---

① 卡尔·马克思:《关于费尔巴哈的提纲》,1845年版,参见王来喜:《资源转换论——西部民族地区资源优势转换的经济学分析》,中国经济出版社2006年版,第1页。

第二章　经济学中的资源理论

在经济学史上，资源是产生经济问题的根源。西方经济学研究的主题基本上是一致的：经济学是寻求资源最佳配置的理论。诺贝尔经济学奖获得者，美国经济学家佳林.C.库普斯曼说："经济学是研究'稀缺资源的最佳配置'的学问。"① 新古典综合学派的代表人物，美国当代著名经济学家保罗·萨缪尔森在《经济学》一书中指出："经济学研究的是社会如何利用稀缺的资源以生产有价值的商品，并将它们分配给不同的人。"② 这是西方经济学中具有代表性的观点。美国著名经济学家，1982 年诺贝尔经济学奖得主，乔治·约瑟夫·斯蒂格利茨在他编写的《经济学》中写道："经济学研究的是：我们社会中的个人、厂商、政府和其他组织是如何进行选择的，这些选择又怎样决定人文社会资源如何被利用。资源稀缺是经济学中的一个显著的现象；因为资源稀缺所以选择是必要的"。③ 可以看到，西方主流经济学教材基本上一致认为，资源稀缺是人类社会普遍存在的客观事实，因为稀缺，才产生资源如何配置的问题。人类自身发展对资源需求量越来越大，如何处理好有限的资源与人类社会无限的需求之间的矛盾，实现人与自然和谐、全面、可持续发展，是当今经济学研究的基本问题。

---

① 《诺贝尔经济学奖得者演讲集》（1969—1981），中国社会科学出版社 1986 年版，第 256 页。

② 保罗·萨缪尔森、威廉·诺德豪斯：《经济学》第 16 版，中译本，华夏出版社 2003 年版，第 2 页。

③ 斯蒂格利茨：《经济学》中译本，上册，中国人民大学出版社 1998 年版，第 10 页。

第二章
经济学中的资源理论 dierzhang

一、资源的界定

迄今为止,国内外对资源的概念尚未形成一个统一、公认、权威的定义。传统的资源概念有狭义资源和广义资源两种。

(一) 狭义的资源概念

狭义的资源概念仅指自然资源。《辞海》对资源的解释是"资源:资财的来源。一般指天然的财源"。① 王慎之将资源概括为"资源一般指的是一种客观存在的自然物质,如矿产资源、水利资源、森林资源、草场资源"。② 联合国环境规划署(UNEP)对资源的定义是:"在一定的时间和技术条件下,能够产生经济价值,提高人类当前和未来福利的自然环境因素的总称。"这是对资源概念的狭义理解。

(二) 广义的资源概念

广义的资源概念除自然资源外,还包括经济资源、社会资源③。秦大河、张坤生、牛文元主笔的《中国人口资源环境与可持续发展》将资源概括为:资源即资产的来源,是人类创造社会财富的起点。其组成包括一切可资利用的有形物质和无形要素。资源的概念来源于经济学,较早的资源概念指构成生产要素的劳动对象、劳动工具和人力(包括体力和智力)。更一般的,人类在生产、生活和精神上所需的所有物质、能量、信息、劳力、资金、技术和技能等"初始投入"和环境要素都是资源。并按其来源把资源分为自然资源和社会资源。自然资源中包括土地资源、海洋资源、气候资源、物种资源和自然旅游资源等④。社会资源包括人力资源、物质资源、资本资源、文化资源、技术资源、制度资源、商标、信息等无形资产资源。吴季松把社会资源分为人力资源、文化资源和体制资源。一般把广义资源称之为"大资

---

① 《辞海》中册,上海辞书出版社1979年版,第3286页。
② 王慎之:《中观经济学》,上海人民出版社1988年版,第148页。
③ 杨艳琳:《资源经济学》,科学出版社2004年版,第1页。
④ 《中国大百科全书(法学)》,中国大百科全书出版社1984年版,第254页。

源"①。

(三) 资源系统概念

本书在科学发展观指导下,采用"资源系统"概念对资源进行系统研究。在资源系统中,自然资源系统即狭义资源,是基础资源,是第一性的,处于被支配的地位;人文社会资源系统是主导资源,是第二性的,人和人类社会是资源的主体,处于支配地位;经济资源系统是在人文社会资源的主导下,能动地反作用于自然资源系统,构成系统资源的统一体。在人类社会发展过程中,自然资源系统、经济资源系统和人文社会资源系统是一个有机整体,是一个科学的黄金组合,彼此之间具有互动关系。

二、传统资源理论回顾

资源理论即资源观,是人们对资源的认识、观念和看法。同其他经济学概念一样,目前所使用的资源观,也是随着经济社会发展逐步形成的,其内涵在不断拓展和延伸。下面我们先对经济学中的资源理论做一个回顾。

(一) 马克思主义的资源理论渊源

马克思主义认为,世界的统一性在于它的物质性。第一,自然界是人类社会历史活动的一部分。马克思主张,人类实践活动的基本进行方式就是现实的生产生活,而人要进行生产又必须以结成社会关系为前提,因此,人与自然的关系一开始就被纳入人与社会的关系之中,成为人的社会历史活动的一个重要组成部分。第二,自然界是人的实践的对象。马克思在承认自然界的客观性的基础上,出于对人的主体性的肯定,把自然界的客观性进一步发展为自然界的从属性。认为自然界存在的本质和意义就是供人进行加工的对象。他说:"从理论领域来说,植物、动物、石头、空气、光等等,一方面作为自然科学的对象,一方面作为艺术的对象,都是人的意识的一部分,是人的精神的无机界,是人必须事先进行加工以便享用和消化的精神食粮。"②

---

① 王来喜:《资源转换论——西部民族地区资源优势转换的经济学分析》,中国经济出版社2006年版,第13页。
② 马克思:《1844年经济学哲学手稿》,第52页。

第三，自然界是人的实践的产物。马克思不仅从观念上把自然界规定为人的实践的对象，而且认为"从实践领域来说，这些东西也是人的生活和人的活动的一部分。"① 这样，经人加工和改造的自然就成为人的实践的产物。从长远的整体上看，"人则再生产整个自然界。"② 在1857年的《〈政治经济学批判〉导言》中，终以明确的语言说："主体是人，客体是自然。"③ 深刻揭示了马克思哲学观对自然界的总看法。

系统资源理论认为，自然资源是第一性的，人文社会资源是第二性的，经济资源在人文社会资源主导下能动地反作用于自然资源，从而构成人类实践活动，推动人类社会发展。因而，系统资源理论完全可以从马克思主义的物质观、自然观、实践观中找到理论渊源，应用马克思主义辩证唯物主义和历史唯物主义的观点和方法，研究分析系统资源理论具有极其重要的理论价值。比如，应用生产力与生产关系，经济基础与上层建筑的辩证关系来分析自然资源与经济资源、人文社会资源之间的互动关系，有着重要的参照意义。应用劳动价值论的原理分析人力资源价值也很有意义。应用实践唯物主义的观点分析人与自然资源及经济资源的关系更加具有理论价值和实践意义。

（二）古典经济学的主要资源理论

西方的主流经济学家（凯恩斯除外）所说的古典主义经济学大体上是指从亚当·斯密到19世纪70年代边际革命以前的西方经济学。古典经济学所说资源主要是指人口、土地和资本。

1. 重商主义的资源理论

重商主义是经济学分析的开端。重商主义学派并没有明确提出过"资源"概念，但是，这个学派确实探讨了国民财富的来源，我们将根据其政策主张进行总结和归纳，来考察他们头脑中的资源观。

"重商主义"是由米拉波（Mrabeau）在1763年提出的，用来描述从16世纪初到18世纪末的一个经济思想体系。在那个时代，重商主义的影响十分广泛，横跨欧洲大陆，被英国、荷兰、西班牙、法国、德国等国家所信奉。重商主义学派是一个松散的、由多种成分组成的团体。实际上，重商主

---

① 马克思：《1844年经济学哲学手稿》，第52页。
② 马克思：《1844年经济学哲学手稿》，第53页。
③ 《马克思恩格斯选集》第2卷，人民出版社1972年版，第88页。

义者并没有把他们的观点和见解归纳成为一个完整详尽的经济学理论体系，所谓"重商主义"，不过是一些政论家、商人、牧师和哲学家各自提出的分散观点的集合。他们中的大多数人经商，许多人宣扬重商不过是为了维护自己的经济利益。这些人的观点和见解大多反映在商业政策上，虽因时间、地点有所不同，但这些观点所反映出的基本思想却是一致的。奥地利法官菲利普·维尔海姆·冯·霍尼克（PhiliPP Withelm Von Homick）在 1684 年发表了重商主义九点宣言，对重商主义进行了概括。这九点宣言是：

（1）把一国的每一寸土地都用于农业、采矿业或制造业；

（2）把一国所发现的原料都用于国内制造业，因为成品比原料有更高的价值；

（3）劳动大众受到激励；

（4）禁止一切黄金和白银的输出，把一切国内货币置于流通领域；

（5）尽可能地不鼓励外国货品的进口；

（6）当某些进口品必不可少，需直接进口时，以国内其他货品交换，而不是用黄金和白银交换；

（7）要尽可能地把出口限制在国内制成成品的原料上；

（8）在必需的范围内，要尽可能利用把一国的剩余制品卖给外国人的机会，以换取黄金和白银；

（9）如果某种货品在国内是供给充足的和适应的，就不允许进口。①

重商主义者的资源观和他们的财富观紧密相连。他们认为：唯有金银是财富，一切财富在于金银。他们将货币与财富相等同，认为财富就是货币，货币就是财富。他们指出，一个国家金银多了，经济就繁荣，贸易就会扩大。除了金银以外，其他的一般商品只能满足一种欲望，而金银这种商品则能直接换取任何商品，所以只有金银才是国家最好的财富，才是真正的财富。增加贵金属数量是国家工商业追求的最大目标。对外贸易的目的不在于取得一般的商品，而在于取得金银货币。金银货币的增加，又可以降低利息率，诱致国内投资的增加，由此扩大国内生产，增加就业机会。在贵金属货币体制下，按照重商主义者的看法，"财富与货币，无论从哪一点来看，都

---

① 〔美〕小罗伯特.B.埃克伦德、罗伯特.F.赫伯特：《经济理论和方法史》，中国人民大学出版社 2001 年版，第 34、35 页。

第 二 章
经济学中的资源理论

是同义语"。① 历史上，西班牙和葡萄牙是欧洲金银矿山的主要占有者，他们曾以最严厉的刑罚或苛重的关税禁止金银输出。大多数欧洲国家也都采用过类似的办法作为他们经济政策的重要组成部分。一旦认定财富只能是金银，那么，没有金银矿山的国家只有通过贸易顺差输入金银才能致富。国家的主要经济政策就自然简化为：尽量减少供国内消费的外国商品的输入，尽量增加国内生产的产品对国外输出。因此，使国家致富的两大手段就是"限制输入"和"奖励输出"，对外贸易顺差是国家致富的重要源泉。

具体说来，输入的限制有两种：第一，凡能由本国生产的供国内消费的外国商品，无论从什么国家输入，都一律加以限制。第二，在对某些国家的贸易中，如果贸易差额被认为不利于本国，那么，几乎无论是何种货物，只要是从那些国家输入的都一律加以限制。这些限制有时采用高关税的方法，有时采用绝对禁止的方法。

奖励输出的方法有以下几种：退税，如已纳关税或国产税的国内制造品，在输出时往往将课税的全部或一部分予以退还。输入时已经课税的外国商品，如再输出，则有时将课税的全部或一部分予以退还；奖励金的颁发，用以奖励某些新兴的制造业，或用以奖励被认为应受特殊照顾的其他一些工业；通过有利的通商条约，本国的货物或商人在某一国家获得了其他国家的货物和商人所不能享受的特权；在遥远的国家建立殖民地，不仅使殖民地建立国的货物和商人享有某些特权，而且往往使他们取得独占权。上述限制输入、奖励输出政策的目的是使贸易差额对本国有利，以增加国内金银数量，使国家致富，这些政策被重商主义者所倡导和推崇。

重商主义最突出的思想是注重追求金银、贸易顺差和国家干预，它反映了当时西欧流行的追求金银的狂热态度，也反映了新兴资产阶级对积累货币资本的强烈渴望，同时，也反映了资本主义刚刚产生时期商业资本占有重要的、支配性的地位。当时，相对重要的经济领域是商品流通领域。不过那时的商业资本力量还比较薄弱，为保证获取大量的货币财富，还需借助国家的力量保证贸易顺差。

重商主义的经济分析仅停留在流通领域，根本没有触及生产领域。因而，也就没有"生产要素"的概念。这种分析方法无法揭示国民财富的真正

---

① 亚当·斯密：《国民财富的性质和原因的研究》下卷，商务印书馆1996年版，第2页。

来源。而他们把金银货币等同于财富,这是典型的贵金属货币时代的财富观。① 在这种财富观的支配下,一切经济活动的目的都是为了获取金银货币,金银货币数量成为衡量一国富裕程度的标准。这一历史时期中,对外贸易顺差是金银货币的直接来源,也就是国民财富的源泉。重商主义者头脑中的"资源"应当是"产生顺差的国际贸易"。

2. 重农学派的资源理论

重农学派是18世纪50—70年代产生在法国的古典政治经济学学派,是18世纪下半期法国社会中一个十分引人注意和很有影响的思潮和学派,其宗旨在于倡导发展农业资本主义,以振兴法国经济。重农学派强调自然力的重要性,这个学派之所以取名为"Physiocrats",就是要强调自然力在财富生产过程中的重要作用。自然秩序是重农主义体系的哲学基础。重农学派是在法国资产阶级大革命前启蒙学派的思想影响下形成的。杜邦·德·奈穆尔在为重农主义体系下定义时,明确称之为"自然秩序的科学"。斯密在1776年发表的《国富论》中,依据他们"把土地生产物看做各国收入及财富的唯一来源或主要来源"的学说,把他们称为"农业体系",汉语则意译为"重农学派"。

弗朗斯瓦·魁奈是重农学派的创始人和领袖人物。他继承和发展了前人的思想,提出了一整套理论和政策纲领,他首创了重农主义的理论。对当时法国社会的思想和政策产生了相当大的影响。他的代表作《经济表》就是这一理论体系的全面总结和概括。18世纪50—70年代,在魁奈的周围逐渐出现了一批门徒和追随者,形成了一个不仅有较完整理论体系和共同信念的派别,而且有明确的纲领和组织的政治和学术团体。杜尔哥是继魁奈之后的重农学派最重要的代表人物,他的《关于财富的形成和分配的考察》是对重农主义的重要文献,在他那里使重农主义发展到了最高峰。

重视农业是法国古典政治经济学的传统,② 重农学派继承了这个传统。重农学派以所谓的"自然秩序"为最高信条,视农业为国民财富的唯一来源和社会一切收入的基础,同时认为保障财产权利和个人经济自由是社会繁荣

---

① 亚当·斯密举了一个很好的例子:历史上,当美洲被发现后,有一个时期,西班牙人每到一个生疏的海岸,第一个要问的问题,就是近处有无黄金白银。他们就根据这种情报,判定那个地方有没有殖民的价值,或者有没有征服的价值。

② 法国古典政治经济学的创始人布阿吉尔贝尔自称是农业的辩护人,认为农业是一个国家富强的基础。

的必要因素。重农学派的基本观点是:投在土地的农业劳动最为重要,农业才创造财富。反过来,财富的增长可以为人口的增长提供保障,人口的增长使得农业劳动力增加,农业劳动力增加又会促进农业生产扩大;农业的发展会促进社会分工的发展,由此带来商业繁荣,工业兴旺;于是经济和社会可以持续增长下去。需要注意的是,重农学派所说的"土地"不仅包括可以耕种的土地,还包括草场、牧场、森林、矿山、渔场,其"土地"概念实际上接近于我们今天所说的自然资源的概念。

纯产品学说是重农主义理论的核心。重农学派的全部体系都围绕着这一学说而展开,一切政策也以此为基础。重农主义者以纯产品学说论证了农业是一个国家财富的唯一来源和一切社会收入的基础。重农主义者认为财富是物质产品,财富不来源于流通而来源于生产。所以,财富的生产意味着物质的创造及其数量的增加。在各经济部门中,只有农业是生产物质财富的行业,因为只有农业既生产物质产品又能在投入和产出的使用价值中表现为物质财富的量的增加。工业不创造物质而只变更或组合已存在的物质财富的形态,商业也不创造任何物质财富,而只变更物质财富在市场上的时间、地点。一句话,工业、商业二者实际上都是不生产的。农业中投入和产出的使用价值的差额构成了"纯产品"。可以说,纯产品学说是重农学派的剩余价值学说。重农学派实际上是以农业资本来概括一般资本,以农业资本主义经营来概括资本主义生产。作为产业资本的实际代表,租地农场主指导着全部经济活动。农业按资本主义扩大再生产方式经营,土地直接耕作者是雇佣工人。他们的生产不仅创造使用价值,而且也创造价值,而生产的动机则为获得"纯产品",即剩余价值,而地租则是其具体的表现形式。在纯产品学说的基础之上,重农学派提出了废除其他赋税、只征收一种单一地租税的主张。他们认为"纯产品"是赋税唯一可能的来源。"纯产品"归结为地租,于是地租就是唯一能赋税的收入。

重农学派还在社会财富、资本的流通和再生产等经济分析领域进行了尝试,并做出了重要贡献。他们既分析了资本在劳动过程中借以组成的物质要素,研究了资本在流通中所采取的形式;又在此前提下,把社会总产品的生产,通过货币的中介,在社会三个阶级间的流通过程,表现为社会总资本的再生产过程。同时,在再生产过程中,包括了对各社会阶级收入来源、资本和所得的交换、再生产消费和最终消费的关系、农业和工业两大部门之间的流通的分析。这些观点反映和表述在魁奈的《经济表》一书中。

重农学派的创立对法国古典政治经济学做出了突出贡献,在法国甚至欧

科学的资源开发模式
——走出"资源诅咒"怪圈

洲各国都获得了很高的学术地位。"这一学说虽有许多缺点,但在政治经济学这个题目下发表的许多学说中,要以这一学说最接近于真理。因此,凡愿细心研讨这个极重要科学的原理的人,都得对它十分留意。"① 同时,我们应当看到虽然重农学派较重商主义在理论分析上前进了一步,把经济研究从流通领域转向了生产领域,但他们走到了另一个极端。他们认为土地是财富的唯一源泉。社会财富就是从土地生产出来的农产品,社会财富的真正来源就是农业,否定货币是国民财富,否定工业创造社会财富。因此,他们头脑中的"资源"概念是:土地以及投在土地上的农业劳动。② 随着工业经济在国民经济中的比重和贡献日益增大,该学说的片面性逐步暴露出来。"这一学说把投在土地上的劳动,看做唯一的生产性劳动,这方面的见解,未免失之褊狭"。"这种学说最大的谬误,似乎在于把工匠、制造业工人和商人看做全无生产或全不生产的阶级。"③ 尽管是一种有历史局限性的古典经济理论,但必须承认,重农学派所采取的宏观分析方法(如其代表人物魁奈的《经济表》分析),以及对农业极端重视的思想在当代经济实践中仍有启发性。④

重农学派的"资源观"首推土地资源及投在其上的农业劳动。尽管这种"资源观"局限性很大,但从探索国民财富源泉的角度来看,重农学派把经济分析从流通领域引向生产领域,是经济思想史上第一个从生产过程中寻找价值或财富源泉的经济学流派,为后来的生产要素理论打下了基础。

3. 威廉·配第的资源理论

威廉·配第是英国古典政治经济学的创始人,是由重商主义向古典学派过渡时期的经济学家。尽管配第的早期著作在解决许多实际问题时也表现出重商主义的立场和观点,但无论他在经济问题上所做出的分析,还是结论都远远超越了重商主义者。他深受培根唯物哲学的影响,这不仅有助于他揭示经济现象背后的本质联系,而且使他的研究方法与重商主义者截然不同。重商主义者仅限于对经济表面现象进行片面考察,只能说明这些现象的表面联

---

① 亚当·斯密:《国民财富的性质和原因的研究》下卷,商务印书馆1996年版,第244页。
② 在从农业经济向工业经济过渡的历史阶段前期,这种观点从直观上看是"合理"的,也是人类长期处于农业经济之中、自然而然产生出的思想观念。
③ 亚当·斯密:《国民财富的性质和原因的研究》下卷,商务印书馆1996年版,第241、244页。
④ 农业是各国国民经济的基础,即使是发达国家对农业也有特殊的支持和保护政策,人口多的发展中国家更要重视发展农业。

第二章
经济学中的资源理论 dierzhang

系,不能深入揭示经济活动的本质,而配第则是力图通过考察现象并透过现象找出本质联系。1662年,威廉·配第的《赋税论》正式出版。在这本书中,配第对经济的研究已经基本克服了重商主义仅关注流通领域的片面性,把分析的对象深入到了生产领域。为英国古典政治经济学体系的建立铺平了道路。他的《赋税论》比亚当·斯密的《国民财富的性质和原因的研究》早一百多年。可以说,威廉·配第是深入到生产领域中探寻资本主义生产内在规律的第一个尝试者。①

配第提出了劳动创造价值的思想,成为劳动价值论的奠基者。他以生产白银和生产小麦的劳动相交换说明价值是由劳动时间决定的。他说:"假设有一个人,他从秘鲁地里取得一盎司银带到伦敦来所费的时间,恰好和他生产一蒲式耳②小麦所要的时间相等,前者便成了后者的自然价格。现在假设有新的更丰饶的矿场发现了,以致两盎司银的获得,和以前一盎司银的获得是同样便宜,则在其他情形相等的条件下,现在小麦一蒲式耳十先令的价格,和以前一蒲式耳五先令的价格,是一样便宜。"③从这个例证可以看出,尽管配第没有"一般等价物"的概念,把交换价值看成是作为货币的白银,并且只是把生产白银的劳动看成是创造价值的劳动,但在其他各种劳动产品与白银交换的过程中,他把其他各种劳动也看作创造价值的劳动。配第把各种劳动直接或间接地与价值联系起来,具有劳动创造价值的思想的萌芽,奠定了劳动创造价值的理论基础。

配第还提出了许多富有启发性的思想,其中最著名的观点是"土地是财富之母,劳动是财富之父"。配第说:我要指出的是,所有物品都是由两种自然单位,即土地与劳动来评定价值,换句话说,我们应该说一艘船或一件上衣值若干面积的土地和若干数量的劳动。理由是,船和上衣都是土地和投在土地上的人类劳动所创造的……如果这样的话,我们就能够和同时用土地和劳动这两种东西一样妥当地甚或更加妥当地单用土地或单用劳动来表现价值。他实际上明确了创造财富的两大要素:土地和劳动。这里的劳动并不限于农业劳动。但是,土地耗费与人类劳动耗费对于人类来说是根本不同的,因为无论土地怎样耗费其肥力,人类都没有感觉到自身的任何辛劳。因此用人类自身的辛劳程度来衡量物品的价值,是更恰当

---

① 马克思称配第为最有天才、最有创见的经济研究者。
② 1蒲式耳=8加仑,谷物计量单位。
③ 转引自卢森贝:《政治经济学史》上册,三联书店1961年版,第86页。

的。人类耗费的辛劳程度越大，物品的价值也就越大。所以配第便将物品价值的衡量尺度更多地转向人类劳动。配第还认为生产所必需的劳动时间是交换价值的决定因素，探讨了价值（财富的衡量）的判断标准。应当说，配第是最早关注生产要素的经济学家，他的"两要素思想"为后来的"生产三要素理论"奠定了基础。

4. 亚当·斯密的资源理论

亚当·斯密（AdamSmith，1723—1790）是英国古典经济学的伟大代表者，也是近代经济学的奠基人。他的《国民财富的性质和原因的研究》（以下简称《国富论》，1776）是一部具有划时代意义的不朽巨著。斯密这部著作的主题就是研究和探讨国民财富的性质和原因，其实也就是要说明怎样以及为什么要发展资本主义的商品生产和市场经济以增进国民财富，即一个国家所生产的商品总量。《国富论》的出版标志着古典经济学体系完整地建立起来，也奠定了亚当·斯密"经济学之父"的地位。

亚当·斯密认为劳动是财富的源泉。他不仅指出了重商主义只关注流通领域的局限性，还批判了重农学派观点的褊狭："据我所知，把土地生产物看做各国收入及财富的唯一来源或主要来源的学说，从来未被任何国家所采用；现在它只在法国少数博学多能的学者的理论中存在着。"① 他明确宣称任何生产部门的劳动都是财富的源泉。亚当·斯密从商品价值形成的角度出发，将创造财富的劳动推广到一切物质生产部门，提出了一般人类劳动创造价值或财富的观点。他指出："一国国民每年的劳动，本来就是供给他们每年的消费的一切生活必需品和便利品的源泉。"② 但是他又认为劳动创造价值的原则只适应于劳动作为唯一生产要素的社会。在资本积累和土地私有权产生后，资本和土地也成为了价值的源泉。亚当·斯密提出要把劳动所生产的商品看成是一般财富。如何增加财富呢？他认为要通过提高劳动生产率、增加工人人数、加强劳动分工、积累资本这些途径。他说资本一经在个别人手中积聚起来，当然就有一些人，为了从劳动生产物的售卖或劳动对原材料增加的价值上得到一种利润，便把资本投在劳动人民身上，以原材料与生活资料供给他们，叫他们劳作。与货币、劳动或其他货物交换的完全制造品的

---

① 亚当·斯密：《国民财富的性质和原因的研究》下卷，商务印书馆1996年版，第229页。

② 亚当·斯密：《国民财富的性质和原因的研究》上卷，商务印书馆1996年版，第1页。

第二章

经济学中的资源理论

价格，除了足够支付原材料代价和劳动工资外，还需剩有一部分，给予企业家，作为他把资本投在这个企业而得到的利润。所以，劳动者对原材料增加的价值，在这种情况下，就分为两个部分，其中一部分支付劳动者的工资，另一部分支付雇主的利润，来回报他垫付原材料和工资的全部资本。……一国土地，一旦完全成为私有财产，有土地的地主，像一切其他人一样，都想不劳而获，甚至对土地的自然生产物，也要求地租。森林地带的树木，田野的草，大地上各种自然果实，在土地共有时代，只需出些力去采集的，现今除出力外，却须付给代价。劳动者要采集这些自然产物，就必须付出代价，取得准许采集的权利；他必须把他所生产或所采集的产物的一部分交给地主。这一部分，或者说，这一部分的代价，便构成土地的地租。在大多数商品价格中，于是有了第三个组成部分。

无论在什么社会，商品价格归根结底都分解为那三个部分或其中之一。在进步社会，这三者都或多或少地成为绝大部分商品价格的组成部分。[①] 工资、利润和地租三种收入构成商品价值，加总后又形成全部的国民收入。于是，生产三要素思想被初步提出。根据约瑟夫·熊彼特的考证，在《国富论》第二篇第六章中，亚当·斯密把产品的价格分解为三个组成部分：工资、地租和利润。在第七章，这种价格又由同样的组成部分重新组成了。就其本身而言，这就足够强烈地暗示了三要素学说。[②] 在此后相当长的时期内（大约一个多世纪），经济学中的"资源"就是指"土地、劳动和资本"，一切经济分析都是建立在这三种要素（资源）基础之上展开的。

亚当·斯密还特别强调"看不见的手"和劳动分工对提高生产率的作用。实际上，亚当·斯密在《国富论》中提出了两种经济机制：第一是"看不见的手"的市场调节机制，即市场竞争和价格机制能够使经济资源得到有效配置。这种机制后来被新古典主义采用边际分析、均衡分析等方法进行了形式化处理，以效用函数、无规模报酬的生产函数和市场均衡等数学工具进行了重新描述。发展到现代，甚至用了拓扑学中的分离超平面定理描述价格

[①] 亚当·斯密：《国民财富的性质和原因的研究》上卷，商务印书馆1996年版，第43、45页。

[②] 约瑟夫·熊彼特：《经济分析史》第2卷，商务印书馆1996年版，第276、277页。

和供求量之间的关系,用不动点定理描述一般均衡理论等。① 第二是分工机制:"劳动分工受市场范围的限制",并且劳动分工的精细化造成的专业化能够提高劳动生产率,从而增进国民财富。这个分工机制最著名、最清晰的表述就是"比较利益学说",是大卫·李嘉图②从亚当·斯密的"绝对利益学说"发展而来的。亚当·斯密的这种分析蕴涵着制度分析的思想萌芽。

5. 萨伊的资源理论

让·巴蒂斯特·萨伊(Jean—BaptisteSay,1767—1832)。1803年出版《政治经济学概论》,在很长一个时期内,被认为是对亚当·斯密《国富论》的通俗而有特色的解说,是对亚当·斯密学说的继承和发展,成为欧美各国经济学的标准教科书。

萨伊在其著作中明确了生产三要素的提法。"萨伊——可能是追随杜尔阁之后——确立了三要素图式,确立了在生产理论与分配理论中把三个要素的'服务'放在同等地位上来处理的做法。"③ 萨伊把财富等同于价值,又把价值从财富的生产归结为效用的生产。所谓生产,不是创造物质,而是创造效用。他把亚当·斯密的要素学说进一步系统化和逻辑化,明确提出把土地、劳动和资本归结为生产的三个要素,因为不论生产是为自己的效用,还是为别人的效用,都需要这三个要素,它们缺一不可,只是它们在不同时期的作用不尽相同罢了。他指出:事实已经证明,所生产出来的价值,都是归

---

① 著名经济学家索洛(Solow,1997)指出,回到20世纪40年代,对于那些"绅士学者"而言,经济学包含的基本上是描述性的、制度性的主题。那时的教科书是一大堆观点、例子以及分类的混合。当时的经济学充满着对敏感经济问题的讨论、对时下经济政策的批评以及以一个经济学家的眼光对于近期历史的检讨,经济学与现实显得格外贴近,学院经济学家与政府经济学家常常是合而为一的,而形式化的分析则少之又少。到了20世纪下半叶,经济学对于分析工具开始重视。索洛认为,20世纪90年代的经济学是"能够直接应用于可观察情境的分析工具之总汇",有了这些越来越充实的工具箱,经济理论不再以直觉的方式出现而以形式化的方式出现,我们看到的现代经济学是一大堆假设、数学符号以及模型的混合,经济思想反而湮没其中,"形式化倾向"成为现代经济学最突出的特征。对此,我们认为:思想内容永远比其表达形式重要,正像凯恩斯所说:"经济学应该是常识与非凡分析能力的结合。"经济学需要有卓越的分析。目前经济学的一个发展趋势是数学化,这固然是一种进步,但也存在忽视思想、本身过于追求数学公式化的不好倾向。后面我们还要提到:思想表达形式应当遵循"思维经济原则"。

② 大卫·李嘉图也是古典经济学家,他创造了劳动价值论,认为只有劳动才创造价值,这种资源观较为狭窄,但很有启发性。

③ 约瑟夫·熊彼特:《经济分析史》第2卷,商务印书馆1996年版,第280页。

因于劳动、资本和自然力这三者的作用和协力,其中以能耕种的土地为最重要因素但不是唯一因素。除这些外,没有其他因素能生产价值或能扩大人类的财富。根据这种理解,萨伊肯定了土地和资本同劳动一样,都有生产性。萨伊把劳动理解为人类役使自然力,人的劳动和自然力的结合。在这个意义上,他也不时地说劳动创造价值,但同李嘉图所说的只有劳动创造价值的观点截然不同。①"财富是由协助自然力和促进自然力的人类的劳动所给予各种东西的价值组成的。"萨伊把劳动过程分解为理论、应用、执行三个阶段,相应的,他把劳动分为理论、应用和执行三个部分。在他看来,这三个部分的关系是相互协作和利益与共的。"我们已经看到劳动、资本和自然力如何在自己职能范围内协同进行生产工作。我们也看到这三者是创造产品所不可缺少的因素,但是,这三者并不是必须属于同一个人所有。一个勤勉的人可以把他的劳动力借给另一个拥有资本和土地的人。资本所有者可把资本借给只拥有土地和劳动力的人。地主可把地产借给只拥有资本和劳动力的人。不论借出的是劳动力、资本或土地,由于它们协同创造价值,因此它们的使用是有价值的,而且通常得有报酬。对借用劳动力所付的代价叫做工资。对借用资本所付的代价叫做利息。对借用土地所付的代价叫做地租。"② 这样,各种生产要素共同生产的价值就在各个生产要素之间被分配。在他看来,各生产要素不外乎是各有关所有者的一种"资本",把这种"资本"借出是要求回报的,这种回报就是各自的利润。"借出"自己所拥有的要素供别人使用,别人利用这些要素的生产力增加了产品的价值,那么,生产过程结束后,应当对生产要素的所有者给予报酬就成了理所当然的事情。这样,萨伊确立了三要素学说。从某种意义上看,三要素理论的确立标志着"资源理论"诞生了。

6. 约翰·斯图亚特·穆勒的资源理论

约翰·斯图亚特·穆勒(JohnStuartMill,1806—1873)是19世纪四五十年代英国最著名的经济学家和哲学家,被称为古典政治经济学的"集大成者"。1848年,穆勒发表了著名的经济学著作《政治经济学原理——及其在社会哲学上的若干应用》,他在复述亚当·斯密和李嘉图的古典经济学观点

---

① 萨伊基本上继承了亚当·斯密的三种收入价值论的思路,但加进了效用学说,把效用视为价值的根据,从而扭转了亚当·斯密价值论的方向。萨伊的这种理论成为此后半个多世纪西方经济学的价值论的主流理论。

② 萨伊:《政治经济学概论》,商务印书馆1997年版,第77页。

的同时，也加进了他自己的不少引申和修正，同时还致力于把 19 世纪上半期经济学和空想社会主义的某些成果也加以融合，提出了一个以折中调和为特征的经济学体系。穆勒的这部书直到 19 世纪末还是英美等讲英语国家的经济学标准教科书，被西方一些经济学家吹捧为 19 世纪下半期西方国家一本无可争议的经济学的"圣经"。

《政治经济学原理——及其在社会哲学上的若干应用》这部书的第一章就是"论生产要素"。穆勒说，"生产要素有两种：劳动和适当的自然物品。劳动或是体力的，或是脑力的；说得更明白些，这一区别乃是或是肌肉的或是神经的。……除了这些为数很少且不重要的（不过在人类社会的早期是重要的）情形外，自然所供应的物品仅在由人力进行了某种程度的转化以后，才可用于满足人类的需要。"[①] 有些自然要素的数量是有限的，另一些自然要素的数量则实际上是无限的。"除了劳动和自然力这两种基本的和普遍的生产要素外，还有另一种生产要素，若没有它，工业便只能处于最初的原始而简陋的状态，而不可能进行任何其他生产活动。这就是以前劳动产物的积累。这种劳动产物的积累称为资本。"[②] 土地、劳动和资本在不同的时间地点具有不同的生产力。"我们已对生产要素做了全面论述。我们已发现可将它们归结为三种：劳动、资本以及由自然提供的原料和动力。其中，劳动和地球上的原料是基本的和必不可少的。自然动力可以用于协助劳动，是生产的助手，但不是生产所必需的条件。另一要素即资本，本身是劳动的产物，因此它对于生产所起的作用，实际上就是劳动间接地对生产发生的作用。"[③] 穆勒对三要素理论的阐释更为具体和详细，对三个要素也分别进行了深入探讨。特别是穆勒创造性提出了"生产力"这个抽象概念。在探讨生产力较高的原因时，穆勒指出：除了有利的自然条件、较大的劳动干劲外，较高的技能和知识、整个社会的知识水平、相互信任程度较高、较高的安全感也很重要。这说明，穆勒已经注意到了三要素之外的一些重要因素。

---

① 穆勒：《政治经济学原理——及其在社会哲学上的若干应用》，商务印书馆 1997 年版，第 36 页。
② 穆勒：《政治经济学原理——及其在社会哲学上的若干应用》，商务印书馆 1997 年版，第 72 页。
③ 穆勒：《政治经济学原理——及其在社会哲学上的若干应用》，商务印书馆 1997 年版，第 122 页。

第二章 经济学中的资源理论

（三）新古典经济学的资源理论

新古典经济学是指从 19 世纪 70 年代的"边际革命"之后到凯恩斯革命之前的经济学。新古典经济学的研究重心与古典经济学的研究传统有很大的不同，古典经济学主要关注的是资源的稀缺程度与经济增长的关系，因而他们关心分工、组织和制度问题；而新古典经济学主要关注的是在资源稀缺或资源数量一定的条件下，如何在不同的用途中配置资源使得达到帕累托最优状态。这种研究重心的转移使资源稀缺程度对经济增长的影响在新古典经济学体系中降低了。新古典经济学对"能否可持续发展"的问题从总体上持乐观态度的。新古典经济学家们认为，市场机制的自发运行可以解决资源与可持续发展之间的矛盾。

新古典经济学以马歇尔的经济学为代表。[①] 马歇尔（Alfred Marshall, 1842—1924）是 19 世纪末至 20 世纪 30 年代欧美国家中经济学的一代宗师、英国剑桥学派的创始人，他的代表作《经济学原理》于 1890 年初版，至 1920 年出到第八版，是这个时期英语国家经济学的标准教科书。

19 世纪晚期是自由资本主义向垄断资本主义过渡的时期。这时的英国在现实经济中和经济理论研究方面同时面临着严峻的挑战。一方面，英国原是最发达的资本主义国家，但随着德、美等后起国家经济突飞猛进的发展，英国在国际市场上的地位受到严重的威胁。另外，经济形势的变化使英国国内工人经济的贫困状况加剧，加上马克思主义的广泛传播和影响，加速了工人阶级的觉醒，追求社会主义革命成为潮流。经济学派林立以及政治经济形势恶化都呼唤能够完整解释经济的"统一理论"。无论以往的经济学，还是 19 世纪 70 年代兴起的边际效用经济学，都不能独立满足客观现实对经济学的需要。在这种历史背景下，马歇尔开始了经济理论的研究。他对英国古典学派的李嘉图和德国国家主义的李斯特的经济理论、新旧历史学派的经济学、边际效用价值论与生产成本价值论作了详细的考察。他的研究还涉及英国琼斯的经济史学和边沁的伦理学，德国康德、黑格尔的哲学和社会主义思潮，其中，尤以李嘉图、古诺、屠能的著作对他的影响最大。扎实的数学功底加上渊博的知识，使马歇尔能以传统经济学为主体，融合各种经济学流派的理论特别是 19 世纪 70 年代兴起的边际主义理论，提出了局部均衡的分析

---

① 参见陈岱孙先生为《政治经济学原理》写的中译本序言，约翰·穆勒著，赵荣潜等译，商务印书馆 1991 年版，第 1 页。

方法，建立起新古典学派的经济理论体系，具体体现为《经济学原理》一书。这部书"成了第一次世界大战以前200年中英语国家经济研究的基础"，成为这一阶段新的"正统"经济学教材。

马歇尔把边际学派、效用分析学派、三要素理论和市场经济供求的均衡分析统一起来，建立了一个以均衡价格为中心的理论体系。他假设存在完全竞争市场，通过价格的自动调节，可以把供求恰如其分地结合起来，实现生产三要素的最佳配置。"生产三要素"（也可以称之为生产三动因、三条件和三工具）理论是19世纪中叶前后确立起来的，又因马歇尔的鼓吹而得到新生。①按照马歇尔的说法，"生产要素通常分为土地、劳动和资本三类。土地是指大自然为了帮助人类，在陆地、海上、空气、光和热各方面所赠与的物资和力量。劳动是指人类的经济工作——无论是用手的还是用脑的。资本是指为了生产物资货物，和为了获取通常被算做收入一部分的利益而储备的一切设备。"②然而，即使是马歇尔本人也并不认为仅此三个要素，他还提到了第四个要素——组织，"有时把组织分开来算做是一个独立的生产要素，似乎最为妥当"。③马歇尔还说："在某种意义上，生产要素只有两个，就是自然和人类。"④可见，新古典经济学创始人在定义生产要素时并没有过于拘泥要素的种类和内容，而是根据观察的角度灵活定义。其著作《经济学原理》的经济分析仍是建立在生产三要素理论基础之上，在资源概念上没有什么突破，这也是和当时经济和社会的发展水平相匹配的。不过，由于具有简洁的理论框架和清晰的数学表达，使得新古典经济学迅速取得了主流经济学的地位，生产三要素理论也因此得到了广泛接受和普遍认同。这种巨大的影响一直延续到近现代。一方面，三要素理论对经济学的发展做出了很大的贡献；另一方面，它也严重遮蔽了人们探索财富源泉的视线，使得资源理论创新缓慢。

三、传统资源理论的局限

纵观各种经济文献资料，经济学者对"资源"的解释和使用大体存在以

---

① 约瑟夫·熊彼特：《经济分析史》第2卷，商务印书馆1996年版，第276页。
② 马歇尔：《经济学原理》上卷，商务印书馆1997年版，第157页。
③ 马歇尔：《经济学原理》上卷，商务印书馆1997年版，第158页。
④ 马歇尔：《经济学原理》上卷，商务印书馆1997年版，第158页。

第二章
经济学中的资源理论 dierzhang

下几种情况：

（1）把资源作为自然资源的代名词。有学者认为，"资源是指生产资料和生活资料的天然来源"，① 有的更简单地认为，"资源通常指自然资源，即在一定的技术经济条件下，自然界中可被人类用于生产和生活的一切物质"。② 美国经济学家阿兰·兰德尔也认为，"资源是人们发现的有用途和有价值的物质"。③ 事实上，兰德尔的著作所探讨的通篇都是自然资源。另外，在许多场合下，人们谈论某一国是否具有资源优势，或某一地区属于资源丰富地区等问题时，所指的实际上也是自然资源。

（2）把资源等同于生产要素。西方经济学家赫帝（E. O. Heady）认为资源与生产要素同义，是指使用于生产过程中的任何原动力。古典经济学和新古典经济增长理论也局限地认为促进经济增长的资源只包括自然资源、劳动力、资本等生产要素。所以，有人将资源表述为"一个国家用于生产商品和劳务的一切东西。包括劳动力、土地、能源、地下矿藏、原材料、资本等人力和物力资源"。④

（3）把资源等同于产品即原料。社会上通常所说的资源或自然资源，很多时候指的实际上是资源产品，即原料。

（4）把资源无边界地泛化。这种所谓"广义"的无边界资源观，把世间万物都归为资源。

传统意义上对资源的理解或者对资源的范围界定过于狭隘，或者对经济发展中出现的新资源缺乏科学的归类而且没有系统地分析各种资源对经济发展的作用机制。这种对资源概念缺乏严格的科学定义及科学的归类分析的状况，已经制约了现代经济理论的进步，对我国新世纪的资源战略的制定也起到了妨碍作用。

由于对资源的认识、理解和界定的局限性，对资源的研究更多地停留在狭义层面，往往注重物质资源而忽视非物质资源，注重有形资源而忽视无形资源，重视自然资源而忽视人文社会资源，注重静态分析而忽视动态分析，缺乏对资源的科学认识和系统研究。特别是没有把自然资源、经济资源、人文社会资源作为一个有机整体来理解，对于如何有效

---

① 何盛明：《财经大辞典》，中国财政经济出版社1989年版，第87页。
② 陈岱孙：《中国经济百科全书》，中国经济出版社1991年版，第1642页。
③ 阿兰·兰德尔：《资源经济学》，上海三联书店1989年版，第12页。
④ 于建玮：《经济发展辞典》，四川辞书出版社1989年版，第39页。

科学的资源开发模式
——走出"资源诅咒"怪圈

整合自然资源、经济资源、人文社会资源,通过三大资源子系统的共同作用、良性互动,构建推动经济又好又快、可持续发展的动力机制,缺乏深入的研究。造成这些局限性的原因在于,传统资源理论缺乏对人和社会在资源中的主体性研究,没有认识到人文社会资源的能动性对推进经济社会发展的强大作用。

传统资源理论的不足,导致实践中传统资源开发模式的缺陷。传统的资源理论已经不能有效反映经济社会发展对资源的要求,特别是随着社会经济发展,尤其是科学技术的突飞猛进,那些自然资源贫乏或相对贫乏的地区,获得了迅猛的发展,而一些长期被认为是自然资源丰富的地区,并没有进入发达地区之列。这对传统资源理论提出了新的挑战。要回答社会经济发展引发的种种与资源有关的现实问题,必须从资源理论上进行创新。

西方经济学的主流资源概念是古典"生产三要素"理论的翻版,只不过现代的理论表述变为:自然资源、劳动力和资本。后来,新增长理论在研究经济增长时,还把人力资本考虑进来,使它内生为经济增长的一个源泉。由于没有考虑经济发展的问题,一些其他的人文社会资源,如知识资源,只能具体体现为人力资本,不能作为一个独立的资源要素进入到理论模型中来。还有一个严重的缺陷,也是古典理论一直存在的弱点即没有考虑到制度因素。这使新古典经济学家在解释现实的经济现象时往往不能得出满意的答案。

实际上,制度、人力资本、金融、知识、信息、思想观念等也都是创造财富的重要源泉,缺少这些重要的新资源因素谈经济增长和发展也是不可能的。一个国家的自然资源总量和分布是一定的。但是,我们也发现另外一些国家或地区,尽管自然资源匮乏,但靠改革经济、政治制度、大力发展教育、执行金融先导战略、转变思想观念等政策使自己跻身于世界发达国家之列。资源是一个系统性概念。只有当人类充分认识到自己是自然系统的一个组成部分时,才可能实现与自然的协调发展。只有当人类把各种资源都看成资源系统中的一个子系统,并正确处理资源子系统之间的关系时,人类才有可能高效率地配置各种资源。这就要求人类以科学知识为指导,根据经济增长和发展的需要,对资源进行开发利用,同时还必须有一系列对资源进行管理的政策和法律法规体系。

四、增长有限理论与增长无限理论的回顾

（一）增长的核心问题：人与自然的关系

人与自然的关系，是人类社会与经济发展中的一个最基本的关系。如何处理人与自然的关系，也是人类社会与经济发展中的一个最基本的问题。从人类社会的历史进程来看，人与自然关系的变化大致经历了以下几个阶段。

一是早期的农业社会。在这个历史时期，人与自然的关系表现为人类服从自然、自然支配与统治人类。由于人类的科技水平极为低下，只有粗浅的科技意识，无法解释和认识大量的片段现象，对神秘的自然界既恐惧又崇拜。由于人类只有简单的劳动工具和劳动经验，生产水平极为低下，人类只有靠自然的恩赐，依靠自然界提供的现成食物来生活，如狩猎、捕鱼、采集自然果实等，来维持低下的生活水平。由于人类的生产力和创造力极为低下，无法与自然相抗衡，只能盲目地服从自然的支配，特别是在自然灾害面前，人类基本上没有抵抗力。

二是工业社会。在人类历史进程中，工业社会是人口增长最快、经济发展最迅速、物质财富积累最多、社会变动最剧烈的时期。在工业社会时期，人与自然的关系发生了巨变，即人类要控制自然、征服自然。18世纪蒸汽机的发明促使人类进入工业社会，19世纪被称为"科学世纪"，科学技术的迅速发展更加快了工业革命的强劲势头。人类借助先进的科学技术，不断地发现自然界的运动规律，探索出更多的自然界奥秘，因而也滋生了"人类中心主义"，不自觉地把自己看成自然的主宰，提出了"人定胜天"等不切实际的口号。人类的消费欲望空前膨胀，刺激了社会生产力的空前发展，而科技发明又成为社会生产力发展的加速器。美国学者托夫勒认为，工业革命在技术领域的特征，主要表现为大规模的生产和与此相适应的大规模的销售系统；工业化的核心是大型化①。于是，在工业社会中"大"成了"有效率"的同义词。在社会生产力空前发展的同时，其负面影响也日益显现和严重，产生的问题也日益多样化，如温室效应、气候变异、生态破坏、环境污染、资源危机、粮食短缺、水土流失、土地荒漠化等。

这些问题的出现，突出地表明在工业社会中，人与自然关系的失衡和矛

---

① 托夫勒：《第三次浪潮》，三联书店1984年版，第72页。

科学的资源开发模式
——走出"资源诅咒"怪圈

盾在不断加深,主要表现在以下两个方面:

第一,发展与生态的关系。在自然界中,生态系统具有自我调节的功能,即对系统内外的各种变化进行的自我调节,尽可能保持系统的稳定。在一定范围内,外部干扰因素会引起系统的变化,但系统经过自我调节后又可恢复原状。但如果外部干扰过于强烈,破坏了系统的自我调节功能,就会导致系统的失衡。然而,在工业化进程中,人类往往忘乎所以,一心想要征服和改造自然,破坏了生态平衡,引发了许多灾难性的后果。恩格斯在《自然辩证法》一书中告诫:"我们不要过分陶醉于我们对自然界的胜利。对于每一次这样的胜利,自然界都报复了我们。每一次胜利,在第一步都确实取得了我们预期的结果,但是在第二步和第三步却有了完全不同的、出乎预料的影响,常常把第一个结果又取消了。美索不达米亚、希腊、小亚细亚以及其他各地的居民,为了想得到耕地,把森林都砍完了,但是他们梦想不到,这些地方今天竟因此成为荒芜不毛之地,因为他们使这些地方失去了森林,也失去了积聚和贮存水分的中心。阿尔卑斯山的意大利人,在山南坡砍光了在北坡被十分细心地保护的松林,他们没有预料到,这样一来,他们把区域里的高山畜牧业的基础给摧毁了。"[1] 但是,这些忠告并没有引起人们的重视。

第二,发展与资源的关系,工业社会除大规模的生产与销售体系外,还有一个显著的特点就是大规模的资源消耗。事实上,化石能源和矿产资源已成为工业化的主导性资源和物质基础。人们总是以为自然资源是取之不尽、用之不竭的,因而对自然界进行毫无节制的大规模开采与利用。但是,现在人们终于发现,自然界中的绝大多数资源不仅数量是有限的,而且是不可再生的,总有一天会被人类消耗完。同时,以石油、煤炭为主的常规能源消耗后产生的废物,又给环境造成极大的污染和破坏。20 世纪,由于工业化、城市化带来的空间有限性和资源有限性,开始影响人们的生活,引起人们的焦虑和不安,资源的合理利用与有效保护的重要性也逐渐被人们所认识和接受。

(二)增长理论的发展与争论

在工业化的进程中,人与环境的关系日趋紧张,资源环境对社会进步和经济发展的承载力,日益引起人们的关注。英国早期著名经济学家马尔萨斯

---

[1] 《马克思恩格斯选集》第 3 卷,人民出版社 1972 年版,第 517—518 页。

第二章
经济学中的资源理论 dierzhang

在1798年出版的著作《人口原理》中集中探讨了资源问题,着重论述了人口生产与资源供给之间的关系。他认为人口若不加以控制,将会以几何比率增加,而生活资料将以算术比率增加,人口的增殖力无限地大于土地为人类生产生活资料的能力。马尔萨斯实质上探讨了人口与资源、环境之间的关系,即人口数量要与自然资源相适应,不能超出自然资源的承受能力,否则就会破坏人与自然之间的相互平衡,人口数量将会因饥荒、战争、瘟疫等灾难性、强制性的抑制而减少。如果说马尔萨斯是"资源绝对稀缺论"者的话,那么李嘉图则提出了"资源相对稀缺论"的观点,而穆勒则是后一观点的集大成者。他在1848年出版的《政治经济学原理》一书中,不同意马尔萨斯的绝对稀缺论,但又坚决反对无止境地开发自然资源,因为自然资源实际上存在着一个极限。他认为自然环境、人口和财富应保持在一个静止稳定的水平,而且这一水平要远离自然资源的极限,以防止出现食物缺乏和自然美的大量消失。①

人类进入现代社会后,随着工业化进程的加快,资源与环境问题格外引人注目。美国学者福格特(W. Voget)1948年出版了《生存之路》。他从人口与土地的关系出发,探讨了土地的人口承载力等问题,提出世界人口增长已超过土地和自然资源的承载力,人类正面临灭顶之灾,生存之路在于控制人口增长,恢复并保持人口、土地与自然资源之间的平衡。1962年美国女生物学家莱切尔·卡尔逊(Rachel Carson)出版了引起轰动的科普著作《寂静的春天》,描绘了一幅由于农药污染所带来的环境破坏的可怕景象,警告人们将失去"明媚的春天",在世界范围内引发了人们对资源环境危机和发展观念的讨论。1966年,美国经济学家鲍尔丁(K. E. Baulding)发表了《来自地球宇宙飞船的经济学》,把地球比作茫茫太空中的一艘宇宙飞船,人口和经济的不断增长,将会使飞船内有限的资源开发耗尽,人类生产和消费所排出的废物最终使飞船完全被污染,这最终会导致人类社会的崩溃。1968年,保罗·艾里奇(Paul Ehrlich)发表了《人口爆炸》,认为人口增长如不加以控制,大约900年以后,地球将人满为患,陆地表面每平方米将挤满100人,人们将无立足之地。马寅初在1957年发表了《新人口论》,他提出了人口控制问题,但当时这一观点不仅没有得到认同,反而受到了批判。②

---

① 参见洪银兴主编:《可持续发展经济学》,商务印书馆2002年版,第17页。
② 参见张二勋等:《20世纪资源述评》,《史学月刊》2002年第12期。

科学的资源开发模式
——走出"资源诅咒"怪圈

1968 年 4 月,来自美国、德国、挪威等 10 个国家的 30 多名学者在罗马集合,讨论当前和未来人类面临的困境问题,并成立了一个非正式的国际学术团体——罗马俱乐部。1972 年,以丹尼斯·梅多斯(Dennis Meadows)为代表的一批俱乐部成员,发表了第一个研究报告,即轰动世界的《增长的极限》。当时正是西方经济快速增长的"黄金时代",该报告针对长期流行于西方的增长理论进行了深刻的反思,独树一帜地提出要关注"增长的极限"问题。该报告认为影响和决定增长的有五个主要因素,即人口增长、粮食供应、自然资源、工业生产和污染。由于人口增长引起粮食需求的增长,经济增长导致不可再生自然资源耗竭速度的加快和环境污染程度的加深,而这些都属于指数增长的性质。

该报告通过对上述五个主要因素的分析,得出了一些重要结论,例如关于发展与环境、资源的关系,报告认为"如果在世界人口、工业化、污染、粮食生产和资源消耗方面现在的趋势继续下去,这个行星上增长的极限有朝一日将在今后一百年中发生。最有可能的结果将是人口和工业生产力双方有相当突然的和不可控制的衰退。"[1] 而这些严重问题的出现,都产生于现行的增长模式。"现在人口和资本的增长模式,实际上在全世界扩大了贫富之间的差距,按照现在的模式,不断试图增长,必然以灾难性的崩溃而告终"。[2] 该报告深刻地批判了现有的增长方式,认为这种增长方式持续下去,必然会导致人类社会的崩溃。而要避免这一灾难性的结局,最好的办法就是维持出生率、产出率等的不变:"我们现在对全球均衡状态得到的一套最低的要求是:(1)工厂资本和人口在规模上不变。出生率等于死亡率,资本的投资率等于折旧率。(2)所有投入和产生的速率,包括出生、死亡、投资和折旧保持最小。(3)资本和人口的水平以及两者的比例安排得与社会价值一致。"[3] 该报告的观点后来被认为是"资源有限论"和悲观派的代表作,它关于经济增长的观点也被称为"零增长"。

《增长的极限》发表后引起了强烈的反响,但也引来了众多批评,不少学者开始反驳《增长的极限》中的观点,美国学者朱利安·林肯·西蒙(Julian. L. Simon)就是其中的代表人物。他在 1981 年出版了《最后的资源》(中译本《没有极限的增长》),对"资源有限论"进行了集中批评。该

---

[1] 梅多斯等:《增长的极限》,四川人民出版社 1983 年版,第 19 页。
[2] 梅多斯等:《增长的极限》,四川人民出版社 1983 年版,第 206 页。
[3] 梅多斯等:《增长的极限》,四川人民出版社 1983 年版,第 200 页。

第 二 章
经济学中的资源理论 dierzhang

书首先对"有限"一词的词义提出了不同的解释,认为"从实际和哲学的角度来看'有限'这个词用在自然资源上不仅是不合适的,而且显然是错误的。世界上有许多重要的争论,关于'有限'这个词的争论'不仅仅是语义学的',而有关资源短缺的语义学争论搅乱了公众的讨论,并导致了错误的决策"。① 然后,该书着重论述了"无限的自然资源"和"永不枯竭的能源",提出"从任何经济意义上讲,自然资源并不是有限的"②,因为人们无法准确地探测到自然的蕴藏量,"我们可以得到的自然资源的数量,以及更为重要的这种资源可能向我们提供的效用,是永远不可知的。"③ 同时,该书认为随着科技进步,新的资源会不断出现。例如,"从积极的方面来看,我们的能源供应显然并不局限于地球。太阳是除核能之外所有能源中最后的能源资源。因此,虽然我们不能像重复利用其他矿产资源那样重复利用能源,但我们的能源供应并不局限于地球现在所拥有的能源数量,所以从任何意义上来说,能源都是无限的。"④ 上述观点又被称为乐观派。

从此以后,"资源有限论"和"资源无限论"的争论一直就没有停息,双方不断有新的作品和新的人物出现,使争论不断高潮迭起。例如,美国政府于1980年夏季发表了《公元2000年的全球研究》,支持了《增长的极限》的观点;而在1976年,美国赫德森研究所发表了《今后200年:美国和世界的蓝图》的研究报告,逐条批驳《增长的极限》。虽然以朱利安·林肯·西蒙为代表的反对派对"零增长"持有异议,《增长的极限》所提出的"全球问题"的严峻性,已为世人所认同。不时向人类社会袭来的能源危机和资源短缺现象,在事实上已说明了这样一个真理,即在一定的时期内,由于各种条件的制约,人类所能发现的资源和可供人类利用的资源总是有限的,合理利用资源是人类社会持续发展的必然选择。

---

① 朱利安·林肯·西蒙:《没有极限的增长》,四川人民出版社1985年版,第44页。

② 朱利安·林肯·西蒙:《没有极限的增长》,四川人民出版社1985年版,第7页。

③ 朱利安·林肯·西蒙:《没有极限的增长》,四川人民出版社1985年版,第55页。

④ 朱利安·林肯·西蒙:《没有极限的增长》,四川人民出版社1985年版,第66页。

（三）科技进步在资源战略中的作用

"资源有限论"与"资源无限论"争论不休的一个重要原因，就是双方对科技进步在资源战略中的作用有不同的看法。朱利安·林肯·西蒙之所以成为乐观派，并反对"资源有限论"，是因为他十分看重科技进步的作用。在他看来，人类能够不断创造新的知识，从而能不断开发新的资源。他认为，"有更多的人口就有更多的头脑去开发新资源，去提高生产效率。这种观点并不只限于经济学家。一名技术专家写到采矿业时也有同样的观点：'实际上，技术不断创造新的资源'……这就是为什么人类不断繁衍增加，不断消费更多的资源，而自然资源的储备却不断增长的原因。"[①]

科技进步在资源战略中的作用，主要体现在以下几个方面。第一，通过科技进步发现更多的资源替代品，例如，用塑料代替木材等，以减少对不可再生资源的耗费。第二，通过科技进步发现现有资源的新的利用方式和利用途径，提高资源的利用效率。第三，通过科技进步创造新的更为先进的勘探方法，探寻到更多的现有资源的储量，这就等于增加了资源的供应量。第四，通过科技进步可以发现更多的新资源。例如，能源是生产的动力，能源的发展史就证明了这一点。在农业社会中，人类生产所使用的动力主要是畜力和水力。在工业社会的初期，人们发现煤炭并使煤炭成为工业文明的核心能源。19世纪末期，煤炭代替木材为蒸汽机提供动力，并在能源结构中占主导地位。20世纪初，大工业生产对石油的需求量急剧增加，到20世纪中期，石油开始在能源结构中占主导地位。但是由于煤炭、石油、天然气等不可再生资源的贮存量有限，人类对资源的开发开始向太阳能、原子能、地热能、海洋能等新的资源领域进军。

正确认识科技进步在资源战略中的作用，有助于我们更全面地理解"资源有限论"和"资源无限论"的争论，更清晰地认识人类所面临的资源形势。

（1）自然资源的本质就是有限性。1970年联合国出版的文献对自然资源的含义的解释是："人在其自然环境中发现的各种成分，只要能以任何方式为人类提供效益的都属于自然资源。它既包括过去进化阶段中无生命的物理成分，如矿物，又包括地球演化过程中的产物，如植物、动物、景观要

[①] 朱利安·林肯·西蒙：《没有极限的增长》，四川人民出版社1985年版，第223页。

第二章
经济学中的资源理论

素、地形、水、空气、土壤和化石资源等"。因此，从本质上来说，自然资源是指可以被人类利用的各种天然存在的自然物，而不是人造物。自然资源作为一种自然物，早在人类出现之前就存在于地球上了。它们的数量与质量、形成与发展、分布与组合等，都不受人类的控制，而是受到自然规律的支配。所以在理论上来看，既然自然资源是一种自然物，它在地球上存在的数量是一定的、有限的，因而人类可以开发和利用的自然资源的数量也是一定的、有限的。在人类所能认识和利用的自然资源中，只有阳光和空气的供给量是无限的，而由于阳光和空气永不短缺，人们并不视它们为资源。因此，就绝大多数自然资源来说，有限性是其一个本质特征。

（2）自然资源指的是自然物与人的需求之间的对应关系，目前资源短缺和能源危机的产生，其根源就在于人类需求的无限性与自然资源的有限性之间的矛盾。由此可以看出，解决资源短缺与能源危机的出路，其被动的措施在于新资源的开发，而主动的措施在于控制人口的增长、合理改善人的需求。人口问题是生态、资源与环境问题的中心环节。让人无法相信的是，朱利安·林肯·西蒙在《没有极限的增长》中提出："就人口政策而言，能源供给现状的结论谁是谁非无关紧要。……无论人口增长对能源局势造成什么样的影响，是需求增加带来的消极影响还是促进新发现带来的积极影响，人口对能源成本和由此涉及生活水平的长期影响都是无关紧要的。"① 他还认为人口增长是一个不必考虑的因素，因为有更多的人口就有更多的头脑去开发新资源。这些观点是不能使人信服的，是没有说服力的，也是不符合事实的。

（3）应综合看待自然资源的极限，不仅要看到物质上的极限，还应看到社会、管理等方面的极限。罗马俱乐部成员奥雷利欧·佩切伊和亚历山大·金在反驳乐观派对《增长的极限》的批评时，提出："对于《增长的极限》一书经常提出的批评是它完全着重物质上的极限——实际上是不可能达到这些极限的，因为政治的和其他的困难将先于这些极限而出现。毫无疑问，增长的真正极限是社会的、政治的和管理上的极限——而且最终在于人的本性。"② 这些观点的提出，不仅在理论上扩展了人们研究问题的思路和视界，而且在实践上也有力地反击了乐观派的批评。例如，朱利安·林肯·西蒙就

---

① 朱利安·林肯·西蒙：《没有极限的增长》，四川人民出版社1985年版，第221—222页。

② 梅萨罗维克等：《人类处于转折点》，三联书店1987年版，第194页。

科学的资源开发模式
——走出"资源诅咒"怪圈

提出不必考虑回收废报纸和保护森林与资源问题,因为"正在生长的树木的总数一直在增加,而且成功地发展了纸的代用品。那么我们为什么还要自找麻烦,非要重复使用废报纸不可呢?"① 这种观点只是着眼于自然资源的物质内容,难免陷于偏颇。事实上,在工业化的进程中,由于观念、体制、政策等方面的问题,全世界的森林面积大幅度减少,发展中国家乱砍滥伐的现象一直得不到有效遏制,使生态与环境受到了极大的破坏。这些事例告诉人们:资源的保护与资源的开发同等重要,这是人类社会持续发展的有效保证。

(4) 通过科技进步去发现、开发新的资源,是缓解资源短缺和能源危机的重要途径。从水力、畜力的使用到煤、石油、天然气等新能源的开采,从不可再生资源到核能、风能、太阳能等可再生资源的开发利用,人类通过科技进步,在资源史和工业发展史上实现了一次次重大发现,实施了一次次跨越性突破,促进了经济与社会的发展。然而,虽然科技进步能够一次次突破资源限制,但是科技新发现毕竟有一个过程,有时甚至是一个漫长的过程。而在新的科技发现没有出现之前,资源条件的限制,对经济与社会的发展都形成了巨大的拖曳作用,这在人类发展史上是一个必须尊重的事实,从这个角度来看,在长期的发展趋势中,通过科技进步而不断发现新的资源,以保证人类社会发展的需要,而在一个特定的历史时期,资源有限与资源短缺又是一个经常出现的现象。因此,正是在资源短缺—科技进步—发现新资源的交替更换中,经济与社会过程被一次次推向前进。

五、新经济增长模式的探讨

增长的极限论与无限论的争论,实质上是根源于对工业化初期的经济增长模式,即高耗费、高污染、高速度模式的反思。为了克服传统经济增长模式的弊端,争论各方都对未来的经济增长模式进行了有益的探讨。

(一) 均衡增长论

《增长的极限》认为传统的经济增长模式,将会导致人类社会的崩溃,

---

① 朱利安·林肯·西蒙:《没有极限的增长》,四川人民出版社1985年版,第124页。

第二章

经济学中的资源理论

而面对增长,人类有三种可供选择的方案,即不受限制的增长、自己对增长加以限制和自然对增长加以限制,但事实上只有后面两种方案是可能的。该书认为理想的方案就是全球均衡增长,"全球均衡状态的最基本的定义是人口和资本基本稳定,倾向于增加或减少它们的力量也处于认真加以控制的平衡之中"。① 根据全球均衡状态这一概念,梅多斯等人编制了具有"稳定的人口和资本的世界模型"。如图2.1所示。

在这个模型中,他们假定自1975年起人口停止增长,1985年起工业资本停止增长,其他条件仍旧维持不变,结果是指数增长情况没有了,但是由于人口和工业资本仍旧处于相当高的水平上,资源耗竭得相当快,只能达到暂时的稳定状态。

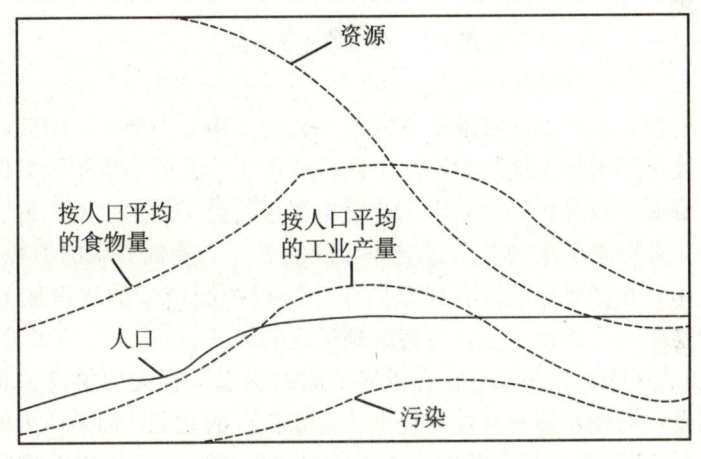

图2.1 稳定的人口和资本的世界模型

为了保持均衡状态,梅多斯等人认为,除了需要控制增长的政策外,还需要技术政策,于是又编制出一个"稳定的世界模型",如图2.2所示。

在这个模型中,他们提出的政策是:在1975年通过出生率等于死亡率,使人口稳定下来,并允许工业资本自然增长到1980年。在此以后,通过投资率等于折旧率使工业资本稳定下来,每一单位工业品的物质消耗是降到1970年价值的25%,以避免不可再生资源的短缺。为了进一步延缓资源的耗竭和污染的加深,经济重点应从生产物质产品转移到增加学校、医院等服务设施,污染降低到1970年数值的25%。为了提高按人口平均的食物量,

---

① 梅多斯等:《增长的极限》,四川人民出版社1983年版,第198页。

科学的资源开发模式
—— 走出"资源诅咒"怪圈

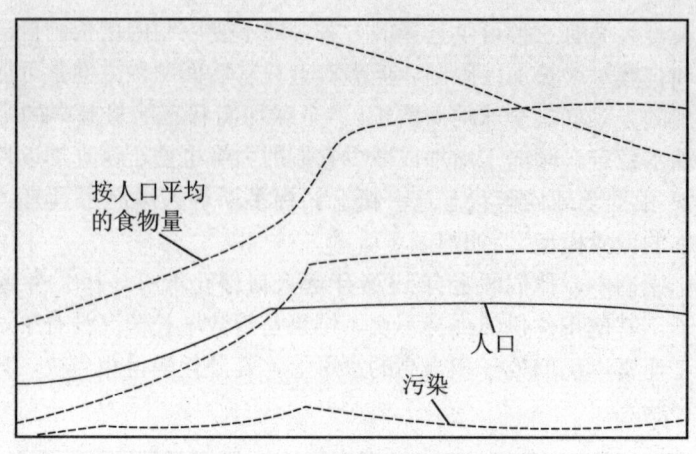

图 2.2 稳定的世界模型

资本要转到粮食生产上。农业投资的增加会使土壤肥力减少,因此,农业资本应优先使用于增加土地肥力和水土保持。由于工业资本用于服务设施、粮食生产、资源回收和污染控制,工业资本存量将处于低水平上。为了抵消这种影响,工业资本的平均寿命要增加,以便进一步降低资源的消耗和污染。梅多斯认为,在"稳定的世界模型"中,实行控制增长的政策加上技术政策,就能达到一个均衡状态,并持续到遥远的未来。

《增长的极限》发表以后,在世界范围内引起了很大的争议和非议,需要澄清的是:第一,该书并没有提出"零增长"的观点,而是认为均衡不等于停滞。"用这种方式规定的均衡并不意味着停滞"。"我们这里描绘的均衡状态的图景,的确是理想化的。这种状态也许不可能达到,而且也许是地球上大多数人所不愿意选择的。描绘这种状态的唯一目的是要强调:全球均衡确实不意味着进步或人类发展的终止。"[1] 第二,该书认为全球均衡状态不仅不等于停滞,而且可以与增长相并行。"在这样一种均衡状态中,生活会是什么样子?会窒息发明吗?社会会固定在我们今天这个世界中所看到的不平等和不公正的模式里吗?……一个社会免除了同增长引起的许多问题作斗争,就可以有更多的精力和创造才能用于解决其他问题。事实上,我们相信,正如我们下面要说明的,社会的进化有助于发明和技术发展,一个以平等和公正为基础的社会,与其说是在我们今天所经历的增长状态中进化,很

---

[1] 梅多斯等:《增长的极限》,四川人民出版社 1983 年版,第 200、208 页。

可能不如说要在全球均衡状态中进化。"此外,该书提出在均衡增长模式中,并不是笼统地要抑制增长,而是要抑制大量消耗资源、严重污染环境的增长,同时要促进不会大量消耗资源、污染环境的增长。"那些不需要大量不可代替的资源,或不产生严重的环境退化的人类活动,可以无限地继续增长。特别是那些被许多人列为人类的最理想和最满意的活动,如教育、艺术、音乐、宗教、基础科学研究、体育活动和社会的相互影响,是能够繁荣的。"[1] 第三,该书提出在增长模式中,人口增长是关键因素,这个观点已被实践证明是正确的。在当今世界所普遍接受的可持续发展理论中,核心内容是要正确处理人口、资源与环境的关系,要保持人口的合理增长以及人口与资源、环境的相互协调。因此,就实质来说,该书的观点与可持续发展理论在内容上是一致的。第四,该书提出为了避免未来人类社会走向崩溃,要对现行的经济增长进行抑制,这一点是不太现实的。人类社会发展的历史表明,对于增长中出现的问题,仅仅被动式地抑制或减慢增长并不能从根本上解决问题,而应以积极的方式通过探寻新的发展方式来克服旧模式的弊端,在发展中依靠科技进步来不断解决旧的矛盾,特别是解决好"有增长无发展"的问题。

(二) 有机增长论

由于《增长的极限》引起了外界强烈的反响和激烈的争论,使罗马俱乐部认为必须对这一引起广泛关注的问题进行更深一步的探讨,更全面地阐述自己的观点。为此,它于1974年发表了第二份研究报告,即由梅萨罗维克(M. D. Mesarovic)和佩斯特尔(E. Pestol)等人创作的《人类处于转折点》。

该书认为人类目前面临着多种前所未有的危机,如人口危机、环境危机、粮食危机、能源危机等,这就使人类处在一个重要的转折点上:"是继续走老路还是开辟一条新路。而解决这一问题的前提是要重新看待增长问题,除非首先确定增长的地点、性质和内容以及增长的过程本身,那么该增长还是不该增长的问题就不仅是一个意义不明的问题,而且也是一个没有意义的问题。为理解增长概念的丰富和多样化,我们必须回想一下自然界中所存在的各种增长过程。我们这里感兴趣的有两种增长过程的类型:一曰无差

---

[1] 梅多斯等:《增长的极限》,四川人民出版社1983年版,第201—202页。

科学的资源开发模式
——走出"资源诅咒"怪圈

异增长,一曰有机增长,或曰有差异增长。"① 所谓无差异增长,是指没有质的变化,完全是数量增加的增长;所谓有机增长,是指不仅有数量增加的增长,而且还包含质的提高的增长。而人类目前面临的各种危机,都是根源于无差异的增长模式,所以必须停止这种单纯追求规模扩大和数量增加的增长,而转向有机增长模式。

该书首先改变了《增长的极限》把世界模型作为一个整体看待的缺点,并根据世界各地文化、环境、发展水平和资源分布的不同,把整个世界系统分成 10 个地区:(1) 北美;(2) 西欧;(3) 日本;(4) 其他发达市场经济国家;(5) 东欧,包括前苏联;(6) 拉丁美洲;(7) 中东和北非;(8) 非洲大陆;(9) 南亚和东南亚;(10) 中国等亚洲中央计划经济国家。

在上述分类的基础上,该书电子编制了"多水平世界模型",根据这一模型的分析,该书认为在 21 世纪中期以前,世界不同的地区在不同的时段,由于不同的原因可能会发生区域性的崩溃,而要避免或解决这些问题,则必须各个国家联合起来,采取全球性的协同行动。同时,另外一个解决途径,就是要改变无差异的增长方式,采取有机增长方式。

与《增长的极限》相比,该书在内容、方法等方面都有一些改进和新颖的地方。第一,该书放弃了梅多斯等人所采用的世界总量分析方法,而采用了非总量分类全球模型分析方法,这更便于分析区域性变化以及国别形势与全球形势的相互影响,有助于了解全球发展的动态过程。第二,《增长的极限》在对物质极限的研究中,没有把物质极限与管理体制、政治进程、社会形态、价值系统的变化联系起来,忽略了它们之间的内在联系。而该书试图克服《增长的极限》所存在的这一方法的不足,探讨了物质极限与社会的、政治的、管理上的极限之间的相互关系,把社会—政治—经济有机地结合起来,作为一个整体加以研究,探索了一种新的研究方法。第三,该书提出在解决人类所面临的各种问题与危机时,不可能孤立的、单一的予以解决,而应当实行各国协调、全球合作的方式才能有效地加以解决,通过建立国际经济新秩序来避免可能发生的国际冲突。这一观点比较符合当今世界发展的潮流,对解决目前的一些全球问题有现实意义。

(三)"无意外"发展论

美国赫德森研究所的首任所长赫尔曼·卡恩(Herman Kahn)是物理

---

① 梅萨罗维克等:《人类处于转折点》,三联书店 1987 年版,第 3 页。

第 二 章
经济学中的资源理论 dierzhang

学家和数学家,也是反对罗马俱乐部的报告《增长的极限》的代表人物。他先后出版了《今后200年:美国和世界的蓝图》、《世界经济的发展》、《即将来临的繁荣》等书,系统地阐述了他对未来社会经济发展的构想。

卡恩首先强烈地反对零增长论,他认为"无增长"只会使穷国永远贫困下去,而且会使人们失去对未来的信心。他从经济史的角度把人类社会发展分为五个阶段,即前农业社会、农业社会、工业社会、超工业社会、后工业社会。在他看来,后工业社会是人类社会发展的最高阶段,那么如何向后工业社会过渡?他认为最重要的是要提高人们对未来的信心。而如果接受了零增长论,亿万人就可能被剥夺得到致富机会的任何希望,人们也会失去对未来的信心。

在此基础上,卡恩对未来的发展进行了分析。第一,关于人口增长,他在世界蓝图或"以地球为中心的400年设想"中提出一个假说,即世界人口增长率现在已接近于历史高峰,不久将开始变慢,到最后即从现在起的100—200年内,它们将开始趋于平衡,世界人口增长率将会降低。第二,关于经济增长,他认为在已完成工业化的欧美国家中,经济增长是一个取得资本、资源、知识和技术的缓慢而持久的过程,这个过程包括从发明、应用、投资到收益,大约需要数十年的时间。从这一点来看,发展中国家将面临许多发展中的困难,但也有一些有利的因素有助于促进发展中国家的经济发展,这些有利的因素包括以下十个方面:(1)可以利用发达国家的资本、技术和市场;(2)出口劳动力以换取外汇、获得技术;(3)引进以出口为方向的工业;(4)发展旅游事业来获得收入;(5)技术转让越来越容易;(6)可以利用发达国家的开发经验、技术和体制;(7)输入污染和低等的工作,增加就业机会;(8)发展进口替代;(9)存在稳定的国际环境,遭受外国侵略的可能性减少;(10)可获得发达国家的援助。第三,关于资源与环境,卡恩承认人类社会在人口、能源、粮食、环境等方面存在着严重的问题,对这些问题如果不注意加以解决,特别是如果发生战争或自然灾害,这些问题有可能出现灾难性演变。但同时他又认为这些问题"是基本上能解决的问题,或者是在近期或中期的未来可解决的问题,是过渡时期中的一些过渡问题,是处在世界贫穷和世界繁荣之间的一个时期的问题。"①

卡恩认为,人类通过科技的进步、健全的管理和明智的政策,能够解决

---

① 卡恩等:《今后200年:美国和世界的蓝图》,上海译文出版社1980年版,第25页。

所面临的各种严重问题。正是由于对人类的未来充满信心，他认为如果不出现惊人的、出乎意外的"革新和进步"，到20世纪末和21世纪初，那些发达国家将进入超工业社会，然后进入后工业社会，最后所有国家都会进入到超工业经济和后工业经济阶段，这就是他所说的关于人类社会未来的无意外世界蓝图。

卡恩的观点与"增长有限论"形成了鲜明对比，但其理论中的"假说"成分比较多，有的甚至是自相矛盾的。第一，卡恩强烈反对零增长，然而正如前面我们所提到的，悲观学派并没有明确提出零增长的观点，卡恩的思想依然是建立在误解的基础上。第二，卡恩注意到人口问题的重要性，认为人口增长将进入可控制的状态，并且提出经济增长也不会无限期地持续下去。这些观点应当说是符合实际的，与《增长的极限》中的观点基本上是一致的。第三，卡恩看到了人口增加和经济增长会带来资源的过度耗竭，所以他提出要注意解决此类问题，提出要发展能源的代用品、加强原料的回收与保护、建立粮食仓储制度、控制污染、避免核战争的发生等建议，这些建议都是十分合理的。第四，卡恩的理论有很多猜测的东西，缺乏实证性的、细致的论证，因而说服力不强。

（四）可持续发展论

进入知识经济社会后，人们开始更加理性地看待资源与环境问题、增长有无极限问题，认识到这些问题的实质是人与自然的关系，保持人与自然的和谐至关重要。于是，可持续发展理论应运而生。

可持续发展的思想最早可追溯到1972年的联合国环境会议。来自113个国家的1300多名代表聚集在瑞典首都斯德哥尔摩，围绕着"我们应当干些什么，才能保持地球不仅成为现在适合人类生活的场所，而且将来也适合子孙后代居住"的主题，第一次广泛讨论了因发展而引起的全球环境问题，并通过了划时代的文献《人类环境宣言》。这次会议虽然没有明确提出可持续发展的概念，但其主要内容已经十分清晰。

可持续发展的概念，最初于1980年出现在世界自然保护联盟起草的《世界自然保护战略》的文件之中。该文件提出把资源保护与经济发展结合起来的方针，认为"发展和保护对于我们的生存以及履行我们作为后代所享用自然资源的代管人的责任来讲是同等重要的"。1987年，联合国通过了世界环境与发展委员会起草的文件《我们共同的未来》，在这个关系着人类社会未来发展的挑战与策略的划时代纲领性文件中，提出可持续发展是"既能满足当代人的需要，又不对后代人满足需要的能力构成危害的发展"，并论述了可持续发展的原则、要求、目标和策略，从而为可持续发展思想奠定了基础。1992年6月，在巴西里约热内卢召开的联合国环境与发展大会，通过了《里约宣言》和《21世纪议程》。这两个文件是将可持续发展思想和理念付诸行动的开始，它充分肯定了可持续发展道路，把实现可持续发展作为人类共同追求的目标。至此，可持续发展思想已经成为影响人类文明和人类进步的基本指导原则。

可持续发展的核心内容就是和谐的自然观。世界环境与发展委员会的《我们共同的未来》文件强调："从广义上讲，可持续发展的战略旨在促进人类之间以及人与自然之间的和谐。"《里约宣言》第一条原则也强调："人类处于备受关注的可持续发展问题的中心，他们应享有以与自然相和谐的方式过健康而富有生产成果的生活的权利。"由此可见，人与自然的关系是构建可持续发展方式的基础，而人与自然的和谐是可持续发展追求的最高目标。只有实现了人与自然的和谐，才能实现人类社会的持续发展。

可持续发展理论的重心是发展，它依然把发展放在突出的地位上。它认为发展是人类共同的和普遍的权利，不论是发达国家还是发展中国家，都享有平等的发展权利，而对发展中国家来说发展更为重要。但同时也要看到，人类的发展必须与资源、环境相适应，必须放弃传统的生产方式与消费方式，改变过去那种通过无限制地消耗资源和牺牲环境来换取发展的错误做法，使发展与地球的承载能力相互协调、相互适应。

可持续发展的基本原则，是要兼顾当代人与后代人的利益，强调当代人在追求发展和增长消费的时候，应当承认并努力做到使自己的机会与后代人的机会相平等，不允许当代人以牺牲和损害后代人而一味自私地追求今世的发展与消费的利益为代价，从而剥夺后代人应当享有的同等发展与消费的机会。

随着可持续发展思想为世人所广泛接受，全球性的行动正在展开，理论上的争论已不再成为问题。美国世界观察研究所所长莱斯特.R.布朗（Lester.R.Brown）就此说过一段话："由于持续发展性已成为经济政策和规划的目标，所以1972年随《增长的极限》一书面世后所引起的争论将告平息。因为与其说在增长与不增长间进行选择，已不如说在这种或那种持续发展方式间进行选择更为贴切了。"[①] 应当说，布朗的这段话是一个十分中肯的总结。

---

① 布朗：《建设一个持续发展的社会》，科技文献出版社1984年版，第291页。

第三章 系统资源理论分析

从宏观经济学的视角,当今时代正处在从"物本"经济活动到"人本"经济活动,从"实体"经济到广义虚拟经济,从"看不见的手"到"看不见的心"的发展过程。人是资源之本,资源是由人发现的,资源价值是相对于人的,离开人,资源就无从谈起。资源是对于人类社会有用途或有价值的各种物质、能量、条件以及人与人、人与社会的关系的总和,任何成分在被归为资源以前,必须满足两个前提:首先,人类必须有获得和利用它的科学知识和技术技能;其次,它所产生的物质或服务能够满足人类的某种需求,要能为人类社会创造财富。资源是由自然资源、经济资源和人文社会资源三个子系统构成的一个大资源系统。自然资源、经济资源和人文社会资源三个子系统各要素之间相互作用,通过人的劳动和创造,实现资源的价值。

人与资源的关系,是哲学本体论实践论中主体与客体之间的辩证关系。从这个意义上说,人是资源的主体,人是资源的本源,自然资源是基础,经济资源、人文社会资源处于支配引导地位,能动地作用于自然资源。在人的主导下,自然资源、经济资源和人文社会资源三个子系统共同构成系统资源的有机体。

一、资源系统

资源系统分为自然资源系统、经济资源系统和人文社会资源系统三个子系统。环境资源既是资源,也是资源的外部环境,分为自然生态环境资源、经济环境资源和人文社会环境资源,作为外部性发挥作用。

第三章

系统资源理论分析 disanzhang

（一）自然资源系统

自然资源系统主要是指自然界这个系统，是系统资源理论中的生产基础和对象。自然资源是指在一定的技术和经济条件下，能够被用来创造财富的自然环境要素和条件的总和。《辞海》对自然资源的解释是"天然存在的自然物。如土地资源、水利资源、生物资源和海洋资源等。是生产的原料来源和布局场所。"[①]《英国大百科全书》把自然资源定义为：对人类可以利用的自然生成物及生成这些成分的源泉的环境的功能，前者如土地、水、大气、岩石、矿物、生物及其群集的森林、草场、矿产、陆地、海洋等，后者如太阳能、地球物理的环境功能（气象、海洋现象、水文地理现象）、生态学的环境功能（植物的光合作用、生物的食物链、微生物的腐蚀分解作用等）、地球化学的循环功能（地热现象、化石燃料、非金属矿物生成作用等）。[②]联合国教科文组织给自然资源下的定义是：自然资源是从自然环境中得到的、可以采取各种方式被人们使用的任何东西。2000年，《中国资源科学百科全书》按照对自然资源的传统认知，即自然资源是人类可以利用的一部分天然物质和能量，概括为"自然资源是人类可以利用的、自然生成的物质与能量。它是人类生存与发展的物质基础，主要包括土地、水、矿产、生物、气候和海洋六大类资源。"广义地讲，自然环境中除了人以外的所有要素都可看做自然资源，但通常只是把它局限于对人有潜在用途的自然要素和自然条件。自然资源的种类分类标准很多，按其本身能否再生或恢复的特性，可以分为再生性资源和不可再生性资源两大类。按照化学性质，又可以分为有机资源和无机资源。按照自然形态，分为动物资源、植物资源和矿藏资源。按照地理位置，分为陆地资源、海洋资源和空间资源甚至宇宙资源。自然资源是资源配置的物理对象，也是创造和生产物质财富的原始材料。

（二）经济资源系统

经济资源是指工业社会及后工业社会时期在市场经济中形成，以社会关系为核心，通过社会形态而存在，在社会生产活动中发挥着"资产源泉"功能的各种要素，主要包括分工网络、资本、人才、科技、货币、金融、电子

[①]《辞海》，上海辞书出版社1980年版，第1897页。
[②] Encyclopedia Britannica（V），Encyclopedia Britannica，Inc.，Chicago，1978，pp. 39—62。

商务、企业、产业集群等具体资源形态。其共同属性即核心而言,却只有一个,那就是反映着生产过程中人与人之间的经济利益关系。

经济资源与自然资源比较起来,是社会经济活动的产物,其生成主要是在工业社会、后工业社会和信息社会经济活动的历史进程中实现的,是在产业发展特别是工业生产和资源开发之间,形成的一种相互依赖和促进的良性循环关系中,除了自然资源之外,被纳入市场进行分配的资源形态。经济资源的产生有三个最基本的特征:第一,社会进入了工业社会,加工工业的兴起和大发展,产业链的不断延伸,急剧地扩大了对自然资源的需要数量。这使得许多相对数量原本并不短缺因而并不存在垄断的自然资源,出现了短缺和垄断。第二,工业革命特别是新科技革命伴随着商品经济的大发展,而且由发达的商品经济转化为市场经济,这使得愈来愈多的商品进入市场交换领域。第三,随着经济全球化、区域经济一体化进程的推进,不仅一切可以作为生产原料的自然资源进入市场,在国际范围内配置资源,而且劳动力、科学技术乃至金融及其产品作为重要资源也进入市场交换。原料市场、劳动力市场、技术市场、金融市场的发展,就进一步使资本、科技、金融和信息也被纳入到市场范围里来。工业社会、后工业社会和信息社会的发展,不仅需要大量经济资源进入市场,而且大量经济资源进入国际市场,经济资源的国际贸易属性和特征随着经济的发展越来越明显。

1. 分工网络资源

分工是重要的基础的经济资源。亚当·斯密在《国富论》论分工中指出:"劳动生产力上最大的增进,以及运用劳动时所表现的更大的熟练、技巧和判断力,似乎都是分工的结果。"[①] 他甚至断言,文明的民族之所以比原始民族较为富裕,就是因为前者有分工,后者没有分工。[②] 因此,分工是生产力提高的重要原因。经济发展过程就是一个分工深化的过程。分工演化是一个自然的、动态的过程。经济根本上是一个基于全部的分工演化过程,分工和投资、制度共同构成影响经济增长的三大要素。而分工是更基础更重

[①] 亚当·斯密:《国民财富的性质和原因的研究》上卷,郭大力、王亚南译,商务印书馆1974年版,第5页。

[②] 亚当·斯密:《国民财富的性质和原因的研究》上卷,郭大力、王亚南译,商务印书馆1974年版,第8页。

第三章
系统资源理论分析 disanzhang

要的要素资源。分工是经济增长的主要原因。① 在经济增长的分工演化过程中，通过组织内部分工、社会分工、产业分工推进专业经济、产业经济、规模经济、贸易经济逐步发展，工业化、城镇化、农业产业化随着分工演化而发展。

2. 金融资源

"金融是一种资源，是一种稀缺性资源，是一国最基本的战略资源"。② 金融资源与电子商务等其他资源系统的发展聚合，可以产生出一系列的金融衍生工具和产品。金融资源及其产品左右一国经济命脉，掌握国家的政治命运，通过金融资本运作煽动政治事件，诱发经济危机，控制着世界财富的流向与分配。白钦先教授提出的金融可持续发展理论的核心就是揭示金融的资源属性。金融是货币化的社会资财，是以货币形式表现的具有存量形态的社会财富，是社会财富的索取权。在 N. H. 哈坎森（Nils H. Hakansson）所撰写的《金融市场》词条中指出："所谓金融市场包括股票、债券、选择买卖权和保险合同等金融证券市场。广义上，金融经济学指的是不确定性经济学带来的新焦点、新活动和新融合的结果。在这个分支学科中，各种各样的金融市场模型占据着中心位置"。③ 在新形势下，冷静而客观地观察分析与审视金融，"金融不是一个单纯的行业性的简单系统，已不再简单地是过去那种资金运动的信用中介，将金融简单地解释为货币与资金的融通或信贷已不再公允，且具有相当的简单片面性；金融不再是单纯的发展经济的一种手段，或调控国家宏观经济的一种工具或杠杆，而是成为经济核心，成为一种涉及国内与国际，经济与社会，科学与技术，过去、现在与未来众多因素的复杂而巨大的系统"。④ 在当代，经济与金融高度渗透与融合，即金融的经济不再是现实的经济，离开了经济的金融也不再是现实的金融，即金融内生于经济。货币与金融非中性。金融对经济的发展与稳定、波动与危机有巨大的双重性作用，经济金融化导致经济的发展与稳定、波动与危机有巨大的双重性作用。"金融活动通过货币和其他金融资产的交易实现产权的高效配置和交换，从而降低了交易成本；繁荣发达的金融市场是经济信息的集中和处

---

① Young A. Imcreasingreturnsandeconomicprogress [J] The Economic Journal, 1928, 38: 527—542.

② 《白钦先经济金融文集》第 2 版，中国金融出版社 1999 年版，第 103 页。

③ N. H. 哈坎森：《金融市场》。

④ 白钦先：《以全新视野审视金融战略》，《经济日报》，2000 年 7 月 18 日。

理场所，金融信用比商业信用更可靠、更安全，从而降低了经济主体的信息搜寻成本。随着以知识信息的生产与消费为主的知识经济时代的到来，金融整体上的资源属性就更加显露无遗了，金融应该作为最重要的自变量之一进入微观经济的生产函数和宏观经济的增长函数。"① 这也正是把金融归为一种经济资源的最终目的。

3. 人才资源

人才资源是资源之母，人才资源是资源经济中的一根主线，离开了人才资源，其他资源就失去了价值。人才资源指以人的才能、智慧和能力等形态出现、以人为本体的资源，是生产中人的要素的体现。人是最宝贵的资源。在所有资源中，只有人是具有创造力的资源。远古时代，生产工具简陋，劳动力是提高生产力的决定性因素。那时的劳动力又主要是指体力，劳动中智力所占比重很小，而以体力为基本内涵的劳动力又是天然地涵容在劳动者身上的，不能将劳动力从劳动者身上剥离出来，谁要想拥有更多劳动力，就只有连同劳动者人身一起占有，于是战争俘虏和家生奴隶都成为争夺的对象。资本主义制度使劳动者获得了人身自由，建立在机械化大生产基础上的工业生产，需要大量具有知识、文化和技术即智力的现代工人，于是劳动力市场便形成了。劳动力提供到市场上去，便获得了同其他资源性商品相同的社会性质与功能：成为可以创造财富的源泉即资源，直接地反映着买卖双方的经济利益关系。可见，劳动力成为现代意义上的资源所需要的条件是，劳动力成为商品，并且能够拿到市场上去出售。如果说劳动力资源和人才资源在基本含义上有区别的话，那就是，人才资源更突出了劳动力中的智力因素，是一种高质量的、能够适应工业化大生产的劳动力资源。为了同历史上的劳动力区别开来，人们有意无意地将今日的劳动力称之为人才，是一件非常有意义的事情。

4. 科技资源

科技资源是指以科学技术为形态的资源，其在生产过程中的作用，综合了自然的物质和人的智慧的力量。科技作为资源被投入到生产过程之后，会使生产力以及生产结果发生根本性的变化。也正因为如此，邓小平提出了"科学技术是第一生产力"的著名论断。农业社会时期的生产中便已经有技术发生并发挥着作用，但是，现代的建立在科学基础上的技术即科学技术，

---

① 白钦先：《再论以金融资源论为基础的金融可持续发展理论》，载《金融时报》，2000年1月22日。

却是在工业社会时期才发生和发展起来的。科学技术成为资源需要一系列条件,主要有:科学技术本身已经获得长足进步,并形成一个相对独立的部门,有专门的机构和人员来从事科学技术的研究与创造,并把它转化为社会生产力;科学技术成果具有了独立的形态,可以从生产中剥离出来,并且成为一种独立的社会财富;科学技术成果能够作为商品提供到市场上进行交换,获得同其他资源形态一样的商品属性和功能。这些条件是在工业社会时期逐步形成和发展起来的。

5. 企业及企业家资源

企业是经济的基本组织单元,企业家是各种生产要素的整合者。两种资源的有机结合,决定了一个地区的财富创造力。资源、资金、技术、人才,只有在一流企业家的整合下,才能创造出滚滚的社会财富。一个优秀的企业家能够激活一个企业,一个企业的壮大能够带活一个地区的经济发展。企业只有具备人才、资金、技术、管理和规模优势,才能在市场竞争中取胜。企业要获得竞争优势,必须在企业家的管理下,利用和把握市场机会,不断开发新的生产技术,并对变化的竞争环境迅速作出反应,适应市场需求变化,从而保持竞争优势,进而使地区经济始终充满发展活力。培植企业及企业家资源,首先要培植企业家资源,要建立健全企业经营管理人才辈出的体制机制,大力发掘、建设一支优秀企业家队伍。坚持用创造财富的能力,而不是用党政干部的标准去要求和衡量企业家,真正做到对企业家关心关心再关心、爱护爱护再爱护、支持支持再支持,舍得给待遇、舍得给荣誉、舍得给奖励,营造鼓励改革、支持创新、宽容失败、追求成功的社会氛围,让企业家安心创业,放心发展,倾心迸发出空前的财富创造力。

特别需要指出,上面是就世界历史上的一般情况而论的,而我国则有自己特殊的条件和状况。我国曾经长期实行社会主义计划经济体制,资本、人才和科学技术成果都不被作为商品看待,更不能提供到市场上进行交换。改革开放以来,特别是中国共产党的第十四、十五次全国代表大会以来,旗帜鲜明地提出在我国建立市场经济体制的方针与要求,经过数年努力,我国市场经济体制已经基本建立起来,除了商品市场获得巨大发展之外,资本市场、人才市场和科技市场也相继建立起来,并获得迅速发展。这就为资本、人才和科技成果转化为资源创造了历史性的社会条件。

(三)人文社会资源系统

人文社会资源是以人为本的资源,指那些在经济社会运行过程中形成,

科学的资源开发模式
——走出"资源诅咒"怪圈

以人的知识、观念、精神、行为和社会关系为内容,本身不直接表现为实物形态,能为经济社会的发展提供对象、能源和环境条件的要素组合。人文社会资源在内涵上,不仅同自然资源而且同经济资源有着明显区别。一是构成其内容的既不是那些物质的自然形态,也不是那些直接反映着社会利益关系的经济资源形态,而主要由人的知识、观念、精神、行为和社会关系所构成。如果说,自然资源由自然物质所构成,经济资源由经济关系所构成,那么,人文社会资源则主要是由人及其思想、观念、精神和行为所构成。二是其核心内容同以物质为基本形态的有形的自然资源相对应,是由与人的思想、观念、精神、行为有关的因素构成的,所以又被称之为无形资源。三是人文社会资源的生成同经济资源有着基本相同之处,即都是在社会经济运行过程中产生并形成起来的。然而人文社会资源大规模的形成,在经济社会发展中发挥愈来愈大的作用,并引起人们的广泛重视,却是随着经济社会和科学技术的发展而于当代才开始的。四是人文社会资源的功能主要表现在为社会生产创造和提供非物质的加工对象、精神能源和社会人文性质的环境与条件上,用人类的精神需求为物质生产提供强劲的动力,这也同自然资源有着明显的区别。

人文社会资源内涵十分广泛和丰富,由多种要素构成,主要有观念性要素、实体性要素和环境性要素。观念性要素,或者称之为动力性要素,其为社会生产提供精神能源。这主要指个人以及社会关于社会经济发展的观念、意识及由此而决定的态度,如关于发展多种所有制的观念,关于经济体制的观念,关于市场经济的观念,关于对外开放的观念以及关于资源的观念等。这些观念直接制约和决定着人们对于发展经济的态度和行为,为人的活动提供动力。实体性要素,或者称之为对象性要素,其为社会生产提供着加工对象。如文化、知识、信息等,可以认为是一种实体性的存在,可以进行加工,制造出相应的文化、知识和信息产品。环境性要素,或者称之为条件性要素,其为社会生产提供环境、空间和条件。发展社会生产需要条件,这条件包括有形的物质性质的,人们常常称之为硬环境;也包括无形的人文性质的条件,与硬环境相对应,被称之为软环境。这主要指由关系、体制等所构成的社会及人文环境。如民族文化资源、非物质文化遗产等。以上只是一种大体的分法,具体到某种资源形态来说,其常常又会同时具备着观念、实体和环境等多方面的作用,如文化,就既是实体要素,又是观念和环境要素。

人文社会资源是以人的智慧和行为为核心的资源,其内涵和形态同样是随社会经济以及科学技术的发展而不断扩充的。目前,人们已经自觉开发利用的人文社会资源,主要有以下几种形态。

1. 思想观念资源

观念是制约和决定人们的态度和行为的主观因素,包括着人对事物的认识、情感和意向。在一个历史时期内,人的意识中总有那么一些或落后于时代、或与时代同步、或超越于时代的观念。把观念作为一种资源,就是要对现有观念进行分析,自觉地从那些不合时宜的观念中解放出来,摒弃那些落后和消极的观念,确立那些与经济发展同步的主导观念,开拓构建新的、代表经济和社会发展方向的新观念。中国改革开放30多年的巨大经济发展成就,归根到底,解放思想是最大法宝,改革开放是根本动力,这充分证明:思想观念对于经济社会的推动作用是巨大的,主要体现在那些走在时代前列、代表社会发展和前进方向的先进观念。先进观念资源一旦与经济实践相结合,就会产生巨大的发展动力,就会为国家或地区的发展造就强大的动力源泉。

2. 体制资源

这里的体制主要是指政治、经济体制,通常认为包括政党体制、国家体制、所有制体制、经济运行体制、经济管理体制多个方面的内容。就体制的性质而言,它一方面反映着经济运行规律的要求,另一方面则体现着国家经济政策的意图。它的作用主要是为经济的发展提供动力,优化发展环境,提供体制上的支持和保证。开发利用体制资源的意义就在于充分发挥体制的这种支持和保证作用。我国30多年的改革事业一个极其重要的方面就是经济体制的改革,而这一改革的目的也就是发挥体制的资源效用。

3. 政党及领袖资源

政党及领袖是一种最重要的人文社会资源,具有对其他资源的调配作用。社会政党是一种基于共同价值观基础上形成的利益共同体。它使分散的人按一定功能组合起来,使这些相对独立的个体能够获得更大的收益。其内部成员在领袖的带领下形成合力,实现目标收益的最大化。一个优秀的政党及其领袖,通过政治主张、治国理念和政策法规对各种资源进行统筹协调配置,从而对国家和经济社会的发展产生巨大的推动作用。从某种意义上说,政党及领袖决定了一国经济社会资源的配置方式,也决定了一国经济社会发展的成败。

4. 道德法律资源

道德是通过社会舆论约束人们共同生活的行为准则和规范,是协调社会关系和完善自我的意识形态。道德具有维护群体利益的力量，具有促进社会和谐发展的作用，具有完善自我品质的能量，具有乐观向上的动力。基于道德基础上形成的将给别人带来快乐视为快乐的人生观，被人类视为美德的表现，这种人生观带给社会的是共同的幸福和统一的价值观。任何组织或集体，任何国家或地区，这种统一的价值观都是一种宝贵的人文社会资源，都是这个组织、集体、地区或国家的核心竞争力。法律是建立在道德基础之上的强制的行为规范，是强制性推行政府倡导的道德的一种手段，必须维护政府倡导的道德。法律对资源的配置具有强制的调节作用，同时，法律本身又是一种人文社会资源。

5. 文化资源

随着人类社会的进步，作为社会生活主体的人，必将经历由追求基本生存条件到追求高质量生活的转变，经历由追求物质的占有和享用到追求精神和文化的享受的转变。在这一历史趋势中，文化将会在愈来愈大的程度和愈来愈深的层次上成为文化产品和文化服务赖以进行的基础性资源，为其提供着加工对象、环境和条件。

6. 知识信息资源

培根说过，知识就是力量。知识不仅是力量，而且是资源。知识成为资源是社会发展和科技进步的必然结果。知识是"人们在改造世界的实践中所获得的认识和经验的总和"。[①] 在信息时代，知识已经成为一种不仅可以为经济活动提供智慧和能力，而且其本身也已成为加工成知识产品的对象。知识对经济的支撑作用是多方面的。知识资源的开发与利用是一个地区经济发达程度的重要标志，同时，它也构成了地区经济发展的基本环境要素之一。伴随着知识经济时代的到来，知识资源的价值会更加凸显。信息是特定事物发出的信号和消息，本身是无形的，其意义或价值在于为人的行为提供依据和指示方向。正是在这个意义上，为人所感知并实际运用到财富创造过程的信息，便成为人文社会资源形态之一的信息资源。近年来，随着新科技革命的纵深发展，知识信息产业不仅自身迅猛发展，而且渗透到各行各业，成为基础产业。信息网络和信息库的建设以及信息技术的广泛应用，使得知识信息

---

① 中国社会科学院语言研究所词典编辑室编：《现代汉语词典》，商务印书馆2002年版，第1612页。

成为社会经济发展的重要资源,发挥着越来越大的作用。①(如图 3.1 所示)。

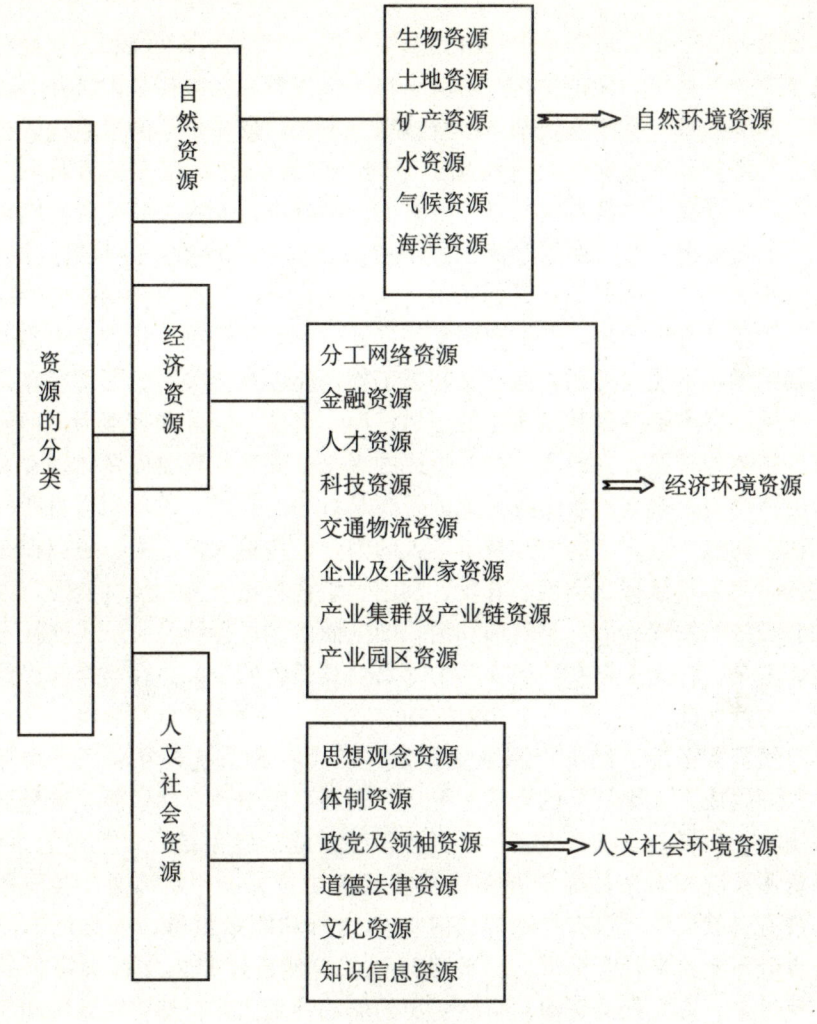

图 3.1　资源系统的基本框架

---

① 例如,知识信息区别于一般的劳动力、资本、材料、能源和其他经济要素,它既可重复使用,其价值不会削弱,又具有报酬递增的特点。例如,20 世纪 70 年代中期开始对世界富豪排名时,前 10 名几乎全是石油大王,石油是工业经济时代名副其实的润滑剂,是工业经济的命脉。而目前,排名前 10 位的一半以上与信息、知识、高科技相关,知识信息成为了知识经济时代的润滑剂。最典型的例子是由比尔·盖茨的微软公司所代替的软件知识产业。如今的美国,信息产业产值已占到整个 GDP 的 1/4 以上。

(四)资源系统三个子系统之间的关系

资源是一个系统概念,包括自然资源系统、经济资源系统和人文社会资源系统三个子系统。无论是自然资源系统、经济资源系统还是人文社会资源系统,其中的每一个子系统都可以继续划分下去,形成更小的子系统。自然资源、经济资源和人文社会资源构成了当今世界历史条件下资源的全部形态。在一般意义上,自然资源是一种有形的硬资源,而人文社会资源则是一种无形的软资源;介于两者之间的经济资源,则是一种带有硬软两种属性、既有形又无形的两栖资源。说到底,自然资源是物,其存在与功能的发挥主要也是依赖于有形的物;经济资源是物的社会关系化、价值化,其内涵的实体及其功能,不能离开物,但它又超越了物,而以社会关系的形式存在并发挥着作用,资本资源是其最典型的形式;而人文社会资源却表现为一种人所拥有的精神与智慧,人与人交往而形成的观念、关系、形象以及体现着人的要求的体制等。人文社会资源是人的思想与行为的外显。人运用自身所拥有的知识、智慧、意志、能力和技术等人的因素,在更大范围内、更高程度上和更长时间里,掌握、调度、开发、利用、培育自然资源和经济资源,以实现社会经济的发展和人与自然的和谐,即全面协调可持续发展。人文社会资源表面上是一种无形存在,而实际上却是最具活力的资源。在当今知识信息时代,尤其如此。

自然资源系统、经济资源系统和人文社会资源系统相互联系、相互作用,共同构成了人类社会的资源系统。在资源系统中,自然资源系统是被动性系统,经济资源系统、人文社会资源系统是能动性系统。自然资源系统、经济资源系统和人文社会资源系统是彼此密切相关、相互沟通、共同作用的。没有自然资源,没有自然界最基本的物质和能量供给,人类就不能生存,更谈不上人文社会资源。因此可以说,自然资源是人文社会资源的基础;反过来,人文社会资源是自然资源的能动性主体。自然资源系统和人文社会资源系统彼此之间是相互作用、辩证统一的关系,其中的联系纽带就是实践。正是由于人类社会在一定制度框架下的社会实践,把自然资源、经济资源和人文社会资源系统有机地统一起来了。自然资源系统要依赖于经济资源系统的支撑才能创造财富,依赖于人文社会资源系统对自然规律的认识和运用。同时,人文社会资源系统又不能超越自然规律,不能对自然资源系统肆意破坏,进行掠夺式开发。

在当今时代,生态环境的保护更加迫切。环境也是重要的资源,环境影响制约着经济社会的发展。环境是我们不得不考虑的重要因素。与自然资源相对应的自然生态环境资源，与经济资源相对应的经济环境资源和与人文社会资源相对应的人文社会环境资源既是彼此相互依存的表现，又是资源与环境相互转化、相互联系、相互作用的结果。其中，人文社会资源系统和经济资源系统的开发和利用更为关键。只有充分利用人文社会资源，更科学地开发经济资源，发展良性循环的生态经济，才能减少对自然资源的消耗，提高自然资源的使用效率，减少环境污染，保护生态环境。只有开发经济资源的持续增长，才能扩大社会就业机会。自然资源富集地只有不断开发经济资源和人文社会资源，用科学发展观引领发展，才能缩小与发达国家（地区）的差距。实施环境保护战略以及经济和社会协调、可持续发展战略的基本着眼点，就是要推进三个子系统和谐相处、共同发展。（如图3.2所示）。

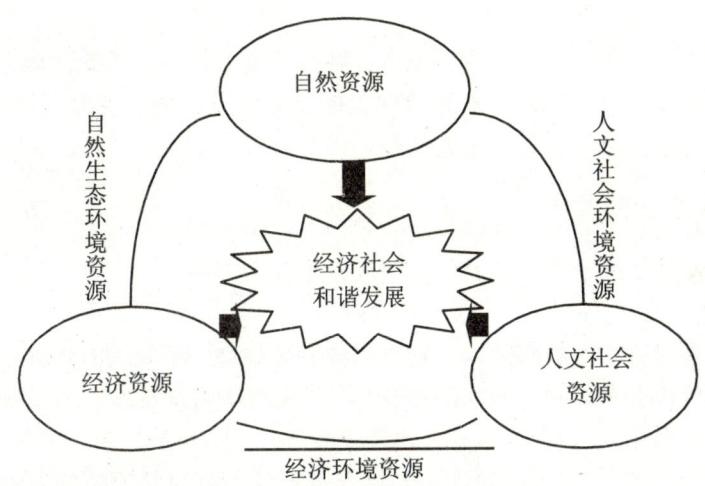

图 3.2　资源系统的互动关系

实际上，自然资源系统、人文社会资源系统和社会中的人类三者之间的关系在马克思的政治经济学中已经得到了科学的论证，也就是我们所熟知的生产力和生产关系、经济基础和上层建筑之间的辩证关系。马克思、恩格斯创立的唯物辩证法认为，一切事物和过程乃至整个世界都是由相互联系、相互依赖、相互制约、相互作用的事物和过程所形成的统一整体。马克思、恩格斯用唯物辩证法考察社会，深刻揭示出生产力决定生产关系，经济基础决定上层建筑，生产关系反作用于生产力，上层建筑反作用于经济基础，社会形态就是建立在一定生产力水平之上的由经济基础和上层建筑两大部分构成的统一整体。从某种角度观察，制度可以算做是生产关系范畴，人力资源可以算做是生产力范畴，而知识、信息和思想观念可以算做是上层建筑的意识形态范畴。马克思主义政治经济学认为生产关系对生产力、上层建筑对经济基础有着巨大的反作用，这种思想曾经对新制度经济学的发展影响很大。我们认为制度、金融、人力资本、知识、信息、思想观念等在财富创造中很重要的观点与之是一致的。因此，系统资源理论虽然是我们针对新时代、新发展、新阶段、新特征而提出的新理论，但仍然可以从马克思主义的基本原理中得到印证和支持。

二、资源的性质

资源的性质是指资源具有的根本性特征。资源是一个系统性概念，可划分为多个资源层次，因此，资源的性质可以分为资源的共性和资源的特性。各种资源除了具有资源的一般共性外，还具有各自的内在特性。

（一）资源的共性

作为总体上的资源，其共性主要有以下几个方面：

1. 稀缺性

资源在数量上是有限的，这就是资源的稀缺性。稀缺性是各种资源的共性，也可以说是资源最为本质的特征。① 从经济学角度出发，较早研究资源稀缺性的学者是马尔萨斯，他提出了资源的"绝对稀缺论"，主要体现在《人口原理》这本名著中。他认为如果人类不认识到自然资源的有限性，不仅自然环境与自然资源将遭到破坏，而且人口数量将以灾难性的形式（如饥荒、战争、瘟疫等）减少。② 所以，在马尔萨斯看来，资源数量的有限性，

---

① 保罗·萨缪尔森、威廉·诺德豪斯：《经济学》第16版，中译本，华夏出版社2003年版，第2页。

② 马尔萨斯认为，(1) 人口的增长在数量上可以是无限的，而且，这种增长的速度是呈指数型的，这就使得人口的数量增长呈加速之势；(2) 自然资源的数量是一定的、有限的，而且，其增长是缓慢的，不具有指数型的加速特征；(3) 静态地看，现时的人口与资源之间的矛盾并不十分突出，但动态地看，人口的指数快速增长和自然资源的非指数平稳增长在经过一段时间后，或早或迟，人口数量将超过自然资源能够承受的水平。

即资源稀缺性是必然存在的,而且是绝对的(Absolute Resource Scarcity)。① 它不会因技术进步和社会发展而有所改变。

稀缺性更为现实的含义是指在一定时间内、一定空间下,相对于人们的资源需求而言,资源是不足的。经济学中的稀缺并不是指资源和物品的绝对数量,而指有限的资源相对于人类无限的欲望而言是稀缺的。稀缺性成为任何一个经济社会都必须面对的客观约束。只要存在稀缺性,人类追求资源的最优配置就是必然的。②

2. 财源性

资源在各种辞典中的通常定义为:资财之源。也就是说,资源概念与财富创造密切相关。能称之为资源的因素必定都是创造财富的源泉,与财富创造无关的因素不能被称为资源。资源和财富创造密切相关的性质,我们称之为资源的财源性。人们要创造财富,就必须进行劳动,劳动是创造财富的重要源泉。但马克思在《哥达纲领批判》一书中就明确指出"劳动不是一切财富的源泉"。劳动绝不是财富的唯一源泉,与劳动有关的经济要素同样创造财富,如管理、制度、金融等经济资源。同时还必须有财富的自然源泉、社会源泉和政治源泉即自然资源、人文社会资源和政治资源。因此,自然资源、经济资源和人文社会资源共同构成财富的源泉。③ 人文社会资源、自然资源和经济资源通过有机整合互动,共同创造财富。正是在这个意义上,配第提出了"土地为财富之母,劳动为财富之父"的著名论断。资源的财源性促使人们重新思考经济学的研究对象。

3. 动态性

资源具有动态性,是指资源的内涵在不断拓展。资源的内涵是一个动态发展的概念。不同的历史阶段,由于科学和技术发展水平以及人们认识水平

---

① 潘家华:《持续发展途径的经济学分析》,中国人民大学出版社1997年版,第92页。

② 迄今为止,市场价格是稀缺性的最佳描述方式,市场也是配置稀缺资源的最佳方式。在一定历史时期中,克服稀缺的最佳方式就是市场。市场经济制度是克服稀缺的最有效制度安排。

③ 财富概念也具有动态性。重商主义者认为,货币是财富的唯一代表,财富源泉是贸易;重农主义者则认为,货币只不过是交换的媒介,财富的源泉只能来自农业生产;亚当·斯密指出:国民财富就是本国劳动的直接产物,或是用这类产物从外国购进来的物品,各种劳动都可以创造财富;新古典主义学派进一步明确,生产三要素共同创造财富。

上的差异，能成为资源的要素也大不相同。即使同一种资源，由于上述差异，其开发利用的程度也不相同。随着人类社会的进步和发展，成为资源并能创造财富的要素日益增多，资源概念的内涵也在动态地拓展和扩大，同一种资源的用途也随着人类认识的深化而增加、延伸，同时，也在很大程度上受到人类认知能力的限制。我们所讲的资源，一般是指已被人们认识或利用了的资源。这一含义是动态可变的，而且随着人类社会的发展有巨大的变化。① 在不同的经济和社会发展时代，人文社会资源的内涵也在动态拓展，随着人类对社会认识的深化而动态展开这个概念。从人类社会不同发展阶段的变迁我们也可以看到资源概念动态拓展的趋势。②（如表 3.1 所示）资源概念的内涵在不断拓展的现象也为系统资源理论提供了合理依据之一。

表 3.1　社会不同发展阶段与资源的关系

	采集狩猎社会	农业社会	工业社会	信息社会
主要技术手段	原始技术（石器、木器等）	农业技术（青铜器、铁器、犁、耕作制等）	工业技术（机器、电器、社会化生产）	高技术、清洁技术、信息技术
利用的主要资源	天然食物（野生动植物）	农业资源（主要是耕地、淡水等可再生资源）	工业资源（主要是不可再生的矿产资源）人力资源和资本资源	制度、人力资本、知识、信息、思想观念等及可再生资源
主要财富	无	土地、谷物、家畜	各种物质商品	金融财富、知识财富
主要生产活动	采集、渔猎	农业	工业	服务性第三产业

4. 系统性

资源是一个系统性概念，各种资源构成了一个资源系统。要理解资源必

---

① 在人类较早时期，气候、土壤、森林、水及动植物直接决定人类生存条件的资源，具有特别重要的意义。到了更高级的阶段，矿产资源的作用显得格外突出。而今，社会资源的作用不容忽视。

② 以自然资源中的能源为例，最初，人类"钻木取火"，以薪柴为主，这是第一代能源时代；后来，煤的发现和利用使人类从以"生物质"为主的能源时代，进入到以"化石燃料"煤为主的第二代能源时代；随后，石油的发现和利用，使能源结构发生了质的飞跃，石油成为主要的能源资源，人类迈入第三代能源时代且持续至今。目前，核能、天然气和氢气有可能在未来替代石油，成为人类第四代能源资源。

须把它理解为一个系统。资源系统又可以划分为各种资源子系统。按照一定的标准和条件，资源又可以分出各种资源层次或种类。在资源系统中，作为其组成部分的每一种资源都不是孤立的，不能单独发挥作用，必须和其他资源一起共同创造财富。各种资源彼此关联构成了一种相互作用、环环相扣的资源系统。自然资源和人文社会资源是一种辩证的关系，而各种层次的自然资源和人文社会资源也彼此关联，相互影响，地位各异。资源的系统性表明，资源系统内部各个子系统应当协调、均衡发展，过分强调和依赖一种资源的做法是片面的，有可能导致资源开发利用失衡，从而损害整个资源系统的和谐和稳定。

5. 非均性

资源的"非均性"是指资源在空间上分布不平衡。资源在地球上的分布是不平衡的。过去历史上的战争多数是为了争夺资源。① 不过，随着世界的文明、进步，由单纯通过军事控制和战争争夺资源让位于通过贸易战争、货币战争等经济战争为主、军事控制为辅争夺资源。人文社会资源在各国和各地区的分布也是不平衡的。发达国家拥有的人文社会资源，无论是数量还是质量，都比发展中国家超出甚多。人文社会资源与自然资源的不同之处在于其流动性更强一些，而且其流动遵循"马太效应"，即人文社会资源越丰富，经济越发达；反过来，经济越发达，产生或吸引的人文社会资源也就越多。②

（二）自然资源的特性

自然资源除了具有资源的共性之外，还具有以下特性：

1. 生态性

自然资源构成了一个复杂的生态系统。自然资源的生态性是地球上一切有机生命物种获得生存的先决条件。自然资源的生态性表现为大自然不是静态循环而是动态增长的，在人这种复杂生命形式出现以前，地球上的各种植物与微生物不断进行光合作用，吸收和转化太阳的能量，将其积累在地球

---

① 即便是到了20世纪90年代，西方发达国家为了维护廉价利用海湾石油资源，不惜动用武力发动伊拉克战争。

② 例如，中国在经济上需要大量的人才。但每年都有许多优秀的人才流入以美国为代表的发达国家，中国除了正成为世界商品的"加工厂"外，也正成为世界人才的"加工和输出国"。

上，地球日趋丰饶，使其他生命形式得以繁衍。自然资源的组成部分，如水资源、土地资源、生物资源、气候资源之间既相互联系，又相互制约，构成了一个有机整体。自然资源生态系统内部有着自我平衡、自我调整、自我恢复、自我生长的机制，这种生态性是建立在一定的生态环境条件之下的，如果遭到破坏，有机的生态圈就会日益失去自我调整功能，甚至会造成生态灭绝。这种情况一旦发生，必然会累及和威胁到人类社会自身的生存和发展。

2. 被动性

自然资源是相对于人类社会的客体，是被动性资源。虽然自然资源系统是有机的，但在财富创造过程中，自然资源是人类社会通过各种手段开发利用、加工制作的对象，人类社会在资源开发利用过程中具有主动性，自然资源基本上居于被动地位。由于人类本身就是一种高级动物，是自然中的一个部分，所以，自然资源系统也可以反作用于人类社会。如果对自然资源肆意破坏，自然资源就会用各种方式惩罚人类，但这种惩罚也是被动性的。

3. 收益递减性

自然资源在财富创造过程中遵循"收益递减"的规律。也就是说，假如其他因素不变，随着自然资源投入数量的增加，其带来的财富总量却不会随之扩大，一定阶段后还将减少。这是因为，在技术不变的条件下，自然资源投入比例是相对固定的，整个自然资源量的投入也存在一个生产可能性边界。受此条件约束，继续增加自然资源投入量无法继续推动财富增长。

(三) 经济资源的特性

经济资源除了具有资源的共性之外，还具有以下特性：

1. 社会性

社会性是经济资源的根本属性，也可以称之为总特征。经济资源的社会性特征，是指它在社会经济活动中形成、反映着社会经济利益关系、遵循着社会规律而运行，并通过社会性质的力量促进生产发展，从而创造出更多财富。经济资源作用的发挥不能离开自然资源，不能离开物质的、有形的资源形态，但是，就其本质而言，经济资源所借以发挥作用的却是社会力量。资本的最大效用是激励起资本持有者发财致富即价值增值的强烈欲望，推动着它致力于生产经营活动；人才资源通过人的才能和智慧的发挥制约和影响社会生产发展的方向和途径，以创造出更多更大的动力；科技是人的聪明才智的物化，其核心或灵魂是人而非物，是科学技术资源实现着社会生产质的飞跃与跳跃性发展。经济资源的这一社会性总特征，形成并决定着其他的具体特征。它没有地域、种族和性别的歧视,由此转化为财富不受这些因素的限制。①

2. 商品性

在市场经济体制下,包括资本资源、人才资源和科技资源在内的经济资源都具有商品性质。就是说,这些资源形态都是作为商品提供到市场上,通过交换而实现其在国民经济各部门、各地方之间分配的。

3. 地位的主导性

指经济资源在市场及生产过程中的主导地位。这种主导地位可以表现在多个方面。首先,在资源市场上,经济资源尤其是其中的资本资源,相对于物质形态的自然资源来说,有着更多的选择机会,以至于在资本主义私有制条件下原材料输出国(地)不得不忍受那些发达国家或地区的掠夺及剥削。这一点无论是在解放前的中国,还是在现今国际上的欠发达国家,都有着明确的表现。其次,经济资源的主导地位还表现在生产过程中。如果把生产过程分解为三个基本要素,即加工主体、加工对象和加工手段,那么就会清楚地看到,人才即劳动力是加工主体,是由其对加工对象进行加工以制造出成品的。在人和物之间,显然是人占据着主导的地位;科学技术属于加工手段,而在加工手段和加工对象之间,显然又是加工手段起着主导作用。

(四)人文社会资源的特性

从人文社会资源的构成要素来看,就其核心而言,都是以人为本位、为主体的。这决定了人文社会资源的根本特征是它的人文属性。这种人文属性虽然要借助于一定物质的、有形的东西表现出来,但就其本身而言,却是非物质的、无形的,表现着人的思想、观念、感情和行为的存在。在这一点上正好同自然资源相对应。人文社会资源的种种具体形态共同地标志着人的因素在社会经济活动中主体地位的提高和主导作用的发挥。人文社会资源的人文属性具体表现在以下几个方面:

1. 形成的历史性

人文社会资源是源于社会发展经济的需要及人对资源的认识不断深化而产生的资源形态,其内涵的演变随历史的发展而发展。这意味着,这些资源是伴随着人类社会的产生而产生的,随着人类社会的进步,其内涵愈加广

---

① 刘宗超等:《生态文明观与全球资源共享》,经济科学出版社 2000 年版,第35页。

泛、深刻。可见，是历史的发展造成了人文社会资源的客观存在，而人们对它的认识和自觉开发却具有很大的主观性或历史局限性。

2. 内涵的智慧性

观念、关系、形象、信息、文化和知识等人文社会资源形态，难以直接用物质的量度单位或者价值、金额予以度量。但是，所有人文社会资源形态都是人类智慧的结晶，都内涵着人的思想、情感和能力。人文社会资源对社会经济发展的作用，首先就是依靠这种智慧特性。同时也决定了对它开发与利用的形式。也就是说，人文社会资源的智慧性要求通过符号、文字、声音、图像等媒介形式表现出来，并依托于一定的物质形式如书籍、电影、唱片、录像带、光盘等给予反映。

3. 作用的渗透性

这种特征又造成了人文社会资源开发的连带性。人文社会资源各要素之间，如信息与知识、知识与文化、文化与形象等，都是互相渗透、互相包容的，并通过人——这一核心因素发挥其各自的作用。这意味着，一种人文社会资源形态的开发会带动或促进其他文化资源形态的利用，而另一种人文社会资源形态的利用又会相应要求其他人文社会资源形态作为必要的环境和条件。

4. 开发的无限性

人文社会资源可以重复使用，因而其开发前景几乎是无限的。其在被利用后，不仅不会引起损耗，减少其价值，在很多的情况下，反而更增加了该无形资源的价值。其中最为典型的是文化资源和信息资源。文化资源是一个历代积累的历史现象。如果没有多次的利用、积累，就谈不上深厚的文化底蕴。信息资源也有类似的特性，在被利用后，一方面不会直接影响其他人再次使用该信息，另一方面，经过使用和加工后可能产生新的信息资源，从而被更加广泛的使用者利用。这种开发的无限性，为广泛利用人文社会资源开拓了极为广阔的前景。

三、科学的资源观

科学的资源观是在科学发展观指导下，从系统资源理论（资源是由自然资源、经济资源和人文社会资源组成）视角，对资源进行科学、全面、系统的认识和理解。它是以人为本的资源观、可持续发展的资源观、统筹协调的资源观、辩证的资源观、开放的资源观和优势的资源观，是人们对资源的科学态度和科学开发方式的主观力量。

人们对待发展的认识和态度决定了对待资源的认识和态度。没有对发展的科学认识，就没有对资源的科学态度和行为倾向，就不可能科学开发和利用资源。因此，有什么样的发展观就有什么样的资源观，有什么样的资源观，就有什么样的资源开发模式。推进科学发展，必须坚持科学的资源观。这是全面贯彻落实科学发展观的必然要求。

（一）科学的资源观是以人为本的资源观

人是资源之本，是资源的主体。资源的价值在于满足人类的需求，离开了人这个最根本的因素，资源就没有存在的意义。以人为本的资源观的核心在于强调人作为经济发展终极目的与终极手段的一致性。在资源的开发利用上，它强调要实现从以物为本向以人为本转变，从以自然资源开发为主向以自然资源、经济资源和人文社会资源集聚整合转变，从单一资源的开发利用向多元资源的黄金组合转变。

以人为本的资源观包含四个相互联系的内容：

第一，人是一切经济社会活动的出发点，即"人是目的"或"人是万物的尺度"。社会活动的起点与发动者是人，我们的一切行动都要以人本身及其需要为准则，在资源开发中，所有的制度安排和生产、分配、消费、交易、管理行为都应当把人的需要作为目标，这是以人为本的资源观的根本价值取向。

第二，人是一切社会经济活动的主体和矛盾的主要方面，即人是一切经济社会矛盾产生的总根源。人的欲望的无限性及满足欲望的手段和资源的稀缺是人类经济活动的基本矛盾。人文社会资源稀缺、人类的大量无理性活动，是稀缺问题的实质与根源；人类欲望无限性与能力有限性的矛盾，是造成资源稀缺性的根本原因；人文社会资源稀缺是人类实现科学发展与自身快乐的根本约束条件。人处在"稀缺性"矛盾的主要方面，引起稀缺性的主要原因在于人，解决稀缺性的手段也在于人。人作为社会经济技术进步的根本推动者，必须把解决资源问题的出路与根本点放在人自身上。从这个意义上讲，"人是手段"，是解决资源稀缺问题、实现人类科学发展的根本前提。

第三，人是一切经济社会发展的目的与归宿。人不仅是经济活动的起点和社会经济活动的主体，也是一切经济活动的目的与归宿。人的一切活动都是为了人本身，为了使大多数人的多层次需要能更好地得到满足。因而，社

科学的资源开发模式
——走出"资源诅咒"怪圈

会经济活动的最终归宿是人及其需要,人类社会发展的目的是要解决生产、分配、交换、消费过程中的各种矛盾,从而使人类在社会、经济、环境关系中获得科学发展、和谐发展,最终实现社会和谐的目标。

第四,人既是自然界中的一员,又是资源的主体。人是资源的一部分,是资源之本。资源是自然资源、经济资源和人文社会资源的有机整体,它不仅包括自然资源,还包括人这个最重要、最根本的资源。无论是"重物轻人"的思想、还是"重人轻物"的思想,都错误地把人与资源分割开来。只有把人与资源联系起来,从过去强调人对自然资源的索取,转到人与自然、人与人的和谐共处上来,才能更好更长远地满足人类自身的生存与发展需要。人与自然的不协调,实际上是人与人的不协调。解决人与自然不协调,首先要把人与人的关系协调好、解决好,以人与人的和谐,推进和实现人与自然的和谐。

(二)科学的资源观是可持续发展的资源观

人类创新永无止境,资源发展永无止境。人类知识能力和技术技能的发展进步,能够把以前没有价值的成分转化为宝贵的资源。人文社会资源的无限性,决定了资源开发利用的无限性。资源不是纯粹的自由之物,而是与人类生存发展休戚相关、能够被开发利用的存在。资源的存在与人类的存在并存,这种与人类的无限需求和开发能力联系在一起的属性,使资源具有可持续性质,不仅其种类、数量、规模在不断变化,而且其功能也在不断拓展。这就意味着,资源始终处于动态的发展变化之中,处于可持续发展之中。对资源的可持续发展,可以从多种角度进行考察。

第一,资源的具体形态是可持续的。资源的种类已经由单纯的自然资源增加到经济资源、人文社会资源,而且还在不断地拓展。随着人类活动的发展以及科学技术和经济社会的发展,还将创造出更多的资源形态。

第二,资源总量是可持续的。就资源整体而言,随着资源形态的不断扩展,资源总量必然不断扩充。

第三,资源的功能变化是可持续的。随着科学技术发展进步,资源的功能始终在可持续发展变化之中。资源的可持续发展变化与人类社会的可持续发展变化相伴相生,人类只要以科学、积极的态度,通过推进各种资源形态的整合与互动、创新与发展、节约与环保,就能从资源的困境中解放出来。

可持续发展的资源观要求以优化资源效用、资源质量和资源效益为导向,通过开发经济资源、人文社会资源来推动自然资源的可持续利用,通过自然资源、经济资源、人文社会资源的优化组合和互动,来推动经济社会可持续发展。特别要通过节约自然资源、加强资源替代、开拓经济资源和人文社会资源来优化资源结构,推动经济社会可持续发展。

(三) 科学的资源观是统筹协调的资源观

统筹协调的资源观来自系统论和协同学,其核心有两点:一是强调要把资源作为一个有机整体来认识和对待,二是强调经济发展的源泉在于自然资源、经济资源、人文社会资源这个有机整体的协同与互动。

第一,无论何种资源,都不是孤立的,而是同其他与之相关的资源形态结合在一起的。资源的生成是互相依赖,相互支撑的。在资源系统中,一切存在着的事物,都是它的一个有机组成部分。每个具体的资源都是作为系统的部分而存在的,脱离了系统,资源的形态也就没有任何意义。资源在运动中是相互作用的。任何一种具体资源效用的发挥,都需要以其他相关的资源作为环境和条件,没有哪一种具体的资源形态可以孤立地运行和发挥作用并产生能够满足人们需求的效果。

第二,资源是一个与生产力协同的不断演化的动态过程。一定的生产力阶段,只有与该时期生产技术水平相适应的资源,才是现实有用的资源,才能成为被开发利用的对象。随着生产力水平的提高,技术与资源对象之间的结构会重新组织,部分原有的资源由于与新生产力的协同性削弱、利用功能减退,而逐渐失去其重要性。相应的,与新生产力协同的资源被开发利用,形成各生产要素内在的结构——功能协同。

第三,人类发展的不同时期,统筹协调整合其他资源的主导性资源是不同的。在农业经济时代,劳动力资源是经济发展的主导性资源,光、热、水、土、生物等资源在劳动力资源的整合下,完成农业生产,推动农业经济发展。在工业经济时代,资本是主导性资源,矿产资源、劳动力资源在资本的整合下完成工业生产,推动工业经济发展,其中劳动力资源从农业经济时代的主导地位下降到被支配的地位。在知识经济时代,科学技术对经济发展的贡献超过其他要素成为第一要素,知识资源成为主导性资源,经济发展日益依赖科技进步。在我国半个多世纪的工业化进程中,资源观相继发生了由重视劳动到重视资本再到重视知识的三次大发展,实际上就是我国经济增长中主导性因素地位变化的一种意识形态反映。

第四,人文社会资源是推动科学发展最高层次的资源。在推进科学发展、和谐发展的进程中,人文社会资源是统筹协调整合其他资源的主导资源。一切自然资源和经济资源,将在人文社会资源的能动作用下,通过系统开发、最优配置、综合利用,形成有机整合和良性互动,实现自然资源、经济资源、人文社会资源的协同,推动经济与社会科学发展、人与自然和谐发展,实现全面协调可持续发展。

(四) 科学的资源观是辩证的资源观

辩证的资源观是对资源的运动属性的解释。资源在运动过程中,具有对立统一的辩证关系,这种对立统一的关系,使资源的转化与互动成为可能。

第一,资源的客体属性与主体属性的对立统一。人是自然的产物,这时的人,相对于自然界来说,是客体。人类的活动以自然界为对象,这时的自然界,就成了人类活动的客体。每一种资源形态,都是一种客观存在,这是资源的客体属性。同时,资源是由人发现的有用途和有价值的各种物质、能量和条件的总和,这是资源的主体属性。资源的主体属性要求以人为本,深入开发资源,推进资源的客体属性向主体属性转移,满足人类社会发展进步的需要,并推进人与人之间的关系和谐,实现社会和谐。同时,资源的客体属性要求善待自然,推进环境友好,实现人与自然的和谐。

第二,资源在形式上是物质与非物质的对立统一。资源在存在形式上可分为物质资源和非物质资源,有形资源和无形资源。它们相互作用、相互转移,并在运动中实现统一。物质资源可以向非物质资源转移,比如,人们将开发自然资源获得的财富,转移运用到教育事业上,从而获得人才资源。同时,非物质资源对物质资源具有反作用。比如,人们将知识资源运用到自然资源开发上,不仅可以减少物化的"活劳动",而且能够大大提高自然资源的开发利用效率。

第三,资源在功能上是有限与无限的对立统一。每一种资源形态都有其功能,在生产过程中,作为原料、能源或环境条件,在特定的历史时期,其功能是确定的,因而也是有限的。但是,随着人类发展和科技进步,同一种资源形态被拓展出来的功能不断增多。因而,在人的创新与科技进步面前,资源是有限的,而资源的功能却是无限的。一些自然资源是有限的,而经济资源、人文社会资源是无限的。

在一定条件下,经济发展速度与资源开发使用量呈正相关关系,经济发展效益与资源使用结构呈正相关关系。只有把经济发展建立在更多地开发利用经济资源和人文社会资源上,才能使制度体制更加优化、科学技术更加发达、资源配置更加合理、自然资源使用更加节约、生态环境更加友好、人类社会更加文明。

（五）科学的资源观是开放的资源观

资源的开放性是指资源同与其相关的事物或外界环境的关系。开放的资源观，就是要科学认识资源的功能开放性，并将其能动地反映到资源的开发利用当中。资源的功能开放性表现在以下两个方面：一是资源系统内部各形态及各种类之间的开放性。即自然资源、经济资源、人文社会资源之间相互开放的属性。资源形态之间的这种开放性，使推进资源之间的互动，广泛地综合开发利用各种资源形态成为可能。二是同一种资源功能的开放性。这是一种资源形态不断被开发、拓展出来的功能之间的开放性质，也是资源功能的动态性。任何一种资源的功能，永远不会静止下来，而是在运动中不断地演化，不断地被发现新的功能，并被不断地开发和拓展出来，为人们所利用。比如，成片的油菜地被开发成为观光旅游景点，民俗风情被开发成为文化产品，等等。

（六）科学的资源观是优势的资源观

优势的资源观是从资源优势的比较、转化和集聚整合的角度对资源的认识。自然资源、经济资源、人文社会资源良性互动形成的组合优势，就是一个地区实现科学发展的优势。首先，资源优势在于比较。资源比较优势是客观存在的。资源的比较优势体现为资源的空间集中度和资源总量的丰裕度。其次，资源优势在于转化和应用。经济发展离不开资源基础，经济发展就是以资源为核心的经济结构的成功转化和应用。厉以宁认为，"资源转化就是资源资本化"。他指出，"我们通常说，要把潜在优势变为现实的优势，把潜在的资源变为经济的资源，这种说法当然都是对的。但没有抓住一个要害问题，即怎样把资源转化为资本，才是要害问题"。① 再次，资源优势在于集聚整合。资源优势可分为先天性和获得性优势。前者即天赋资源，也就是自然资源的优势；后者就是人赋资源，即经济资源和人文社会资源的优势。获得性的人赋资源对先天性的天赋资源具有能动作用，优势的天赋自然资源与优势的获得性人赋资源集聚整合，能更好地发挥资源优势。优势的资源观强调要把"天赋资源"与"人赋资源"的优势结合起来，用获得性的人赋资源

---

① 厉以宁：《资源转化和西部开发》，参见陈育宁：《中国西部经济发展——实证分析与对策研究》，中国经济出版社2004年版。

科学的资源开发模式
——走出"资源诅咒"怪圈

去集聚整合天赋资源，促进各种资源要素之间的互动，充分发挥各类资源优势的整体效用，从而实现科学发展、和谐发展。

总之，坚持科学的资源观，要科学认识资源，科学配置资源。既要充分发挥市场配置资源的基础性作用，又要统筹协调，提高资源配置效率。要科学开发资源。最大限度、最佳效能地发挥资源对经济的驱动作用，以资源驱动项目、以项目驱动资本、以资本驱动产业、以产业驱动发展，依托资源来延伸产业链条，优化产业结构，统筹区域城乡协调发展，把资源优势转化为产业优势和经济优势。坚持科学的资源观，要科学利用资源。大力发展循环经济，走可持续发展之路，构建资源节约型、环境友好型社会。

四、科学的资源观要回答的问题

（一）资源与人类生存的关系

资源的价值或存在意义在于为人类生存服务，其命运始终与人类历史相生相伴。离开人类生存，资源毫无意义。在这一点上，资源要服从于人类的需要，人是资源和人类生存关系中的主体。但是，资源本身又是一种客观存在，有着自身的运动变化规律，是独立于人的主观意志之外的东西。人在自己的活动中，即使需要资源为自身生存服务，也必须尊重资源自身运动变化规律，而不可以将主观意志强加给资源形态以干扰其运行或变化。人类为自身生存必须爱护和保护资源，以维护提供资源的自然界和社会的和谐发展。这同时也表明着这样一个事实，即人类在开发利用资源过程中可能带来的结果将是双重的：既可以为生存开发出愈来愈多的生存资料，又可能破坏生存环境，对自然环境、经济环境及人文社会环境造成破坏甚至造成灾害或灾难。

（二）资源与自然界的关系

自然资源是所有资源初始的、基础性质的形态，是人类持续进行生产的前提。资源与自然界的关系，实质上是人与自然的关系。人、资源和自然界三者之间的关系可以用下述图式表示：

人—自然资源—自然界

人的生存需要自然资源，自然资源的意义在于为人类生存提供必要的物质和条件,而自然资源由自然界所生成与提供,或者说来源于自然界。人类与自然界的关系是通过资源和自然界的关系表现出来的。人类出于自身的需要,运用特定的手段即工具和方式,将自然界的某些物质开发出来,用于生产活动,从而生产出产品以满足自身消费。因此,资源具有双重性质:一方面它是人类主观意志的产物,带有明显的主观性质,反映着人的意志和要求;另一方面它又是自然界的组成部分,带有鲜明的客观性质,是独立于人类意志之外的存在。这表明,资源是人类和自然界之间的中介,既直接地制约和影响着人类生存,又直接地影响到自然界的状况,或破坏其平衡和谐,或促进其和谐平衡。说到底,资源同自然界的关系,实质上依然是人与自然界的关系。人类在开发利用资源的过程中,既要着眼于资源的获得,更要考虑到资源开发利用过程中可能给自然界带来的影响,保护自然环境,促进自然界的平衡与和谐。

(三) 资源与社会的关系

资源与社会的关系,首先是资源与社会制度的关系。经济资源反映的是生产过程中人与人之间的经济利益关系,是自然资源与经济制度、经济体制机制相结合的产物;人文社会资源本身就是社会的产物,是在经济社会运行过程中形成的要素组合,反映的是社会关系;即使是自然资源也是带有明显社会性质的存在。这就构成了自然资源与人文社会资源关系的结合。科学的资源观,必须揭示资源与社会制度的关系,即资源会受到社会制度的哪些制约或影响,而资源又会在哪些方面制约着社会制度的发展变化。历史上的经济制度乃至社会政治制度,都同资源的占有、开发和利用紧密地联系着,都要回答和解决"生产资料归谁所有"的社会问题。其次是资源与社会生活的关系。一方面,社会生活对资源的发展有着明显的制约和影响作用,社会生产的发展进步推动资源的演进和变化,促进资源形态的发展,充分开发和利用资源的功能。另一方面,资源也会制约和影响到社会生活,通过资源形态和功能的扩展,能够不断满足社会生产生活的发展需求,从而推动社会生产的发展进步。需要进一步说明的是,资源与社会生活的关系处理不当,就会制约甚至阻碍对方的发展。比如,由于人为的大量破坏性开发,导致一些种类的自然资源枯竭乃至消失,甚至造成生态环境恶化和自然灾害。而资源状况的恶化,同样会直接影响正常的社会生活,甚至引发战争和动乱。

第四章 资源的集聚整合

在系统资源理论中，协同互动是构建资源开发模式的重要措施和路径。系统资源理论特别注重以开放为理念，调动一切人文社会资源、经济资源和自然资源，推进资源有效聚集、沟通、协同、互动、优势互补，达到资源集聚整合。三大资源系统的集聚整合一旦在一个区域或一个时段上形成，就会形成螺旋式的增长机制。集聚整合带来规模经济，集聚整合带来产业化生产，集聚整合带来专业化分工，集聚整合带来产业链延伸，集聚整合带来科学的资源开发模式，实现资源开发效益最大化目的，从而达到帕累托最优。

从哲学的观点看，"资源集聚整合"要回答三个问题：第一，"资源集聚整合"是什么？这是"资源集聚整合"的本体问题。第二，为什么要进行"资源集聚整合"？这是"资源集聚整合"的价值问题。第三，如何进行"资源集聚整合"？这是"资源集聚整合"的方法问题。下面按上述三个问题，逐一进行说明。

一、资源集聚整合的理论分析

（一）资源集聚整合的含义

顾名思义，集聚整合是整体的综合统一，是重新组合之意。聚集，是相对于分散而言，是在一定的时空区域范围各种要素的集合。集聚整合，是多学科领域广泛应用的一个新名词。作为哲学范畴它是指由系统的整体性及其系统核心的统摄、凝聚作用而导致的若干相关部分或因素合成为一个新的统一整体的建构、序化过程。这里讲的"集聚整合"是一般哲学意义上的、具

第四章
资源的集聚整合 disizhang

体化的、超越了一元论的多元因素决定概念。从经济学角度来说，所谓资源集聚整合是指通过市场方式或行政手段对区域内闲置资源或未得到最优配置的资源进行挖掘、合并、转移、重组，传统意义上的资源集聚整合主要是资源导向型的集聚整合，而新时期的资源集聚整合是自然资源与经济资源、人文社会资源的集聚整合，形成强大的经济能量，在地理上表现为经济集中区，在产业上表现为特色产业集群，使资源的二次配置能够带来效益，并促进区域经济的快速增长。从以下几个方面可以具体理解资源集聚整合的含义：

第一，资源集聚整合是一个系统的优化过程。从字面上看，"集聚整合"是整理、结合的意思，是指在对资源分类综合的基础上进行条理化和有序化的过程。这里的资源集聚整合，是指不同的资源形态相互影响、吸收、作用、耦合、融化、调和而趋于一体化并共同发挥作用的过程。

第二，资源集聚整合是一个手段。无论从微观层面上的企业内部的资源配置，还是从宏观层面上的区域经济的资源转化而言，集聚整合都是配置或转化资源的一种手段。宏观经济学中的资源集聚整合是国家竞争力发展战略。经营管理学中的资源集聚整合是企业战略调整的手段。集聚整合就是要优化资源配置，就是要获得整体的最优，实现又好又快地可持续发展。

第三，资源集聚整合是一个方法。"全息介质营销理论"中的"资源集聚整合论"讲道：策划是资源集聚整合运用的过程，同样的资源，采用不同的集聚整合方法，会得到不同的效果。"集聚整合"的理论依据是系统论，只有遵循系统原理才能对资源及其本质和运行规律有明确的认识。从整体性、综合性、整体效应上去认识"集聚整合"，它是比系统论更具体的一种方法，即在战略思维层面上它是一个认识论方法，在战术选择层面上它是一个操作方法。波特说："战略究竟是什么？战略就是创造各企业活动的集聚整合。战略是否成功，有赖于把许多事情做好，并让这些事之间有良好的集聚整合。假如各活动之间无法集聚整合，就不能有清楚的战略，战略也无法持久"。[①]

第四，资源集聚整合是一种效应。对资源进行优劣分析，通过扬长避短，把劣势转化为优势，把潜在优势转化为现实优势，把分散优势转化为整体优势。集聚整合的目的是把各种资源进行优化配置，获取 $1+1>2$ 的效

---

① 〔美〕迈克尔·波特：《竞争论》，高登第、李明轩译，中信出版社2003年版，第58页。

果,如果仅仅是劣势之间或优劣之间的集聚整合,就不会产生放大效应,因而就会变得毫无意义。所以说,资源集聚整合实际上就是集聚各种资源要素,集聚整合各种资源的优势。

(二)资源集聚整合的互动作用机理

集聚整合的实质是三大资源系统之间的良性互动、相互依赖、相互协调、相互促进的动态关联关系,资源集聚整合能够发展产业集群和实现规模经济,提升一个区域的综合竞争力,带来协调力、增长力、竞争力、吸纳力和规避力等功能。

资源集聚整合的首要功能是统筹协调力。美国经济学家熊彼特认为,企业家的职能就是引进"新组合",实现创新,而所谓的经济发展,就是不断实现"新组合"的过程。"新组合"的创新是经济增长的重要源泉。实质上,"新组合"就是统筹协调。不过他的"新组合"增长理论主要指微观层面的企业结构调整和优化。我们可以将结构优化增长范式进一步提升到宏观层面,即宏观层次三大资源系统的统筹协调同样是经济增长的动力。宏观层面的统筹协调不仅包括自然资源、经济资源和人文社会资源的统筹,还包括人与自然、人与社会、经济与政治的统筹协调等等。按照经济系统理论,产业之间,地区之间,经济与社会、生态环境之间是相互联系的,各对关系之间有一个最合理的组合,处于最合理组合点上的经济增长率就是最佳的经济增长率,也称之为潜在增长率。实际增长率往往低于最佳增长率,但是通过市场机理或政府宏观调控的统筹协调,实际增长率能够不断提高,无限接近最佳增长率。这一过程就是经济增长,其动力来源于市场配置资源机理的成熟及政府或者行为主体的统筹协调力量。对于资源富集地区来说,目前产业之间、区域之间、城乡之间、经济与社会之间、环境之间还存在诸多不协调因素,使得该区域的实际增长率远远小于最佳增长率,在一般人看来,这些不协调是经济增长的绊脚石,但是从积极的角度看,这些不协调表明,该区域还有很大的增长潜力可以挖掘,挖掘这些潜力就有赖于"资源集聚整合"这一统筹协调的力量。

资源集聚整合的另一个功能为它是经济增长的源泉。有的学者认为:"如果说统筹协调力是宏观层面的增长动力,资源集聚整合则是微观层面的增长源泉。"[1] 资源集聚整合的外延大于熊彼特的企业家的"新组合"。从资

---

[1] 参看徐勇、贺雪峰、邓大才等:《中部复兴:中国第五增长极——中国区域统筹发展的战略思考》,中国农村研究网,2003—12—22。

第四章

资源的集聚整合 disizhang

源集聚整合的横向角度来说，它主要是将资源配置给最会经营的主体和最应该得到的主体，让资源发挥更大的生产作用，或者通过集聚整合形成规模经营，包括个体规模经营和整体规模经营实现规模效应。资源的集聚整合带来了经济的增长和效益的提高。不容置疑，集聚整合是经济增长的源泉。从纵向集聚整合的角度来说，它是将资源集聚整合为资产，将资产集聚整合为资本。资源变成资产是将没有创造财富的要素变成创造财富的手段或者实现财富的途径，将资源变成生产要素，扩大了生产规模，直接促进经济增长。资产变成资本是将只能作为生产手段或者生产对象的资产，通过资本市场变成能够获取"价值的价值"。用西方经济学的理论解释就是"资产资本化"，资产通过所有权与经营权的分离促进经济增长和社会繁荣。可见，集聚整合也是一种促进经济增长的重要力量。如自然资源富集地区而言，区域内有丰富的资源，土地、湖泊、河流、森林、矿藏、草地等等，但是大多"养在深闺人不知"，只有自然资源与经济资源和人文社会资源三者之间的集聚整合，才能把潜在优势转化为现实发展优势。

资源集聚整合的第三个功能是竞争力。集聚整合能带来持续的竞争力（见图4.1）。竞争是世界发展的根本动力。谁拥有优势资源，谁就拥有竞争力的资本，谁的资源集聚整合能力强，谁就拥有竞争力。根据美国哈佛商学院波特教授的竞争优势理论和韩国学者乔东逊（cho，1994）提出的九大要素模型国际竞争力的决定因素分为两大类。一是物质资源要素。包括自然资源禀赋、商业环境、相关和支持产业、国内需求。这些因素相互作用，共同决定特定的时间内一国的国际竞争力水平。二是"人力"资源要素。包括工人、政治家和官僚、企业家、职业经理人和工程师，创造、激发和控制四个"资源"要素，促使一国经济的发展和国际竞争力的提高。此外，机遇作为一个流动的资源，一个外部要素，与上述八大要素共同构成一国国际竞争力的新的经济分析范式。这一范式说明，物质资源要素与"人力"资源要素的集聚整合增强一国的竞争力。长期以来，我国自然资源富集地区各自为政，分头突围，区域的力量、资源没有得到集聚整合和协调，没有从整体的角度考虑和安排与东部、中部地区的分工。分头突围，单纯依靠外部扶持和东部增长极，使该地区失去区域特色，无法形成区域合力，无法建立次级增长中心和增长极。区域内部缺乏分工，反而加剧了区域内部的无序竞争，抵消各自的努力程度。要构建自然资源富集地区的增长极，使之成为中国的次级增长中心，必须强化区域资源的集聚整合，各个地区既需要相互竞争，也需要强化合作，既需要区域内各地创造发展条件，也需要区域内省与省、地区与地区之间协作与联合,促进区域经济一体化,增强和放大国民经济的整体功能,加强区域内分工协作,提高区域整体竞争力。

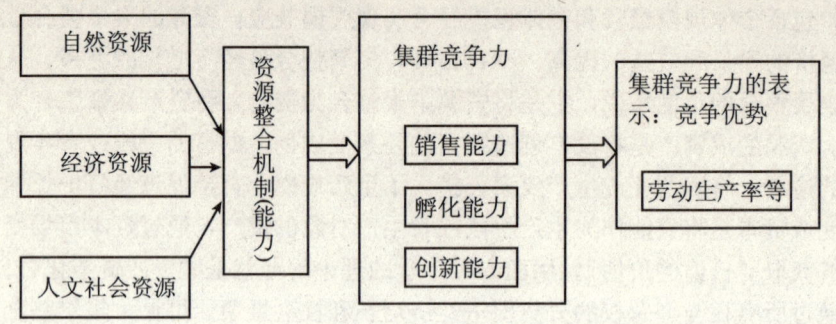

图 4.1　资源集聚整合与提高竞争力的关系

资源集聚整合也具有吸纳力。进行有效的资源集聚整合可以优化经济环境,增强资源吸纳力。环境也是生产力,良好的发展环境,能够降低发展成本,吸引较多的投资者。自然资源富集地区经济落后,与较差的发展环境有很大的关系。自然资源富集地区要摆脱经济落后现状,成为中国经济发展的一个极,就要全面提高对内对外开放水平,优化发展环境,促进人流、物流、商流、资金流、技术流、信息流在这一增长区域有效聚集。

资源集聚整合还有一个功能是规避模仿带来的风险。集聚整合意味着某项表现不佳的活动,会拖累其他活动,因此会暴露弱点,让弱点受到更多的注意;反之,一项活动的改善,则会使其他活动受益。能强力进行集聚整合活动的企业,很少成为别人模仿的目标。因为这些企业在战略和执行上的卓越表现,只会倍增自身优势,并提高他人模仿的门槛和成本。传统竞争优势观认为,优势来自少数关键性成功因素、关键性资源及核心能力,而可持续的竞争优势观认为,竞争优势来自于跨活动的集聚整合。

(三) 资源集聚整合的特点

从资源集聚整合的概念中可以看到,资源集聚整合本身是一种方式方法。对资源及资源优势如何进行集聚整合,采取什么样的资源集聚整合方法,取决于资源集聚整合的特点和类型等具体情况。

一般来说,资源集聚整合具有以下特点:

第一,资源集聚整合具有系统性。资源集聚整合是一项系统工程,必须使参与资源集聚整合的各种要素,包括资源集聚整合的主体和个体进行系集成，以实现资源集聚整合的聚集效益。

第二，资源集聚整合具有层次性。社会经济系统是多层次的复杂大系统，为了促进区域经济在社会经济大系统中的持续、协调发展，需要在宏观、中观和微观三个层次上对资源进行系统优化配置，由此必须明确在各层次的资源配置和集聚整合中的集聚整合目标、集聚整合方式。

第三，资源集聚整合具有阶段性。资源集聚整合的阶段性，一方面，是指任何一项资源集聚整合都不是一蹴而就的行为，需要有步骤、分阶段完成，既要尊重资源集聚整合的内在规律，又要围绕资源集聚整合的基本目标有计划、有秩序地调配各种资源；另一方面，阶段性还包括资源集聚整合都必须与经济发展的一定阶段相适应，资源集聚整合如果超越了经济发展阶段的要求，则只会带来资源的闲置和浪费。因此，资源集聚整合的前提条件是应对现阶段经济发展水平和内部资源供给能力有充分的了解，只有这样才能因时而为，因地制宜地做出科学的资源集聚整合决策。

二、资源集聚整合的方法

由于资源集聚整合具有系统性、综合性、层次性、差异性和阶段性等特点，在表现方式上表现为资源禀赋的差异化，形成集聚经济、产业集群、特色经济等，形成若干带动力强，联系紧密的区域经济圈、区域经济增长极和区域经济带。因研究角度和研究方法的不同，资源集聚整合的方法多种多样，不拘一格。从宏观、微观层面可分为多种类型。

（一）宏观层面的资源集聚整合

从宏观层面分析，资源集聚整合有以下几种类型：

1. 资源禀赋差异化式的集聚整合

资源生产要素分布是不均衡的，某些资源要素在一些地区相对充裕，而在另一些地区则相对贫乏。这种要素分布不均衡使得各地区之间客观上存在着资源禀赋的差异。根据资源禀赋的区域差异，扬长避短，发挥区域优势，也就形成集聚整合的特色经济。

2. 集聚经济式的集聚整合

空间集聚大多可溯源于特定产业的规模经济。一个企业在其限度内扩大生产规模，往往可以获取节省单位产品成本和提高效率的好处，这就是企业规模经济。各相关企业按照其产业和经济联系，在空间上相对地集中在一起，同样可以为企业带来成本节约和效率提高等经济利益。如相互提供原料和产品、集中供热、供水、供电、供气和进行污水处理，共同利用道路、通信、商店、学校、医院以及文化娱乐等基础设施。这种经济利益也就形成了集聚经济效益。相对于企业规模经济而言，集聚经济属于外部经济的范畴。可以说，正是由于这种集聚经济的存在，使得各种生产要素和经济活动在空间上相互集中在一起，从而形成以城市为中心的区域经济。

3. 产业集群式的集聚整合

资源集聚整合最有效空间组织形式，就是产业集群的出现。随着经济全球化趋势的日益凸显，全球产业布局不是更加分散均衡，而是更加集中，经济产业重心更趋向于地理集中，出现了产业更加集聚的空间布局——产业集群。产业集群的研究是一种归纳式的研究，是从已经存在的产业集群的形成、发展的特征中归纳出其产生、发展所需要的环境因素（见表4.1）。

表4.1 产业集群发展的关键要素

要素	说明	代表性学者
基础设施	良好的基础设施可以吸引产业投入	Porter, Padmore and Gibson
人力资源	专业劳动力通常会促进产业的创新与突破	Marshall, Krugrman, Porter
知识资源	厂商通过共享知识资源的方式，使得整个产业快速成长	Marshall, Krugman, Porter, Padmore and Gibson
资本资源	充沛的资金来源，可以让产业在早期发展中获得很大的帮助	Porter, Padmore and Gibsom
天然资源	与生俱来的丰富天然资源，可以让企业集群击败其他竞争对手	Porter, Padmore and Gibsom
市场需求	庞大的市场需求是产业大量生产的诱因之一	Porter, Padmore and Gibsom
降低成本	通过规模效应，可让厂商节省成本	Krugman
群体学习	可以透过集群中的不同产业，达到整体产业提升的境界	Porter, Storper, Maillat, Keeble, Wilkinson, Lawson and Lorenz
环境因素	环境要素的特点是其所有权和使用权是公共性质的、大众的以及共享的	Padmre, Gibson, Lawson
政府因素	近年来政府政策在企业集群中的角色越来越重要，可以左右企业集群的形成	Porter
良好时机	适当时机可以让整个企业集群的局势改变	Porter
相关及支援产业	集群的内部会包含支援产业，给予主要产业以协助	Marshall, Krugman and Porter

第四章
资源的集聚整合

产业集群作为一种新的空间组织模式，成为经济增长的引擎，是经济发展最为活跃的区域。需要特别说明的是，传统意义上的产业集聚整合主要是自然资源导向型的集聚，而现代的产业集聚整合更加注重知识、信息、技术乃至体制机制等人文社会资源、经济资源的集聚与扩散，资源集聚整合推动了产业更加专业化分工和产业转移，资源要素需要在更广泛的空间寻求集聚整合，这样就出现各种产业集群。区域环境中的资源因素、历史文化因素和政治制度因素，都是产业集群成长和发展的关键因素，产业集群必须依附于或嵌入区域环境中，才能获得其成长所需的物质和非物质资源。但是，产业集群又不完全依赖于区域经济的发展。从长期来看，两者之间存在着互动发展的关系。区域环境的演化会对其中的产业集群产生一定的影响，同样，产业集群的演化及其生命周期，也会对区域经济产生积极的影响或带来一定风险（见图4.2）。作为有效的空间组织形式，产业集群是区域发展的主要支撑、动力来源和创新中心。产业集群是一个国家和区域提高发展竞争力最主要的手段，是国家和区域竞争力的重要源泉。

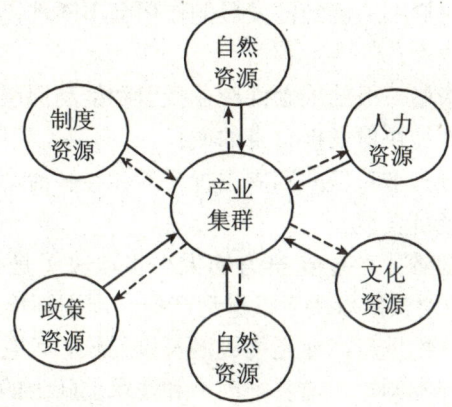

图 4.2　产业集群与区域环境的关系

由于产业集群具有规模经济和竞争优势，越来越多的区域希望借助产业集群这一空间组织形式发展区域经济。国内外产业集群发展经验表明，一旦推进资源要素的有效集聚整合，培育出几个产业集群，区域经济增长就形成了基础。因此，通过资源集聚整合培育产业集群是加快发展、科学发展、又好又快发展的最有效的载体。

4. 区域增长极式的集聚整合

区域增长极理论是在法国经济学家弗郎索瓦·佩鲁的增长极理论基础上

发展起来的。佩鲁认为，经济增长首先出现和集中在具有创新能力的行业，而不是同时出现在所有的部门。这些具有创新能力的行业常常聚集在经济空间的某些点上，于是就形成了增长极。所谓增长极就是具有推动性的经济单位，或是具有空间聚集特点的空间推动性单位的集合体。经济的增长率先发生在增长极上，然后通过各种方式向外扩散，对整个经济发展产生影响。

从增长极的集聚整合机理分析，有的增长极是互相关联产业的空间集聚，有的增长极是位于城市中心并通过扩散效应带动周围腹地增长的相关产业的空间聚集，有的是一个带动周围经济增长的城市中心等。但增长极共同的一个特征就是通过支配效应、乘数效应、极化和扩散效应对区域经济活动产生组织作用。

支配效应，是指增长极具有技术、经济方面的先进性，能够通过与周围地区的要素流动关系和商品供求关系对周围地区的经济活动产生支配作用，使周围地区活动随着增长极的变化而发生相应的变动。

乘数效应，是指增长极在对周围地区的带动过程中，受循环积累因果机制的影响，增长极对周围地区经济发展的作用会不断地得到强化和放大，影响范围和程度随之放大。

极化效应，是指增长极的推动性产业吸引和推动周围地区的经济活动不断趋向增长极，从而加快增长极自身的成长。

扩散效应，则是指增长极向四周进行要素和经济活动的输出，从而刺激和推动周围地区的经济发展。

从竞争力的角度看，产业竞争力的大小将取决于是否具有区域增长极（见图4.3），而区域增长极取决于推进型产业、周围环境和增长传递机制三个方面因素。其中，推进型产业是构成增长极的核心，它决定于推进型企业的产业关联度、生产控制力、增长推动力和技术创新力的大小。

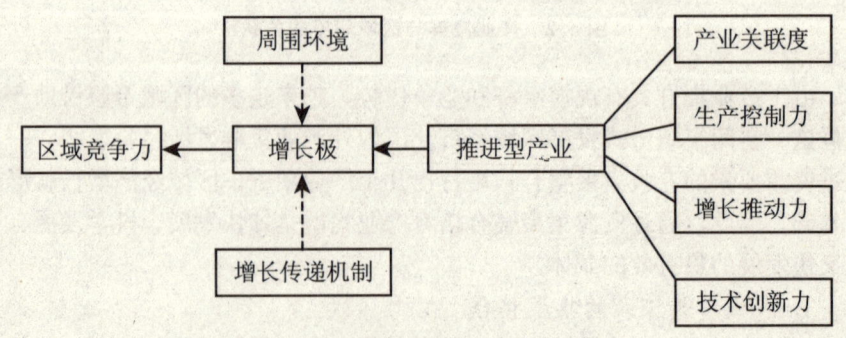

图 4.3 增长极与区域竞争力之间的关系

第四章
资源的集聚整合 disizhang

5. 经济圈式的集聚整合

经济圈又称大城市群、城市群集合、大经济区、大都会区或都会区集合，属于1990年开始渐多出现的中文地域经济用语。经济圈指一定区域范围内的经济组织实体，是生产布局的一种地域组合形式。经济圈是主要从地域的自然资源、经济技术条件和政府的宏观管理出发，组成某种具有内在联系的地域产业配置圈。经济圈通常指疆域极广的国家内部某一特定区域，常为城市群体的集合或在国家经济总量（GDP）中占有很大比重，并且对全球经济产生影响。经济圈特点表现为内部具有比较明显的同质性与群体性，与外部有着比较明确的组织和地域界限。大地域的经济圈一般都有原材料生产区、能源生产区、加工区和农业基地，从而构成一种综合产业圈。而较小地域的经济圈往往只拥有某一两个方面的优势产业区，地方特色比较突出。按经济圈组织经济活动，有利于充分发挥中心城市的作用，有利于发挥地区的综合优势，有利于企业实行跨地区、跨行业的专业化协作，使整个区域的整体功能得到很好地发挥。如中国以上海为中心的长江下游综合产业圈，以武汉为中心的长江中游综合产业圈，以重庆为中心的长江上游综合产业圈都具有这种特点。

世界上大的经济圈在世界经济和产业分工中具有重大影响。根据中国城市发展报告显示，全世界范围内，美国三大都会区（大纽约区、五大湖区、大洛杉矶区）的GDP占全美国的份额为67%，日本三大都市圈GDP占全日本的份额则达到70%，中国大陆三大经济圈占GDP总量的38%。

6. 反梯度推移的跨越式发展式的集聚整合

反梯度推移理论是我国改革开放在实践中逐步形成的一种区域技术转移理论，是从梯度理论中逆向思维探索出来的。梯度理论认为，在地区经济发展中，极化效应、扩展效应、回程效应共同制约着地区生产的集中与分散。这三种效应共同作用的结果会不断扩大发达地区与不发达地区的差别，在市场经济作用下，地区经济发展总趋势是贫富两极分化日益加剧，区域经济开发普遍意义上是循序展开的。但是反梯度理论认为，经济技术的梯度分布是存在的，但现有生产水平的梯度顺序，不一定就是引进世界先进技术和经济开发的顺序。技术引进和经济开发顺序是由经济发展的需要和可能决定的，而不是由现在各地区技术发展水平所决定的。在新技术革命条件下，国内技术的逆推移将会大量发生，低梯度的地带也可直接引进先进技术，并在消化吸收后向相对高梯度的地区转移。按梯度转移理论来指导生产布局和区域开发，必然阻碍落后地区的跨越式发展，使落后地区难以摆脱技术的"滞后循环"。反梯度推移理论是区域经济发展中出现的一种新思想,它作为特殊情况是有客观存在的基础的,在客观上推进了区域经济的跨越式发展。

(二) 微观层面的资源集聚整合

从微观层面分析,资源集聚整合可分为以下几种类型:

1. 按资源集聚整合的方向可分为横向集聚整合、纵向集聚整合和混合集聚整合三种方式

横向集聚整合是指在同一市场领域、同一生产经营阶段上,从事同样经济活动的企业间的资源集聚整合。纵向集聚整合是指从事同一产品、不同阶段生产经营活动的企业间的集聚整合。如纺织企业与服装加工企业的集聚整合,前者向后者提供原材料,后者是前者的买主,这种集聚整合的目的一般在于控制该行业的生产与销售全过程。纵向集聚整合又分为前向集聚整合和后向集聚整合。后向集聚整合主要是指供应商提供下游产品的力量或行为,而前向集聚整合是指来自于客户生产上游产品的能力或行为。为了应付对手的这种威胁,波特认为,受威胁者应该具备逆向集聚整合的能力。对于区域经济发展而言,通过纵向集聚整合,可以迅速建立完整的产业链,从而降低产品零配件的供货成本,形成产业竞争优势,提高区域经济的竞争力。混合集聚整合是跨行业(或跨市场)的资源集聚整合,是一种既包含横向集聚整合又包含纵向集聚整合的资源集聚整合方式。

2. 按资源集聚整合的内容可分为资本与产业的集聚整合和技术与资本的集聚整合两种方式

所谓资本与产业的集聚整合,就是指具有雄厚的货币资本实力的企业,利用自己在货币资本方面的优势,以全部收购的方式,或者以控股的方式,集聚整合以生产经营为中心的产业性企业,从而实现资本与产业的融合。所谓技术与资本的集聚整合,是指拥有技术资源的单位(主要指科研院所和高等学校)或个人将自己拥有的科研成果等技术资源,同具有货币资本的企业进行合资合作。技术与资本的集聚整合是一种优势互补型的资源集聚整合,是推动企业技术创新、提高企业竞争能力的重要途径。

3. 从资源结合的角度可把集聚整合分为三个层次

第一层次的集聚整合是各项活动(功能)与整体战略之间的"单纯一致性"。无论微观层面上的企业活动、中观层面上的产业活动,还是宏观层面上的区域经济活动,都要与整体发展战略保持"单纯一致性",每个活动都要体现或遵循战略意图,而不能有悖于战略目标。如自然资源富集地区实行

第四章

资源的集聚整合 disizhang

可持续发展战略,那么,无论企业发展还是产业培育都要遵循这一战略,把微观和中观层面上的一切活动都要融入到这一战略框架之中,所有违背这一战略目标的活动应该予以制止。这是最有价值的一种集聚整合,因为它具有战略上的制定性,会提高定位的独特性,并强化取舍效应。波特把这种集聚整合称之为"第一层次的集聚整合",并认为:"活动与战略的一致性,才能确保活动能够累积充分优势,而不侵害或抵消活动的效益。"① 第二层次的集聚整合是各项活动之间的相互强化。第三层次的集聚整合是通过活动之间的相互强化而达到"努力最优化"的程度。在活动间进行协调和信息交换,以排除重复作业,并将浪费降到最低,是这种努力最优化的最基本形态。这三种层次的集聚整合,考虑的是整体而非个别的单一活动。波特指出:"竞争优势源自整个活动的体系,而活动间的集聚整合则会实际地降低成本,或增加差异化。"②

可见,资源集聚整合要具备一定的条件,通过一定的途径和方法来实现。资源集聚整合可以在区域内部和组织内部进行,但更多时候则需要从区域和组织外部引入资源(有形的和无形的)。区域资源集聚整合的前提条件是存在两个或两个以上被集聚整合的对象。一般而言,资源集聚整合分为集聚整合主体对内部资源重新配置和导入外部资源与内部资源进行重组两种情形。前一种集聚整合属于资源集聚整合的初级形态,它难以带来经济结构的根本性转变和经济效益的突破性增长,而后一种引进增量,正成为资源集聚整合的重点方向。刘再兴指出:"有些经济活动固然只需要在本地区内部统筹安排,合理地调动区内各种生产要素,就可以取得比较好的经济效益。但由于现代区域的经济活动的内容极其复杂,更多的经济活动需要在区域外组织分工协作,在更广阔的空间系统里,对各种生产要素,再生产的各个环节进行更合理的调度、组合、协调,也就是互换优势,互补劣势。这样才能取得较好的经济效果,推动地区经济的健康发展。"③ 所以,资源集聚整合中的首要问题就是识别、选择对象,并采取有效的集聚整合方式与途径。

---

① 〔美〕迈克尔·波特:《竞争论》,高登第、李明轩译,中信出版社2003年版,第53页。
② 〔美〕迈克尔·波特:《竞争论》,高登第、李明轩译,中信出版社2003年版,第55页。
③ 刘再兴主编:《中国区域经济:数量分析与对比研究》,中国物价出版社1993年版,第23页。

科学的资源开发模式
——走出"资源诅咒"怪圈

三、资源的配置

资源配置是资源集聚整合的根本方式,是对稀缺资源在各种可能的用途之间进行选择、安排、搭配以获得最佳效率的过程。党的十七大报告指出,要从制度上更好地发挥市场在资源配置中的基础作用,形成有利于科学发展的宏观调控体系。资源配置方式问题,既是深化对社会主义市场经济规律认识的核心理论问题,又是一个科学发展的实践问题。统筹协调市场配置资源,是构建科学发展的宏观调控体系的重要内容。

(一)资源配置的要素分析

资源配置包含时间、空间和数量三个要素。在经济发展过程中,一个国家和地区的资源总量是相对固定的,利用这些资源生产出来的物品和提供的服务,与人们日益增长的需求相比是有限的。如何配置有限的资源,在何时、何地(何种部门)使用多少数量的资源,使其最大限度地满足人们的物质文化需求,是经济运行的基本问题。因此,资源配置,就是指资源在不同的时间、地点或部门使用数量的分配状况。

资源配置的时间要素反映了资源具有时间价值。由于资源使用环境的变化,等量资源在不同的时间使用产生出来的价值或效益是不一样的。资源利用技术进步带动资源产出率提高,资源的禀赋条件及获得资源的成本发生变化,资源本身的需求及社会目标变化,都能够导致资源在不同时期的价值或者效益发生变化。

资源配置的空间要素包括两个方面的要求:一是同种资源在不同用途方面的配置;二是资源在不同地区的配置。整体资源有限的实际情况,决定了资源必然向报酬率高的方向和地区流动,以实现资源利用效益最大化。这种客观的资源流动趋势,致使各种资源在区域间流动时随某一种资源或某几种特殊资源向某一区域集聚,使这一区域的资源密度迅速加大。其结果是,使资源集中的地区更加富有资源,资源原本就缺乏的地区资源更加贫乏。这就是"马太效应"在资源配置的空间要素中的具体表现。比如,改革开放以后,国家率先将稀缺的制度资源作为推进经济社会结构转型的特殊资源嵌入东部地区,使东部地区能够以制度资源来集聚整合全国资源乃至全球资源,使国内外资源在向东部地区流动的过程中,实现了价值效益最大化。

资源配置的数量要素包括增量与存量、平均量与边际量两组概念。资源的存量是指一个地区、一个部门或一个企业对某种资源的拥有量。资源的增量是指在一定的范围（地区、部门和企业）内部以及一定时间内某种资源的增加数量。资源的平均量包括资源的平均消耗量、平均输出量、平均流入量等。资源的边际量，是指增加一个单位产出所需要的增加资源投入数量（即边际生产需求）或者最后一个单位产出的资源投入量（即边际资源投入）。资源平均利用效益好，并不意味着有增加资源投入的必要，有可能在新增资源投入后，新增效果却是零，甚至是负值。现代经济分析中不仅广泛使用平均的数量分析，而且更重视增量的或边际的数量分析，资源的边际生产率才是真正决定资源合理投向的重要指标。

（二）资源配置的目标原则

如何实现效益最大化是资源合理配置追求的目标，对效益的追求是合理资源配置的核心问题。① 资源配置产生的效益涉及面很广，主要包括个人效益、企业效益、国家效益以及经济效益、社会效益、生态效益、综合效益等。

1. 个人效益

个人效益是资源配置对应于人的需求的满足效果，是最微观的。人的需求是多方面的，呈现出由低到高的层次。美国心理学家亚伯拉罕·马斯洛把人的需求分为生理的需要、安全的需要、归属和爱的需要、尊重的需要、自我实现的需要五个层次。② 资源配置满足上述人的各种需要的任何效果都是个人效益的实现。

2. 企业效益

实现利润最大化、提高市场占有率是企业效益要实现的最重要的目标，也是企业在资源配置中最重要的原则。在不同发展阶段，企业追求的效益目标会有所不同，对企业内部各种资源的配置也会作出相应的调节和变化。

3. 国家效益

一个国家追求的资源配置效益目标是多方面、多层次的，包括经济发展目标和经济稳定目标。国家在资源配置中最高层次的目标是实现经济与社会、人与自然全面可持续发展。

---

① 史忠良：《工业资源配置》，经济管理出版社1997年版，第31—35页。
② 亚伯拉罕·马斯洛：《马斯洛的智慧》，中国电影出版社2005年版，第56页。

4. 经济效益

经济效益是经济活动的产出与投入的比较，提高经济效益是资源优化配置的永恒目标。提高经济效益，就是要以最低限度地资源投入，获得最大限度地符合社会需要的产出，或者在最大限度地扩大发展成果的同时，最大限度地节约资源投入、减少发展成本。

5. 社会效益

社会和谐是社会效益的集中体现，是资源优化配置的最高目标。所有的资源配置项目，必须统筹考虑社会保障、社会文化和社会稳定等方面的社会效益，切实维护社会公平与正义，推进社会和谐发展。

6. 生态效益

生态环境不仅是大自然提供给人类的一种福利，而且是作为人类赖以生存和发展的特殊资源而存在。追求资源配置的生态效益，就是要保证生态资源的持续供给能力，使资源开发既满足当代人的需要，又不对后代人的需求构成威胁，实现资源永续利用、可持续发展这个最终目标。

7. 综合效益

个人效益、企业效益、国家效益、经济效益、社会效益和生态效益的总和，是资源配置的综合效益。资源配置各层次的效益既可能是相互依存、彼此正相关的，也可能是相互排斥、相互矛盾甚至是对立的。因此，在不能使各个层次的效益都实现最大化时，必须全面比较，综合平衡，努力实现综合效益最大化，才能真正实现资源的最优配置。

（三）资源配置的制度分析

资源配置的制度包括自发配置、争夺配置、计划配置、市场配置等制度。

1. 资源的自发配置

资源的自发配置就是人类可以自发地不受任何限制地获取资源。对于每一个资源获取者而言，自发配置是投入产出率最高、经济效益最好的资源配置方式。自发配置始终是人类追求的重要目标。自发获取资源必须满足几个前提：首先，资源供给相对需求是极大丰富的、足够充裕的，并且资源供给不需要任何成本补偿。其次，人类要具有认识资源、获取资源的能力和手段。最后，资源只有自然储备，没有私人储备，没有排他性。

2. 资源的争夺配置

资源的争夺配置就是不承认资源的产权，靠武力获取资源。争夺配置资

第四章

资源的集聚整合 disizhang

源是引发战争的根源。美国全球安全专家迈克尔.T.克莱尔在他的《资源战争》一书中预言:"在21世纪的最初10年中,资源匮乏将成为国家之间冲突的根源,未来战争不是为意识形态而爆发,而是为确保最宝贵的日益减少的自然资源供应而爆发"。长达几十年的巴以冲突,就是对资源的争夺配置。2003年,美、英发动海湾战争,真正目的就是要争夺海湾地区石油资源的控制权和配置权。

3. 资源的计划配置

资源的计划配置就是站在整体利益的立场上,全面考虑一切可以利用的资源,筹划最合理的分工,实现整体利益最大化。配置资源的基本形式是计划管理。

由于计划配置在组织生产方面具有优越性,致使人们试图尝试建立理想的统筹社会。古希腊思想家柏拉图在《理想国》中最早阐述了他的统筹思想。1515年,英国杰出的人文主义者托马斯·莫尔发表了《乌托邦》,向人们展示了一个新月形小岛上的理想社会,岛上居民没有私有财产,消费按需分配,生产严格按组织分工。19世纪初期,法国的克劳德·昂利·圣西门和英国的罗伯特·欧文提出,在社会化机器大生产的基础上,建立公有制企业和作为社会基层组织的劳动公社,先采取"劳动券"形式实行按劳分配,进而达到各尽所能、按需分配。

1848年,马克思和恩格斯在他们合著的《共产党宣言》一书中,用历史唯物主义观点建立了科学社会主义的基本原则,揭示了社会历史发展的必然规律是由共产主义社会代替资本主义社会,是生产力发展的必然结果。1917年,俄国10月革命胜利,建立了世界上第一个社会主义国家——苏联,开始了社会主义由理论到社会制度的实践。

计划在社会物质资源处于短缺状态时,可以集中力量高效地解决短缺问题。但是,当社会物质资源处于买方市场状态,计划受到信息技术发展局限性的约束,难以体现众多消费者的多样化需求,即使生产力得到较大发展,人们仍然会产生不满情绪。加之,计划走向极端必然忽视民主,严重的官僚主义思想也会使统筹者站在民众的对立面。这也是造成东欧剧变、苏联解体的根源。

4. 资源的市场配置

资源市场配置的理论研究是人们对资源交换配置的客观规律的认识和解释。关于市场配置资源方式的理论研究,从亚当·斯密到马克思,从凯恩斯到马歇尔,从资本主义经济学到社会主义经济学,不仅是新古典经济学研究的主要内容,也是其他经济学研究的一个中心问题。

(1) 古典经济学论市场配置资源。

亚当·斯密在1776年发表了《国富论》,其中谈到"由于每个个人都努力把他的资本尽可能用来支持国内产业,都努力管理国内产业,使其产物的价值能达到最高程度,他就必然竭力使社会的年收入尽量增大起来。确实,他们通常既不打算促进公共的利益,也不知道自己是什么程度上促进了那种利益。……他只是盘算他自己的安全,……他所盘算的也只是他自己的利益。在这种场合,像在其他场合一样,他受着一只看不见的手的指导,去尽力达到一个并非他本意想达到的目的。……他追求自己的利益,往往使他能比在真正出于本意的情况下更有效地促进社会的利益。"① 由此揭开了市场在资源配置中的作用的研究。

(2) 新古典经济学论市场配置资源。

1890年,马歇尔发表了《经济学》,将边际理论融入了斯密、李嘉图的古典经济学,综合当时流行的供求论、节欲论、生产费用论,构成一个新体系。在马歇尔理论体系基础上,形成了西方主流经济思想。资源稀缺性是新古典经济学分析资源配置的基本前提。由于资源的稀缺性,所以必须研究生产什么、如何生产、为谁生产,从各种方法中选择一种最好的方法使用资源。

1906年,帕累托在《政治经济学教程》中,运用社会经济福利指标分析论证了竞争性市场均衡可以实现社会福利的最大化(即帕累托最优)。他提出,实现资源配置效率最大化和社会福利最大化需要满足的条件:一是无法使所有各方境况更好;二是不可能使某一方境况更好,而不使另一方境况变坏;三是从交易中能得到的所有收益都已取尽;四是无法进一步作互利的交易。

1920年,庇古发表《福利经济学》认为,检验社会经济福利有两个标志:一是国民收入的总量越大,则福利越大;二是国民收入分配越平均,则福利越大。如果自由竞争能够满足"边际私人纯产值"与"边际社会纯产值"在一切场合都相等,这种资源配置就可以实现国民收入的最大化,从而实现社会福利最大化。

(3) 马克思主义经济学论市场配置资源。

---

① 亚当·斯密:《国民财富的性质和原因的研究》下卷,商务印书馆1996年版,第27页。

第四章

资源的集聚整合 disizhang

马克思的《资本论》在论证剩余价值的同时阐述了资源配置理论。他认为，人们从事的生产活动从来都是在一定社会生产关系下的社会生产，随着社会生产力的发展，生产分工专业化水平不断深化与提高，生产则逐渐成为社会化大生产。"按一定比例分配社会劳动的必要性，决不能被社会生产的一定形式所取消，而可能改变的只是它的表现形式，这是不言而喻的。自然规律是根本不能取消的。"① 马克思以劳动价值论为理论基础，引入经济制度、权力结构和分配关系等制度变量，通过剩余价值再分配的研究，揭示生产价格的形成与资源有效配置的实现条件：一是废除限制生产要素自由流动的制度，尤其是要废除限制劳动者自由流动的制度；二是消除自然垄断以外的一切垄断，鼓励竞争实现即平均利润转移规律。

（4）凯恩斯主义对资源配置的研究。

1936年，凯恩斯发表《就业利息和货币通论》一书，确立了凯恩斯经济学的基本理论体系，同时也标志着现代西方经济学的开始。凯恩斯用宏观总量分析代替了微观个量分析，注重短期分析和比较静态分析，得出国家经济需要政府干预和调节经济运行的结论，提出了反危机、反失业的经济政策。

凯恩斯研究的对象是国民收入和就业量的决定。围绕这一研究对象，他将经济体系中的因素分为不变量、自变量和因变量三类。自变量与因变量的逻辑关系是：国民收入水平和就业量直接决定于有效需求。有效需求包括消费需求和投资需求，而消费决定于消费倾向和收入，消费倾向又分为平均消费倾向和边际消费倾向。因边际消费倾向大于0小于1，故消费会随着收入的增加而增加，但在增加的收入中消费所占的比例则越来越小。投资决定于利息率和资本边际效率，利息率又决定于流动偏好和货币数量。流动偏好又来自交易和谨慎动机与投机动机，货币数量分别用于满足这两类动机。资本边际效率决定于预期利润收益和资本资产的重置成本。在这个体系框架内形成了就业理论、有效需求理论、工资理论、货币物价理论、经济周期理论、投资乘数理论、利息理论和财政政策、货币政策与外贸政策。

凯恩斯经济理论产生之后，立即在全世界引起强烈反响。阿尔文·汉森同他的门生保罗·A.萨缪尔森提出了加速原理，与乘数原理共同解释经济波动的原因。汉森将投资分为两类，一类是自发投资，另一类是引致投资，前者是因为人口增加、技术进步、新资源的发现、新产品的发明及政府活动

---

① 《马克思恩格斯选集》第4卷，人民出版社1972年版，第368页。

科学的资源开发模式
—— 走出"资源诅咒"怪圈

引起的,后者是由于收入变化引起的。当收入变化时会引起投资的加速增长或加速减少。据此他们又提出了补偿性财政政策,即反周期财政政策。从分析方法上,1937 年英国经济学家约翰·希克斯提出,后来经阿尔文·汉森发挥而形成的希克斯—汉森模型(IS-LM)模型,将凯恩斯理论与新古典理论结合起来,最后由萨缪尔森在 1948 年出版的《经济学:初步分析》中完成了凯恩斯理论与新古典理论的综合。该书吸收了后来形成的主要的宏观经济学派的思想,将货币学派、供给学派和理性预期学派都综合起来,从微观到宏观进行展开,形成了现代西方经济学的基本内容。

(5) 新制度经济学论市场配置资源。

新制度经济学放开了市场交易费用为零的基本假设,将制度变量引入对资源配置的分析。1937 年科斯发表《企业的性质》一文中指出,一个有效的经济体系中,不仅需要市场,而且需要适度的组织内的计划领域。① 在科斯看来,价格机制与企业管理都是资源配置的协调者。由于"利用价格机制是有交易成本的。通过价格机制'组织'生产的最明显的成本就是所有发现相对价格的工作。……市场上发生的每一笔交易的谈判和签约的费用也必须考虑在内。"② 企业的存在是为了"节约交易成本"。企业的存在使交易契约大大地减少了。实际上,随着社会发展,信息手段的改进,这种有计划的领域正在逐渐扩大,从家庭到企业,从企业到国家。内部组织替代市场交换可减少交易费用,是因为市场失灵主要有五种原因,一是在静态市场中进行了专用性投资,二是契约的不完全性,三是由于一方的"败德行为"或价格歧视造成一方战略的失误,四是企业在信息处理上具有规模效应,五是企业在应付产权界定不完全以及规避其他风险能进行制度适应。契约的不完备性包括:其一,契约不能将未来可能发生的事件包罗无遗;其二,不能够在未来事件发生时将缔约必须采取的行动以及他们之间的权利与责任全部包罗无遗;其三,没有一种语言能够丰富和精确到合同条款描述得包罗无遗的程度;其四,不能通过第三者将合同条款执行得包罗无遗。科斯在《社会成本问题》中,通过案例阐明,"如果定价制度的运行毫无成本,最终的结果(产值最大化)是不受法律状况影响的。"③ 也就是说如果市场交易费用为零

---

① 科斯:《论生产的制度结构》,上海三联书店 1994 年版,第 355 页。
② 科斯:《论生产的制度结构》,上海三联书店 1994 年版,第 5 页。
③ 科斯、阿尔钦、诺斯等:《财产权利与制度变迁》,上海三联书店 1996 年版,第 11 页。

或在充分竞争条件下,不管权利初始安排如何,市场均衡的结果都能使资源配置实现帕累托最优,即私人成本与社会成本相等。这就是科斯定理1。但是事实上,交易费用大于零。"一旦考虑到进行市场交易的成本,……合法权利的初始界定会对经济制度的运行效率产生影响。权利的一种调整会比其他安排产生更多的产值。"这就是科斯定理2。

在科斯定理的启发下,阿尔钦、德姆塞茨、张五常等围绕产权与资源配置效率做了进一步深入探讨。认为产权在资源配置中具有的主要功能,一是产权可以引导人们实现外部性内部化,减少资源浪费,提高资源配置效率;二是产权可以构建激励机制,减少经济活动中的"搭便车"的机会主义行为;三是产权可以通过不确定性来提高资源配置效率。

周小亮在《市场配置资源的制度修正》一书中结合马克思主义对市场配置资源的研究,引入制度变量,对新古典理论关于消费者选择行为和生产者管理活动的外部条件和内在假定进行了大胆的修正。他指出,市场失灵主要体现在外部性即对环境的影响和公共物品的存在,以及不完全信息与交易成本问题;政府失灵主要体现在价格管制导致价格扭曲,政府管制中出现权钱交易的寻租行为导致竞争机制的破坏,政府供给失误导致资源浪费和政府机构膨胀空耗人文社会资源。他针对市场失灵和政府失灵提出了相应的制度修正措施,即用市场机制修正政府规则,用政府规则维护市场机制。

(四)统筹协调市场配置资源

统筹协调是科学发展观的根本方法。交换孕育了资本主义对剩余价值的追逐,是市场自动调整资源配置的内在驱动力;统筹孕育了社会主义,追求集体合作的最佳方式,成为社会制度进步的科学方法。统筹协调市场配置资源,在强调从制度上更好地发挥市场配置资源的基础作用的同时,在市场失灵的领域发挥统筹协调的作用,使资源配置成本最低化、资源利用效率最大化。

统筹协调市场配置资源,必须充分发挥"两只手"的作用。坚持把市场"这只看不见的手"和政府行政调节"这只看得见的手"的作用有机结合起来,坚持以人为本,以自然资源开发为基础,充分发挥经济资源、人文社会资源的主导作用,注重三大资源体系的良性互动,对资源进行统筹协调、优化配置,更好地解决效率和公平问题,达到资源结构的最优、功能的最优、开发效益的最优,以资源可持续发展推动经济社会可持续发展。

统筹协调市场配置资源,必须明确资源产权。"资源转化的实现必须明

科学的资源开发模式
——走出"资源诅咒"怪圈

确产权。无论是潜在的资源转化为现实的资源，还是资源转化为可使用的资本，产权都必须清清楚楚。"① 要健全和完善社会主义市场经济制度，特别要加紧建立健全资源产权制度，从制度上确立资源资本化的基石。

统筹协调市场配置资源，必须发挥市场在资源配置中的基础性作用。"要深化对社会主义市场经济规律的认识，从制度上更好地发挥市场在资源配置中的基础性作用。"② 特别要充分发挥金融市场在资源配置中的基础性作用，高度重视金融市场建设，壮大金融产业，形成完善、高效、安全的金融体系。

统筹协调市场配置资源，必须加快形成统一开放竞争有序的现代市场体系。"资源转化为现实资本，要靠市场来运作。市场越完善，市场越大，资源转化为资本就越容易。资源转化为资本，要在最有条件建立完善的市场体系的地区着手。"③ 要继续完善全国统一的市场，为商品和生产要素自由流动创造条件。要进一步提高开放型经济水平，积极融入区域市场和全球市场。要健全公平竞争、优胜劣汰的市场机制，抓紧"完善反映市场供求关系、资源稀缺程度、环境损害成本的生产要素和资源价格形成机制"，④ 努力形成公开、公平、公正、竞争、择优的市场环境。要建立规范有序的市场秩序，维护公平竞争，维护生产者和消费者正当权益。

统筹协调市场配置资源，必须坚持国家对市场配置的宏观调控。我国是一个资源丰富的大国，同时又是一个人均资源占有量较少的发展中国家，只有在国家宏观调控下充分发挥市场在资源配置中的基础性作用，并使之制度化、才能真正做到人尽其才、财尽其力、物尽其用，使科学发展观真正落到实处，实现经济社会全面协调可持续发展。

（五）资源配置的结构优化

人类社会发展和科学技术进步引起的资源贡献率变化，必然导致主导性

---

① 厉以宁：《厉以宁北京大学演讲集》，经济科学出版社2004年版，第132—133页。
② 《中国共产党第十七次全国代表大会文件汇编》，人民出版社2007年版，第21页。
③ 厉以宁：《厉以宁北京大学演讲集》，经济科学出版社2004年版，第134—135页。
④ 《中国共产党第十七次全国代表大会文件汇编》，人民出版社2007年版，第25页。

第四章
资源的集聚整合 disizhang

资源在不同的经济时代发生动态演化。不同的经济时代有不同的主导性资源来集聚整合其他各种资源，使资源整体结构——功能达到最佳协同状态，实现资源配置结构最优化、功能最优化、效益最大化，进而推动经济结构优化升级，推动经济社会又好又快发展。

1. 资源配置的结构升级

资源配置结构升级就是要实现资源结构中不同形态资源的替代。资源配置结构升级，既是社会生产发展的客观要求，也是社会生产发展的必然结果。

纵观人类生产发展史，整个人类文明就是建立在不断发现新的资源和更加有效地利用资源的基础上，是一部资源不断被开发、利用和升级的发展历史。资源配置结构升级，意味着较高层次资源替代较低层次的资源，在自然资源、经济资源和人文社会资源三大资源系统中，随着资源配置结构优化升级，经济资源和人文社会资源在不断扩大的社会生产中起着更加重要的作用。资源的层次越低，比如自然资源，其先天性作用越大；资源的层次越高，比如人文社会资源，其获得性作用越大，活力也越强。

2. 资源配置的结构优化

优化资源配置结构，就是要对各种资源进行集聚整合，使其配合比例与主导性资源的协同达到最佳状态，发挥和提升资源整体效能。资源结构优化并不是一个自然的发生过程，而是在不断解决资源需求与资源供给矛盾，推动经济发展的过程中产生与发展的。

优化资源配置结构，首先，要提高资源质量，实现从以使用低层次资源为主向以使用高层次资源为主转变，从依赖先天性资源向依靠获得性资源转变，不断提高产品附加价值。其次，要减少浪费、增加产出，提高资源投入产出效益。最后，要在提高资源产出率的同时，努力减少资源开发利用对环境的污染和给社会带来的负面影响，获得良好的环境效益和社会效益。

现代资源配置结构优化主要有两种驱动力：一种驱动力是技术创新，通过发展科学技术、运用科学技术来降低对低层次资源的消耗，增大内涵再生产比重，推动资源结构优化。另一种驱动力是制度创新，通过降低资源交易成本，提高资源利用效率，推动资源结构优化。两种驱动力对资源结构优化的作用机理可用下图（图4.4）来分析：

从静态分析来看，如图4.4中图1所示，技术（制度）创新前的生产函数用 $F_0(K_0, Y_0)$ 表示，技术（制度）创新后的生产函数用 $F(K, Y)$ 表示，自然资源、资本、劳动的比率用 K 表示，产出效率用 Y 表示。可以

科学的资源开发模式
——走出"资源诅咒"怪圈

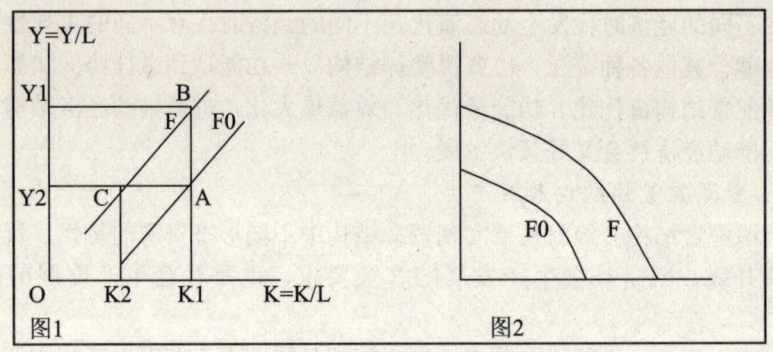

图 4.4 技术创新与制度创新对资源结构优化的作用

看到,技术(制度)创新,可以通过生产方式和组织管理方式的改进,促使资源利用率提高。也就是说,技术(制度)创新后,生产等量产品所需要的资源要素投入量比以前减少,或者说,投入等量资源要素所生产的产品比技术(制度)创新前增加,从而使生产函数由技术(制度)创新前的 F0 上移到 F。表明由于技术(制度)创新,要获得同样的产出效率(如 Y2),投入的资源要素比率可由 K1 减少到 K2(由 A 点内移到 C 点)。或者,即使资源要素比率(如 K1)保持不变,产出效率可由 Y2 提高到 Y1(由 A 点上升到 B 点)。

从动态过程来看,技术(制度)创新,提高了资源配置效率,从而使生产可能性边界从 F0 向外扩展到 F(如图 4.4 中图 2 所示)。同样数量和质量的物质资源要素,在技术、制度等非物质资源要素的集聚整合下,得到更加有效的集约利用,形成不断优化的资源结构,从而推动经济发展。从理论上分析,物质资源要素投入量的增长是有限的,技术创新、制度创新是无限的,推进经济社会可持续发展,最终要靠对人文社会资源这个最高层次的资源的开发利用来实现。

第五章 系统资源理论发展模型

资源是资财之源。资源和财富创造相关，而财富创造总是同经济发展联系在一起的。探索经济发展是整个经济学中最有趣、最迷人、最具有挑战性的课题之一。

探索经济发展的秘密，实际上就是探索创造财富的源泉，也就是探索资源开发的问题。一方面，随着时代的变迁，资源观的内涵不断拓展；另一方面，实践中，人们发现的可供利用的资源层次越来越多，经济发展函数的自变量不断增多。我们不仅可以从经济发展理论的发展变化中验证资源观的发展趋势，还可以通过探索资源开发与经济发展的内在联系，来揭示经济发展的秘密。实际上，20世纪90年代初，西方经济学提出的新经济增长理论就试图把人力资本和技术进步内生化，并将其归结为经济增长的重要源泉。

一、传统资源理论的发展模型

（一）哈罗德—多马模型

20世纪40年代前后，英国经济学家哈罗德和美国经济学家多马对凯恩斯经济均衡增长理论的短期方法提出了修正。他们认为，凯恩斯提出了储蓄等于投资（S=I）的公式，运用的是比较静态的分析方法，以静态分析来说明经济的均衡增长。这个条件也是总供给等于总需求的条件，没有引进时间因素。哈罗德—多马增长模型采用随时间推移变化的增长率作为变量来进行分析，从而使凯恩斯的理论动态化和长期化。这两位学者几乎在同一时期各自提出了两个极为相似的经济增长模型，现代经济理论界一般把它们称为哈罗德—多马模型，又把他们的理论归结为传统的增长理论，以与自20世纪80年代中期以后增长理论的新进展相区别。

哈罗德以储蓄分析为起点，把有关的经济因素归纳为三个变量：（1）储蓄率，以 s 表示，s＝S/Y（Y 代表国民收入）；（2）资本—产出率（资本系数、投资系数），指资本（K）对产量（Q）的比例，以 k 表示，k＝K/Q；（3）总产量（收入）的增长率，即经济增长率，以 G 表示，G＝△Y/Y。由于哈罗德模型有两个假定前提：一是消费倾向不变，从而储蓄率不变；二是生产技术不变，从而资本系数不变，即单位产量所需投入的资本量不变，所以哈罗德公式表明，要保证经济年复一年地均衡增长，三个变量必须保持这样的关系：G＝s/k，这个数学公式即哈罗德模型。其含义是，在 s 和 k 每年保持不变的条件下，要保证社会经济稳定增长，就要求每年按 G 的发展速度增长，设 s 为 15％，k 为 3，则要求产量每年增长 5％，这样所需投资在收入中占的比重为：3×5％＝15％，恰好等于既定的储蓄率，即 5％的增长率可以保证每年的储蓄全部转化为投资。

多马从投资分析入手，分别以 I 和 △I 代表投资和投资增量；以 △I/I 代表经济增长率；以 δ 代表资本生产率（也就是资本—产出比例的倒数）即 δ＝I/K，从而得出多马模型：△I/I＝δs。

把两个模型统一，就得到哈罗德—多马模型的公式：G＝s/k＝sδ。它说明，社会经济长期稳定增长下去的必备条件是：一国一定时期的储蓄应全部转化为投资，从而强调储蓄即资本积累、资本投资在经济增长中的作用。哈罗德—多马模型所阐述的经济保持长期稳定增长的条件，实质上说明了储蓄转化为资本积累、资本投资的重要性。没有资本积累就没有现代经济的增长。正如萨缪尔森在总结现代经济增长理论时所指出的那样："古典学派致力于研究稀缺的土地问题，但是，自从 19 世纪初期以来的经济增长史，是资本而不是土地居于支配地位的历史"，"在斯密—马尔萨斯模型中，劳动相对于土地而增长。在更为现代的模型中，却是资本相对于劳动而增长。"[①]资本积累成为经济增长的动力。

不过，由于哈罗德—多马模型最初的基本假定只有资本和劳动（L）两种要素的投入，当出现资本增长比劳动增长更快时，如果没有技术创新和技术进步因素，就会出现在资本主义发展进程中资本利润下降的趋势。因为哈

[①] 保罗.A.萨缪尔森、威廉.D.诺德豪斯：《经济学》下册，中国发展出版社1992年版，第1323页。

罗德在推导他的模型时,假定利息率(即资本报酬率)是常数,从而间接地假定了资本和劳动在增长过程中不可替代,在这种情况下,经济增长要满足哈罗德提出的恒等式十分困难。所以,哈罗德得到了一个如同"走在刀刃上一样"的均衡增长条件,即非常难满足的均衡增长条件。因此,他的模型不能时时满足他提出的均衡条件。为了进一步分析经济稳定增长的条件,哈罗德将增长率分为三种:(1)合意增长率,又称保证增长率,公式是 Gw=Sd/Kr,Sd 表示人们力求保持的合意的储蓄率,Kr 表示投资家觉得合意所需要的资本—产出率。它说明需要怎样一个增长率才能适应人们所愿意进行的"储蓄=投资"的需求;(2)实际增长率,公式是 G=s/k,s 和 k 分别为实际的储蓄率和投资系数;(3)自然增长率,公式是 Gn=So/Kr,So 表示在一定制度安排下最适度的储蓄率,Kr 是预期的合意资本—产出率。将合意增长率和实际增长率加以比较可以说明,要实现经济的稳定增长,必须使 G=Gw。若 G<Gw,意味着实际储蓄率(投资率)低于合意储蓄率(投资率),会形成积累性紧缩,引起经济衰退和失业。若 G>Gw,意味着 S>So,会形成积累性经济扩张。将合意增长率和自然增长率相比较可以说明,要实现经济的充分适度增长,必须使 Gw=Gn。当 Gw>Gn 时,表明超过了人口和技术所允许的增长程度,会受到劳动力不足和技术限制而产生储蓄过度,经济增长停滞;当 Gw<Gn 时,表明储蓄未达到人口和技术所允许的水平,出现劳动和技术的闲置。哈罗德把 G=Gw=Gn 视为理想的均衡增长,是既能发挥生产能力,实现充分就业,又能避免通货膨胀的稳定的经济增长。但在哈罗德模型中,G 取决于有效需求,Gw 取决于投资意向,Gn 取决于人口和劳动生产率。三者要达到统一,难上加难,被称为走在一条"刀刃"上的增长道路。从资源理论来看,哈罗德—多马模型的自变量包括资本和劳动,以资本为经济增长的主要推动力量。资本具有收益递减的特征,指望依赖投资不断增加而推动的经济增长必然是不可持续的。

(二)索洛模型

美国经济学家索洛(R. Solow)在 1956 年明确提出了索洛增长模型,这是经济学家传统上用于分析增长问题的主要模型。几乎对于所有有关增长的分析而言,索洛模型是其起点。即使有一些模型实质上不同于索洛模型,但通过与索洛模型进行比较,才会获得更好的理解。索洛增长模型被称之为新古典综合经济增长模型。因此,理解索洛模型就是理解经济增长理论。

索洛模型关注四个变量,即产出(Y)、资本(K)、劳动(L),以及

"知识"或"劳动的有效性"(A)。在任何时刻,经济拥有一定量的资本、劳动与知识,生产函数采取如下形式:

$$Y(t) = F[K(t), A(t)L(t)]$$

这里,t 表示时间。它说明随着技术进步和知识数量的增加,既定数量的资本与劳动量中所多获得的产出量会随着时间变化而上升。另外,A 与 L 以乘积形式引入。AL 被称为有效劳动,并且以这种方式引入的技术进步被视为劳动增加型的或哈罗德中性的。通过引入柯布—道格拉斯函数:

$$F(K, AL) = K^\alpha (AL)^{1-\alpha} \quad 0 < \alpha < 1$$

可以得出 $K(t) = SY(t) - \delta K(t)$

这里,投入投资的产出份额 S 是外生且不变的,投入投资的一单位产出可获得一单位的新资本,既有资本以速率 δ 折旧,因此,进一步得出索洛模型的动态学方程:

$$k(t) = sf(k(t)) - (n+g+\delta)k(t)$$

它阐明每单位有效劳动的资本存量的变化为 sf(k) 的有效劳动的实际投资。以及 (n+g+δ)k 的持平投资量。索洛模型的动态学方程意味着,经济都会收敛于一个平衡增长路径,在这个增长路径上,每个工人的平均产出增长率只由技术进步唯一的决定(如图 5.1 所示)。

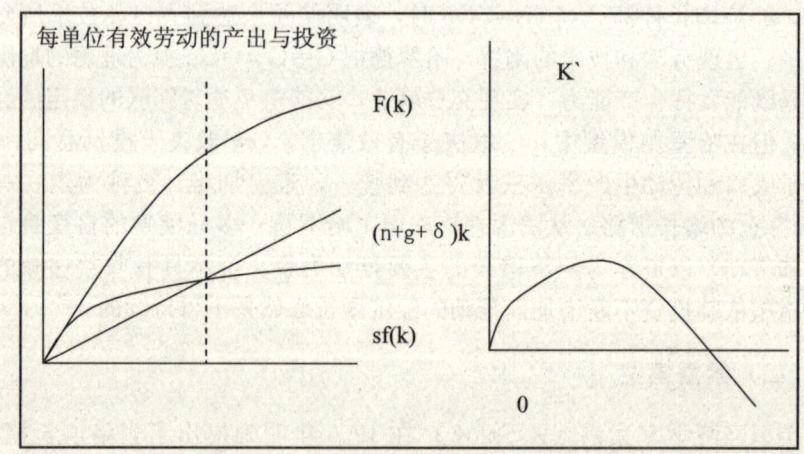

图 5.1 索洛模型的动态学方程图

在索洛模型中,每个人平均产出的长期增长只依存于技术进步。但短期增长或者来源于技术进步或者来源于资本积累。由埃伯默维茨(Abramovity)与索洛实用增长因素分析法从生产函数 $Y(t) = F[K(t), A(t)L$

第五章

系统资源理论发展模型

(t)] 得出了

$$\frac{Y'(t)}{Y(t)} - \frac{L'(t)}{L(t)} = \alpha k(t) \left[\frac{K'(t)}{K(t)} - \frac{L'(t)}{L(t)} \right] + R(t)$$

上式中，R（t）被称为索洛余数。

只有技术进步才能提高资本生产率，进而阻止收益递减规律作用的发生。"在收益递减和技术进步之间展开的竞赛中，技术以数步之遥取得胜利。换句话说，至今为止，历史就是这样前进的"[1]。因此，现代经济增长理论把资本深化和技术进步结合起来说明经济增长的原因，结论是经济增长取决于资金存量增长率和劳动供给增长率，更取决于这些要素生产率所主要依赖的技术进步的速度。约翰·希克斯在《经济增长的源泉》一书中写道："经济进步的源泉是发明"。

包括索洛在内的许多经济学家都认为，新古典增长模型中的剩余，即全要素生产率的计算，实际是对于我们"无知"的度量，因为新古典增长模型并未回答全要素生产率的来源，而只是根据别的东西（即剩余）来推测生产率。这是新古典增长模型不是内生增长理论的原因。索洛模型虽然得到了经济稳定增长的均衡条件，但这个模型有两个明显的缺陷：第一，从索洛模型中得出的均衡经济增长率是被人口自然增长率这样一个外生变量所决定的，因此，索洛模型的经济意义被很多经济学家称为"不愉快的结果"；第二，索洛模型不能解释所有的经济增长，在这一模型中，生产的投入要素只有资本与劳动，该模型的唯一的自变量是人均资本。索洛在 1957 年提出全要素生产率分析方法，并应用这一方法检验新古典增长模型时发现：资本和劳动的投入只能解释 12.5％左右的产出，另外 87.5％的产出不得不被归结为一个外生的"余数"（Residual）。索洛发现的余数引起了一大批经济学家的注意。余数中包括的是不能被直接观察的所有因素所带来的增长，故索洛把余数称为"我们无知的度量"。当我们对经济增长的源泉做更细致的划分和识别，并"各就各位"予以分离时，余数部分就会随之变小。按照新古典的生产理论，余数的大小仅仅应该来源于外生的、中性的技术进步。然而，新古典理论不能解释索洛余数除了技术进步之外的其余部分。实际上，余数应当既包含技术进步，也应当包含人力资本增长，还应当包括其他不可观测的因素的贡献。也就是说，所谓全要素生产率实际可能包括各种东西，如技术进

---

[1] 保罗.A.萨缪尔森、威廉.D.诺德豪斯：《经济学》下册，中国发展出版社 1992 年版，第 1328 页。

步、生产组织的变化等。所以说，余数更像一个"箩筐"，不属于资本（K）和劳动（L）的东西都可以放在其中。

从新资源理论的角度看，影响余数大小的因素必然是复杂的，也是为数众多的。除了技术进步外，制度变迁、金融发展、人力资本存量提高、知识累积、思想观念解放和更新等因素，都会对余数产生影响。在那些经济体制相对较稳定的发达国家里，余数中包含的制度因素可以被忽略，但是在中国这样正在经历体制改革和变迁的国家，制度因素对余数的影响则是不可忽视的。余数的存在其重大的理论意义在于：它明确显示导致经济增长的资源要素不仅仅限于生产三要素，还存在着其他重要的但还没有被概括进增长模型的资源要素。

（三）新制度经济学的发展模型

传统经济增长理论存在着不可克服的局限性，这些模型均不能彻底摆脱新古典增长理论导出的那些"不愉快的结果"。如果经济均衡增长的条件是被外生的人口自然增长率所决定的话，这些模型就没有最终解决"索洛余数"提出的问题，也没有将技术进步的作用内生化。总之，20 世纪 70 年代初期以后，关于增长理论的文章从西方各主要学术期刊上基本消失了，原来相当有建树的增长经济学家也逐渐转向其他研究领域。直到 1986 年罗默在《政治经济学杂志》上发表论文《收益递增经济增长模型》，开始探讨消除新古典经济增长模型存在的局限性的可能途径以后，西方学术界才再次对经济增长理论恢复兴趣。罗默的这篇论文启动了经济增长理论研究的新时期。在他之后，贝克尔、卢卡斯等诺贝尔经济学奖获得者也开始进入经济增长研究领域。一批有重大学术价值的论文相继问世，西方经济增长理论研究进入了新的发展阶段。

诺贝尔经济学奖得主阿罗（Arrow）在 1962 年发表过一篇文章，把技术进步与投资的实际过程联系在一起。他指出，投资都是在做新事情，这无疑将产生新知识。他用"边干边学"（Learning by Doing）术语来描述这一过程。

罗默在开创所谓的新增长理论或内生增长理论（Endogenous Growth Theo-ry）时又再次提到了这种思想。罗默建立了以技术进步为基础的内生增长模型。该模型假定企业面临着这样一种决策，即确定在研究与开发（R&D）领域的投资额。研究与开发投资决策取决于研究与开发的效益和成本，研究与开发活动反过来又会发明新产品或改进现有产品。研究与开发投

第五章
系统资源理论发展模型 diwuzhang

资的效益是产生新产品,企业卖掉这种新产品取得利润。该模型隐含着一大堆有关市场条件和知识产权的假设,最终是为了说明企业具有稳定的需求条件。研究与开发的成本取决于劳动力成本以及企业获取的知识。假定企业获取的知识越多,从事研究与开发活动的成本越低。假定一国的知识总量取决于所有企业过去从事的研究与开发活动总量。每个企业都从其他所有企业所从事的研究与开发活动中受益,这就是说研究与开发具有完全的外溢效应。换言之,研究与开发使企业有了新发明的机会,这种发明完全拥有私人产权,但同时也使公共知识存量增加了,而这种公共知识存量可以被其他企业免费利用。这种外溢效应(或者说技术外部性)的存在说明政府在基础理论研究上要发挥作用。罗默提出了一个收益递增型的增长模式,指出特殊的知识和专业化的人力资本是经济增长的主要因素。一般知识产生规模效益,专业化知识可产生要素递增收益,而且能使资本和劳动要素投入也产生要素递增收益,从而整个经济的规模收益递增。罗默的理论在强调专业化技术的同时,还认为垄断力量起到了关键作用,垄断提供了使公司从事和参与技术性研究的动力。

卢卡斯建立了以人力资本为基础的内生增长模型。卢卡斯进一步说明了专业化的人力资本因素是导致各国人力资本差异进而表现出经济增长和收入差异的主要因素。需要注意的关键问题是:人力资本增长是经济增长的推动力。在卢卡斯的模型中,人均收入增长率与人力资本增长率成正比。因此,一般的政策含义是:人力资本的积累(包括正规教育、培训、在职学习等)至关重要。卢卡斯指出,一国的平均人力资本水平影响着每一企业的单个生产率。换言之,存在一种外部性。这种外部性意味着社会最适增长率高于私人增长率:经济行为主体的投资不会达到最适状态,因为在他们的自身计划中不包括其投资的外部效应。这正说明了政府政策在促进人力资本投资水平提高中的作用。基于人力资本积累的途径在不同的行业中有所不同这一事实,而人力资本的形成主要来源于培训和工作经验,因此,人力资本一般与特定行业有关。卢卡斯指出,倘若某一行业具有较高的潜在人力资本增长率,那么,作为一个国家来说,最好引导资源流向这个行业。可是,市场力量不会实现这一结果,因为人力资本积累过程具有外部性。

自从罗默 1986 年发表他那篇开创性论文以来,对经济增长理论的研究重新在西方学术界兴起,有关新增长理论的文章如雨后春笋般从各种西方学术期刊上冒出来。但到目前为止,新增长理论还没有走向最终的成熟与定型,而是正在向纵深发展,且各学派间相互渗透,界限变得模糊不清。但有

科学的资源开发模式
——走出"资源诅咒"怪圈

一个共同的趋势,即将传统增长理论完全未予重视的一些因素如知识产权、贸易改革、教育、法制、社会基础设施和政治稳定等,逐一纳入增长因素系列中,并进入模型加以内生化。斯坦福大学的克鲁格曼教授称罗默是"20世纪80年代最有影响的经济理论家"。英国《经济学家》杂志载文说,在今后数年中,"罗默的理论很可能会成为主导思想的基础"。

新增长理论突出了人力资本、知识等要素的作用。新增长理论把发达国家与发展中国家作为整体来研究,通过模型说明人力资本、知识等促进经济增长的关键因素的自我积累、自我演进机制,从而说明市场调节不但适用于发达国家,也同样适用于发展中国家。新增长理论将经济学(甚至原本不属于统一模型的)诸领域有机地联系起来,并用统一模型加以分析,从而在发展经济学领域重新确立了新古典主义的绝对地位。新增长理论并没有割断与传统经济学的联系,事实上,自亚当·斯密以来,经济理论和经济思想经过二百多年的发展,为新增长理论的产生提供了大量的思想养分。正是那些伟大经济学家的丰富知识和深刻洞见激发了新一代经济学家探索经济增长源泉的努力,孕育出了新增长理论。应当说,索洛的新古典模型扩展了生产函数的变量,用传统三要素之外的因素来解释人均收入水平的差异,从而部分解释了全部要素生产率的差异,而新增长理论工作的核心在于修改索洛的新古典增长模式使用的生产函数。例如,在新古典生产函数中加入知识和人力资本的因素,放松新古典生产函数对递增规模收益的限制等。从某种意义上讲,新增长理论是以新古典增长模式的总量分析框架为基础的,因而新古典总量生产函数存在的问题,新增长理论中同样也存在。可以说,改变生产理论基本假设是经济增长理论取得突破的关键。20世纪50年代索洛的贡献在于他在生产理论上对哈罗德假设的修正。索洛用资本和劳动可以完全替代的假设,替代了哈罗德模式中要素替代性的隐含条件,从而为满足哈罗德的均衡增长条件奠定了基础。然而,新增长理论仍然是以固定要素替代弹性生产函数和柯布—道格拉斯生产函数为基础,就这种意义而言,新增长理论与索洛模式并没有本质区别。近年来,虽然有人试图在这方面有所发展,但结果却难以令人满意。

新增长理论部分解释了索洛余数。新增长理论的一个重要贡献是打开了索洛余数的黑箱,给出了技术变化一个内生的解释。但在我们看来,这一理论在强调人力资本和技术知识的同时,忽略了制度要素。虽然在近期这种状况有所改变,但距离构建一个规范的、制度内生化的动态经济增长模式还有很长的路要走。还有一点需要注意,即马丁·魏兹曼(Weitzman, M.)在

第五章

系统资源理论发展模型 diwuzhang

《杂交的增长理论》一文中指出：新增长理论打开了余数这个黑箱，然而这个开启了的黑箱中又包含了另一个黑箱，即新知识的生产函数——新思想——被简单地视做研究努力的外生决定的函数。要开启这个黑箱，新增长理论就必须与经济史分析结合。新增长理论看上去是一个数学味道很深的理论，尤其在近年的文献中，数学技巧的运用越来越多，方程组越来越复杂，关于这一点，连新增长理论的创始人罗默也意识到："如果我们少花一些时间来解方程组，多花一些时间来精确地定义我们用词的真正含义，那么在这些领域（新增长理论）中的学术政策讨论会更加富于成果"。① 新经济增长理论在实证研究中得到了部分验证。美国哈佛大学经济学家罗伯特·巴罗等人在实证研究中利用罗默的理论和研究方法比较了许多不同国家的经济增长率，统计分析显示该理论是有效的。这项研究得出的结论是：正是由于缺乏人力资本（即教育），而不是由于缺乏物质资本投资，才阻碍了穷国赶富国。

新增长理论的视野还需要拓宽。应当看到，新增长理论只是概括了经济增长的直接来源。尽管新增长经济学内生化知识和技术取得成功，但内生制度变迁在经济增长时却进展缓慢。奥尔森认为："老的或新的增长研究文献都不能成功地经受经验观察的考验。尽管富国和穷国之间悬殊在加大，变化最快的国家永远不是那些有着最高人均收入的国家，而往往是一些低收入国家。"② 并且，他坚持穷国集团快速增长的唯一解释便是制度变迁。有学者强调增长研究应该转向那些决定转变抵抗力和采纳知识和技术的因素。新增长理论的资源视野还是太窄了一些。很显然，对其他一些帮助增长和发展的更为根本的源泉深探是失败的。不过，尽管新增长理论还很不规范，没有形成统一的理论框架，本身还存在不少局限，但无可否认的是，这一新理论对人们重新认识长期经济增长的源泉提供了不少深刻和富于启发的看法，并在经济理论和各国经济实践中产生深远的影响。正如新增长理论家格鲁斯曼和赫尔普曼所言："我们不敢说已完全明白了技术进步的决定因素，但我们相信，我们所描述的新的规范模式有助于我们达到这个目的。新增长理论已在包容现实性方面——如引入不完全竞争、不完全占有、国际依存和规模收益递增等内容——的正确方向上迈出了一大步，并且可以肯定的是，这些方面对理解一个经济将在各种知识中如何投资相当重要。我们相信经济学这个特定领

---

① 庄子银：《新增长理论简评》，载《经济科学》1998年第2期。

② 弗安.W.拉坦：《新增长理论与发展经济学》，载《国外财经》，杨胜刚、胡艳妮译自《发展研究杂志》1998年第12期。

域的知识,像经济学的其他大多数知识一样,将会迅速且持续地得到积累。"

新增长模型将技术进步等因素内生化,认为增长本身就是下一步增长的源泉,探索内生增长机制从而保证增长无限持续下去,这是尤为值得我们借鉴的,这种自变量的拓展为我们提出新资源理论,以及建立在其上的增长发展模型都留下了逻辑空间。在研究经济增长方式时,我们不应再停留在传统阶段,只重视对传统要素进行研究,而应扩展分析的视野。新增长理论将科技同自然资源、资本、劳动并列为第四大生产要素,为大多数人所接受,确立了知识是经济增长的内生变量,而不是外生变量,不仅指出经济的增长要靠知识的生产、分配和使用,要把知识列入生产函数,而且强调经济的持续发展要靠知识的良性循环。应当承认,这是一种新理论、新观点、新的思维方式。知识这种生产要素与其他生产要素不同:它可以重复使用,在使用中价值不会减少,反而增加;它可以连续使用,其边际效益不是递减,而是递增;此外,知识在使用中还具有不可替代、不可相加、不可分割、不可逆转性。这样,它回答了传统经济无法解释的难题,即在资源存量有限、增量不多的条件下,经济如何持续增长。但由于知识通过形成人力资本促进经济增长,分析增长时就用人力资本来代替知识作为增长的一个自变量。在理论分析上,这其实是一个"偷偷的跨越",把发展型资源转换成了增长型资源。新增长理论看到的是发展型资源,却把它内生为增长型资源。一言以蔽之,新增长理论承袭的依旧是把经济增长和经济发展分别开来的研究方法。新增长理论没有完成增长模型和发展模型的统一,这个任务将在新的系统资源理论的基础之上完成。

(四) 超边际与边际分析发展模型

从系统资源理论的视角思考发展问题,是本书的核心问题。这里力图以古典发展经济学和新古典发展经济学为基础,应用索洛增长模型、罗默增长模型及杨小凯发展经济学的超边际与边际分析结果,为构建一个系统资源理论的增长模型打牢基础。

发展经济学必须回答的一个重要问题是:为什么一国财富能在给定自然资源数量的条件下增加?

追溯古典发展经济学,以威廉·配第(Willian Petty)、杜阁(A. R. J. Turgot)、亚当·斯密(Adam Smith)等为代表的古典主流经济学家,关注的焦点是分工对经济发展的作用和意义。斯密定理指出:分工是经济增长的源泉(Adam Smith, 1776, chapter 1 of bookI),分工依赖市场的大小(chapter 3 of book I),市场的大小又取决于运输的条件。斯密还指

第五章

系统资源理论发展模型 diwuzhang

出：专业化和货币之间存在内在联系，投资是提高迂回生产过程中分工水平的工具的资本理论。看不见的手——市场是协调分工网络。配第提出城市化理论，认为：分工网络带来城市化，城市化又通过降低交易成本来促进分工。杜阁推测，分工、货币出现、商业扩展和资本积累之间存在着一种内在联系①。马克斯·韦伯强调，现代经济发展是市场经济制度作用的结果，市场经济制度通过影响交易条件来影响分工水平和相关市场的扩展，而分工水平和市场扩展又影响发展绩效，反过来已成为制度变迁的动力。

古典发展经济学认为，这种由分工演化引起的结构变化被称为工业化，它包括工业产业份额的上升、投资率和储蓄率的上升。杨小凯从古典发展经济学的总结提出了从五个层次来对现代经济发展进行分析。

第一层次：地理政治格局；第二层次：意识形态、行为准则、道德规范、政治法律制度；第三层次：商业制度、工业组织、商业实践的演进；第四层次：分工及相关经济结构演进；第五层次：总合生产力、福利。

其中，第一层次影响第二层次，依次到第五层次。反过来，第五层次又影响第一层次，他们相互影响，相互促进。按照产权经济学和新经济史学派的观点，市场经济制度的演进有以下几个特征。

第一，政府对宪政规划的承诺、民主政治制度的构建。影响发展的要素为完善的货币金融系统、基础设施、法律系统，保护物权特别是保护私人剩余索取权和私人企业的不对称控制权，商标品牌和知识产权的私人产权。墨克指出，对私人企业剩余权的法律保护，比专利法对技术、管理的创新、发明起到的作用更加重大。

第二，公平竞争的政府政策制度及政府创新制度。新的金融货币制度及政府管理公共事务的能力。

第三，一系列的市场制度出现并得到了发展。劳动、土地、资本和技术知识产权市场取代了行政审批及政府对这些产权的侵犯。

随着第一次全球资本主义体系的衰落，古典发展经济学受到了凯恩斯主义的挑战。新古典发展经济学认为：通过对危机和发展一般均衡机制进行的

---

① 配第，(Petty, 1671, pp. 260—261) 说明了专业化对提高制衣技术的作用，并指出荷兰商品运输之所以便宜，正是因为他们将每只商船专门用于运输一种商品。此外，配第还举了手表制造过程中分工的例子。杜阁 (Turgot, 1751, pp. 242—243) 还将分工的发展与收入分配的不平等，以及惠及社会最底层的生活水平提高的现象联系在一起。

科学的资源开发模式
——走出"资源诅咒"怪圈

超边际分析,均衡的分工网络和网络协调失败的风险会同时提高。这就意味着,随着交易条件的改善,一方面会出现高度的工业化和高总合生产力水平,另一方面分工网络协调失败的风险也相应增大。杨小凯的蛛网模型证明,随着经济全球化和经济自由化的发展,网络协调失败的反馈机制的敏感性也会提高。稳定性和市场反馈机制的敏感性之间的两难冲突之间有效的平衡意味着,大的分工网络的稳定性会降低,而发展破坏性危机的风险则会提高。杨小凯还提出了解释总合生产力和总协调失败风险同时出现的发展机制的一般均衡模型。该模型显示,由于分工经济、交易网络的协调和交易成本之间存在着两难冲突。当交易条件改善时,均衡的分工网络会扩大,协调失败的总风险相应提高。当分工范围扩大而使道德风险加大时,保险业就能起到协调这一两难冲突的作用。

凯恩斯指出:制度试验的多样化对于出现好的制度可能会有帮助,而好制度又最有利于经济发展。马歇尔对分工的发展含义极富洞见,将分工的网络描述成了经济有机体。根据杨格和斯密的观点,一个被创造、吸收新知识和发明新技术的能力是由市场大小决定的,而市场的大小反过来又受分工水平的制约。马歇尔也将巴尔顿和瓦特发明蒸汽机的原因,归功于发明活动中分工水平的提高。[①] 杨格认为:"递增报酬的实现取决于分工的进化";"不仅分工取决于市场的大小,市场的大小同样取决于分工";"需求与供应是分工的两个侧面"。杨格定理意味着,如果缺乏足够高水平的分工和足够大的市场,不仅新技术不能发明,即使被发现了,在商业上也不能被大范围推广。[②] 因此,分工才是经济进步的重要源泉。

作为新兴古典发展经济学,主要由以下三个部分构成,第一部分是产权经济学、交易成本经济学和制度经济学;第二部分是世界银行为代表的发展经济学,他们认为:政府掠夺和剥削性的政策,对宪政秩序不可信的承诺,对市场的不信任,以及那些视经济发展为特权阶层既得利益的国家机会主义行为,才是经济发展的真正障碍,这些障碍胜于所谓的市场失败。[③] 杨小凯

[①] 杨小凯:《发展经济学·超边际与边际分析》,社会科学文献出版社2003年版,第10—11页。

[②] 杨小凯:《发展经济学·超边际与边际分析》,社会科学文献出版社2003年版,第11页。

[③] 杨小凯:《发展经济学·超边际与边际分析》,社会科学文献出版社2003年版,第13页。

将超边际分析应用于李嘉图模型和赫克歇尔模型。证明了：均衡的总合生产力可以作为分工网络演进的一个结果而内在地提高。这被布坎南称为"一般递增报酬"，被罗森称为"一加一大于二的结果"。① 第三部分，内生比较优势的斯密—杨格模型被用于揭示企业家和企业家制度对经济发展的意义。斯密—杨格模型将城市化和分工之间的内在关系的思想数学化、将工业化和迂回生产中的分工之间的关系的思想数学化。

通过对古典发展经济学和新古典发展经济学的回顾，分工网络及由此演进的工业化、城镇化、经济制度、科学技术、政治制度、意识形态、行为准则、道德规范、法律制度是经济发展的重要因素，也是重要的发展资源。由分工网络效应形成了三大发展驱动力，即：一是外生比较优势和交易效率，即有外生比较优势和交易成本的李嘉图模型。二是内生比较优势和交易效率，即斯密模型中的基于内生绝对和比较优势的分工经济模式和角点解。三是规模经济和交易效率，即有交易成本的塞尔模型中的结构变迁、工业化和经济发展。对于发展中国家来讲，经济制度的构建及经济制度在经济发展中的作用远远大于技术劳动及其他要素的作用。新古典发展经济学认为，规模经济、边学边做和产业关联的网络效应，保护关税对于不发达国家的工业化至关重要。而经济制度则在更高层次上发挥重要作用。

二、系统资源理论发展模型

我们从索洛增长模型到发展经济学边际分析和超边际分析模型进行了考察，可以看出：与经济发展相关的自变量从资本劳动两种要素，发展为资本、劳动、技术、知识和人力资本，特别是分工是经济增长的源泉。发展经济学必须回答的一个重要问题是：为什么一国财富能够在注定的自然资源数量条件下增加？显然，除了自然资源外，经济资源，向人文社会资源要素种类的扩展就是一个必然趋势。进入20世纪80年代后，西方学术界对社会发展的综合性进行了更为深入的探讨。美国学者托达罗指出："应该把发展看为包括整个经济和社会体制的重组和重整在内的多维过程。除了收入和产量的提高外，发展显然还包括制度、社会和管理结构的基本变化以及人的态

---

① 杨小凯：《发展经济学·超边际与边际分析》，社会科学文献出版社2003年版，第13页。

科学的资源开发模式
——走出"资源诅咒"怪圈

度,在许多情况下甚至还有人们习惯和信仰的变化"。① 1983年,法国学者弗朗索瓦·佩鲁受联合国的委托,在《新发展观》一书中对综合发展观进行了哲学概括,他认为真正的发展应该是整体的、综合的和内生的。② 因此,"(1)经济现象和经济制度的存在依赖于文化价值;并且,(2)企图把共同的经济目标同他们的文化环境分开,最终会以失败告终……如果脱离了它的文化基础,任何一个经济概念都不可能得到彻底的深入思考"。此外,还有许多学者也对传统的单纯强调经济增长的发展观提出了批评。美国经济学家库兹涅茨(Simo S. Kuznets)1971年接受诺贝尔经济学奖时曾给经济增长下了这样一个定义:一个国家的经济增长,可以定义为给居民提供种类日益繁多的经济产品的能力长期上升,这种不断增长的能力建立在先进技术以及所需要的制度和思想意识的相应调整的基础上。塞缪尔·亨廷顿强调了经济发展过程中社会因素和政治因素的影响和作用,阿列克斯·英格尔斯强调了观念更新、文化融合和人的素质的重要作用,法国学者罗兰·柯兰则把社会进步指数作为衡量社会、政治和文化现象综合标准,而社会进步指数应包括技术系统、经济系统、政治系统、家庭系统、个人社会化系统、思想与哲学宗教系统六大方面。

系统资源理论强调以人为本,由人文社会资源、经济资源、自然资源三个子系统构成的人类社会资源大系统,通过统筹协调地科学配置各种资源,系统的组织和管理过程不断优化,使系统的有序化程度不断提高,大系统达到最优化、最和谐,经济社会可持续发展。需要特别指出的是,生态环境既是三大子系统的环境,又是一种特殊的环境资源;既是经济社会大系统的承载条件和前提,又分别内化到各个子系统中,形成自然生态环境、人文社会生态环境、政治生态环境、经济生态环境等等。系统资源理论认为,系统资源的协调性、科学性决定了人类经济社会协调发展、科学发展,系统资源理论发展模型应遵循以下原理:

系统资源统筹协调原理。就是在三大子系统内部统筹协调的基础上,实现大系统的统筹协调,使人文社会资源、经济资源、自然资源系统间的相互作用和谐起来,以取得最优的整体效益,实现科学发展、社会和谐,做到人文社会资源、经济资源、自然资源效益统一,生态环境得到保护和优化。

系统资源统筹协调原理强调,大系统的整体功能效益不仅是三大子系统

---

① 托达罗:《经济发展与第三世界》,中国经济出版社1992年版,第50页。
② 弗朗索瓦·佩鲁:《新发展观》,华夏出版社1987年版,第165—166页。

第五章
系统资源理论发展模型 diwuzhang

效益的简单代数和，而是在一定的生态环境约束下，由人文社会资源、经济资源、自然资源子系统发展变量代表的社会、经济、自然资源和生态环境效益的综合表现，是在各子系统优化的前提下的大系统的科学和谐状态。对统筹协调的资源系统特别需要重点把握两点：一是从系统观点分析，系统是由若干相互联系、相互作用的要素构成具有特定功能的有机整体，通过对系统资源及系统行为的统筹协调，实现系统科学发展、和谐发展的目标。在这样的前提下，追求整体的科学发展、和谐发展就是必然要求。既要经济发展、社会发展，又要注重生态环境保护和优化。显然，靠污染环境、破坏生态的自然资源开发是不符合系统原理的。二是统筹协调强调大系统的协调性，又不能忽视各个子系统内部的统筹协调，大系统的优化以各子系统的优化为基础。因此，必然重视各个子系统内部的结构、功能的统筹协调，实现科学发展、和谐发展。

层次—能级原理。所谓层次—能级原理，是指在协调发展过程中，需要解决的问题按其性质和在大系统中所处的位置，分属于大系统的不同层次，驾驭大系统运动过程的协调管理系统，其机构、职能及其层次的划分和赋予权力的大小，应该与客观存在的大系统协调管理对象的层次结构及内在联系相适应。在资源大系统的协调发展中，存在三个层次的关系：第一层次，自然资源、经济资源、人文社会资源和生态环境子系统在既定的条件下，各自内部都有相应的规律和发展趋势，同时需要不同的外部环境。第二层次，自然资源、经济资源、人文社会资源和生态环境子系统在资源大系统的运动中相互制约、相互依赖、相互渗透。第三层次，自然资源、经济资源、人文社会资源和生态环境子系统在运行中存在量的对比、渗透和变换，在量的发展方面存在均衡和一致的关系。

综合动态平衡原理。无论是大系统和子系统之间还是各个子系统之间以及它们内部要素之间，都有密切的内在联系。每个子系统都有自己的运动规律，都按一定的方式发挥各要素的功能和作用，在动态变化中实现各自的有序循环过程。同时，由于自然资源、经济资源、人文社会资源和生态环境子系统的发展是互为条件、相互制约、相互作用的，有着不同的反馈机制，必然产生一定的矛盾。只有不断地消除这些矛盾，平衡四者之间的关系，才能使子系统按照各自的规律实现有序良性循环，最终实现大系统的协调发展。

总资源优化配置原理。自然资源、经济资源、人文社会资源和生态环境四者的协调开发是人类社会生存和持续发展的条件和基础。从本质上分析，它意味着经济发展、资源增效和环境保护的和谐统一，是寻求资源经济社会

科学的资源开发模式
——走出"资源诅咒"怪圈

大系统的最佳组合和结构优化,归根到底是社会总资源的优化配置问题。要实现总资源的优化配置,必须确定科学发展的目标。总资源优化配置的目标包括两方面:

第一,总是适度消耗与满足当代人需求相适应。即总资源消耗的增长速度要与总资源供给的增长速度相适应,可用下式表示:$CR \leqslant PR$

式中,CR(Consume Resources)为总资源消耗增长系数;PR(Provide Resources)为总资源供给增长指数。

第二,优化总资源配置结构,实现总资源永续利用,满足后代需求。促进总资源配置结构合理化,通过协调配置比例关系,推动自然资源、经济资源、人文社会资源和生态环境子系统形成相互适应的良性循环,不断提高总资源的供给能力,保证民众的长远利益得到实现。

这种关系也可用以下模型表示:

$$Y = FR(K, L, A, S, D, \cdots)$$

其中 Y 为财富总和,FR 为总资源与资源要素的函数关系;K,L,A,S,D 分别为资本、劳动力、技术、分工等资源要素。

在这个函数中,各类资源的组合结构变化,会直接影响产出的变更。在市场经济条件下,任何一种资源的投入增加,都要由货币来推动,资源配置结构优化归根到底体现在投资结构优化上。

对经济发展、国家财富增加的贡献要素应当是一个集聚整合自然资源、经济资源和人文社会资源的综合系统,这个系统应当划分出几个层次。笔者通过对各种发展理论的归纳,提出以下资源的系统层次:

第一层次:三大资源系统。即自然资源(N);经济资源(E);人文社会资源(P);设 Y 为财富及增长,f 为函数,t 为时间,p 为所能承受人类活动的环境承载力。

$$Y_{N(t)}^2 + Y_{E(t)}^2 + Y_{P(t)}^2 \leqslant p^2$$

$$Y_{总} = f[Y_{N(t)}, Y_{E(t)}, Y_{P(t)}]$$

这个方程的意义在于,在科学发展过程中,自然资源发挥基础作用,经济资源和人文社会资源发挥主导作用,科学发展的成效是三大资源集聚整合的结果,科学发展不应局限在对自然资源系统的索取上,而应当拓宽视野,通过科学地开拓经济资源和人文社会资源来弥补自然资源的稀缺,使经济社会的发展步入全面协调可持续发展的轨道。

第二层次:与自然资源相关且自然系统禀赋不变情况下的经济资源驱动力。设资本资源为(K);分工资源为(D);制度资源为(S);技术资源为

(A); 劳动资源为 (L)。

$$Y(t) = f[K(t), D(t), S(t), A(t), L(t)]$$

分工函数 D (t) 的意义在于：又好又快发展的经济基础不仅在于自然资源的拥有量，更重要的经济资源是由分工网络效应形成的，包括产业链产业集群资源、国际国内贸易及开放的市场体系资源、规模经济资源、现代企业集团及企业家资源，货币及现代金融体系资源，以及分工网络效应形成的新型工业化、新型城镇化和农业现代化资源。这些经济资源的总和构成了分工网络资源，证明了斯密定理，即分工是经济增长的源泉。

第三层次：与自然资源、经济资源相关的人文社会资源驱动力。

$$Y(p) = f[I(t), H(t), C(t), T(t)]$$

其中，思想观念资源为 (I)，政党及领袖资源为 (H)，文化资源为 (C)，信息资源为 (T)。

这个方程的意义在于人文社会资源同样创造财富，而且在科学发展中居于支配引领地位。党的十七大报告总结中国改革开放三十年的基本经验就指出：解放思想是发展中国特色社会主义的一大法宝，改革开放是发展中国特色社会主义的强大动力。中国经济用三十年时间跃居世界第四位，进出口贸易第三位，外汇储备第一位，靠的正是以邓小平为代表的领袖集团创立了中国特色社会主义理论体系，使解放思想，改革开放成为中国科学发展的最大法宝和强大动力。

下图描述了发展状态模型和增长函数模型之间的关系（如图 5.2、图 5.3 所示）：

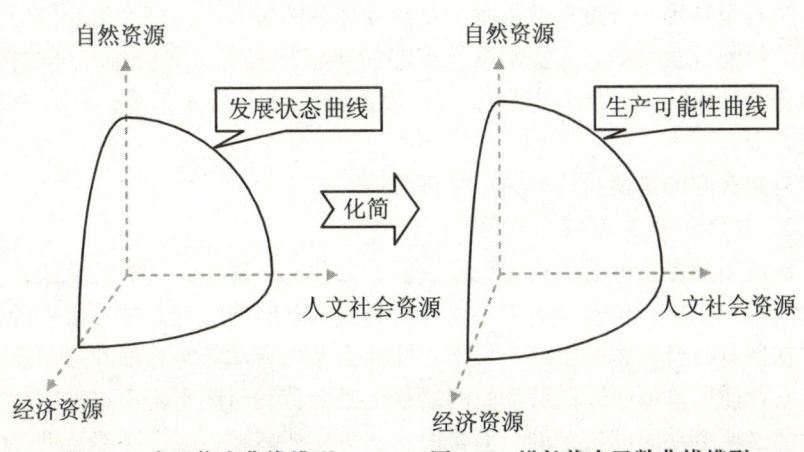

图 5.2 发展状态曲线模型　　图 5.3 增长状态函数曲线模型

第六章 资源价值理论分析

一、资源的价值理论

资源价值理论主要从微观经济学层面研究资源的价值、使用价值、资源资本化、价格形成机制和产权制度等问题。

(一) 资源的价值

作为生产力的资源，不仅具有使用价值，而且有价值。长期以来，人类在从事经济活动时由于对自然资源的价值和价格问题存在着非理性认识，认为资源无价，片面追求经济利益，因而过度开发和消耗自然资源，导致了资源短缺甚至枯竭，严重危及人类的持续发展。随着资源过度开采和浪费造成的负面影响日益突出，人类对自然资源的认识已实现由无价到有价的转变，资源有价已成共识，但对其科学的价值及价格体系尚未形成，存在着多种观点。

自然资源的价值构成分为三个部分：

1. 自然资源具有经济价值

这可用马克思的劳动价值论来说明。按照这一理论，人类的抽象劳动是价值的唯一源泉，价值量的大小由社会必要劳动时间决定。社会必要劳动时间是在现有社会正常的生产条件下，在社会平均劳动熟练程度和劳动强度下制造某种使用价值所需的劳动时间。社会必要劳动时间不是由这种商品本身包含的必要劳动时间决定的，而是由它的再生产需要的社会必要劳动时间决定的。自然资源是天然之物，在一定限度内，可以自然地更新、再生、恢复

第六章
资源价值理论分析

和增殖，称之为自然再生产。但随着人类活动的强化，自然再生产已不能满足人类的需要，人类必须付出劳动，使它具有社会再生产的性质。因而，自然资源的价值即为其在自然再生产能力之上，人类为维护、恢复、增殖自然再生产所应付出的必要劳动时间。通常，自然资源的这部分价值被称为"现实价值"。

2. 自然资源具有生态价值

这是近年来人类逐渐认识到并引起重视的。自然资源体现的是人与自然物的交换关系，而不是人与人的交换关系。过去，人类在与自然界的长期往来中只注重对其索取，而忽视了对其回报，导致了自然界的报复，沙尘暴、泥石流、耕地沙化等给人类带来了无穷的灾难，对自然资源的生态价值的提出正是体现了人类对此问题的正确认识。生态价值是潜在的价值，体现的是间接使用价值，这种潜在价值是由自然资源的效用性及稀缺性决定的。自然资源的效用性是指自然资源的使用价值，马克思说"物的有用性使物成为使用价值"，"商品的使用价值，是它的交换价值的前提，从而也是它的价值的前提"。自然资源的稀缺性包括如下三方面内容：一是人类活动使某些自然资源数量减少、枯竭和耗尽；二是自然资源和自然条件的贫化、退化和质变；三是自然资源的生态结构、生态平衡被摧毁和破坏。资源的稀缺性决定了资源不能无限地提供给人类加以利用。为了实现人类可持续发展，必须在认识其稀缺性的基础上明确其相应的价值。资源的有用性和稀缺性使其自身蕴含着潜在价值，这部分价值起着人与自然的连结作用，即为生态价值。

3. 自然资源具有社会价值

这是能满足人类精神文化和道德需求的资源价值，体现的是存在价值和文化价值。例如自然景观、珍稀物种、自然遗产等的价值。自然资源具有这部分价值是因为它能满足人类的精神需求，与人类高度发展的精神文明相适应。这一部分价值也是由自然资源的稀缺性和效用性决定的。通常，我们把生态价值和社会价值合称为自然资源的"潜在价值"。自然资源的经济价值、生态价值和社会价值是统一的、不可分割的整体，三者相互牵制，互为存在的前提，取走任何一种价值的同时必然造成其他价值的流失和毁灭。例如，大量采伐森林可以获得巨大的经济效益，但同时却导致森林的生态效益和社会效益的损失直至毁灭，引发不可估量的生态、环境和社会问题，反过来制约经济发展。

（二）资源的使用价值

自然资源作为生产力的重要组成部分或源泉，具有一定的使用价值，而当人们加入自己的劳动，对它进行探查、挖掘或加工，通过交换，作为直接生产力要素运用于生产时，又具有价值。不同的自然资源，具有不同的使用价值和价值量，并决定着资源配置和利用的方向。

资源的使用价值构成生产力的现实或潜在要素，首先是由于它具有一定的使用价值。一种资源的使用价值就是它的效用、用途，或者说满足生产发展或人们消费的某种作用。马克思说："一种物品的效用，使它成为一个使用价值。""商品体的这种性质，和它的有用属性，依某种方法，满足人们的需要"。① 使用价值是价值的表现形式，形成资源的物质内容。

资源的使用价值具有以下特点：

第一，不同的资源，具有不同的使用价值，但其中相当部分具有多用途，并且在一定条件下可以相互替代，或者相互转化。这种可替代性和相互转化的性能，会随着科学技术和进步而逐渐发展，相对稳定，又在不断运动变化。有些资源长久不使用，或者利用不当，其使用价值就会降低，衰减甚至失去。

第二，分布在不同地区的自然资源的丰饶度有很大差别，决定了其使用价值的差别。资源的丰饶度越高，其使用价值越大，对经济活动和社会生产的影响越大，对发展生产越有利。马克思在分析自然资源的丰饶度对资本主义生产的影响时指出："它生产同量的商品，只需要较少的不变资本，只需要少量的物化劳动"，"它需要的活劳动的量也较少"。② 这种自然生产力成为资本获得超额利润的一个来源。

第三，自然资源的位置也是一种生产力。自然资源的位置是决定人们对资源利用顺序和利用时间的一个重要因素。③ 自然资源的位置，就其经济意义来说，主要是指距离生产地和消费地的远近程度。就其资源所在地来说，是固定的，相对稳定的，不会变化的，但就其不断发展的社会生产和人们生

---

① 马克思：《资本论》第1卷，人民出版社1973年版，第5—6页。
② 马克思：《资本论》第3卷，《马克思恩格斯全集》第25卷，人民出版社1972年版，第723页。
③ 马克思：《资本论》第3卷，《马克思恩格斯全集》第25卷，人民出版社1972年版，第732—733、754页。

第六章
资源价值理论分析

活来说,则是非固定、不稳定的、会不断变化的。自然资源位置变化主要是缩小位置差异,使自然资源更接近生产地和消费地。马克思说:"整个社会生产的进步,一方面,由于它创造了地方市场,并且通过采用交通运输工具而使位置变得便利,另一方面,由于农业和工业的分离,由于大的生产中心形成,而农村反而相对孤立化,所以又会使土地的地区位置的差距扩大"。① 这个原理不仅是指土地资源,而且适用于其他自然资源。

(三)资源的价值理论研究

在计划经济中自然资源的开发和利用是无偿的,同时也是低效率的。所以,自然资源价值理论研究必然逻辑地以自然资源有偿使用的依据论述为起点,而对自然资源价值属性以及价格决定的研究目的,在于为自然资源的有偿使用提供量化的依据。

从理论的发展来看,最初的中国资源经济研究内容集中在对资源有偿使用的论述方面,之后研究的重点逐步演变为自然资源的价值属性和自然资源的定价理论研究,自然资源核算也是其研究的主要内容之一。

1. 自然资源价值论的主要观点

一般而言,国内学者探讨自然资源价值问题,其理论起点都是马克思的经济学遗产。从马克思"自然资源无价值"的命题出发,可归结为四种不同的观点:第一种观点认为,自然资源无价值但有价格,自然资源的价格是地租的资本化。② 第二种观点完全否认自然资源无价值的命题。其中比较有代表性的论述是:"自然资源是有价值的。这种价值决定于自然资源对人类的有用性、稀缺性和开发利用条件。我们设想可以在有关自然资源的财富论、效用论、地租论的基础上确立起自然资源价值观和价值理论。这样确定的自然资源价值或价格,应该包括两个部分:一是自然资源本身的价值;二是社会对自然资源进行的人财物投入的价值。前者,可根据地租理论确定,后者可根据生产价格理论确定。自然资源再生产过程是自然再生产过程和社会再生产过程的结合。按照现行的生产价值理论,只会考虑社会再生产过程,而不考虑自然再生产过程,这是不对的。对自然资源的定价,应兼顾这两个方面,即按完全生产价格等于地租加成本再加利润的原则来确定。"③ 第三种

---

① 《马克思恩格斯全集》第 25 卷,人民出版社 1972 年版,第 733 页。
② 胡昌暖:《资源价格研究》,中国物价出版社 1993 年版,第 2 页。
③ 李金昌、仲伟志:《资源产业论》,中国环境科学出版社 1991 年版,第 34 页。

观点是在肯定劳动价值论的前提下，认为自然资源在人类经济社会初期没有价值，但在当代却有价值。① 第四种观点认为，将地租同代际补偿问题联系起来，地租就是自然资源的价值。"将与自然资源相联系的代际关系概括为：上一代人用自然资源替代或节约了劳动和资本，下一代人用上一代人节约的劳动和资本替代已经耗竭或退化了的自然资源。自然资源的代际均衡条件是，当代人积累的地租能够补偿将来发生的使用者成本。"它从代际关系的角度拓展马克思的劳动价值论。② 还有一些学者更是提出了自然资源多价值理论或"综合价值论"，认为自然资源具有存在价值、经济价值和环境价值。③ 沈大军（1999）对水资源价值内涵的分析则将水资源价值描述为一个包含产权价值、稀缺价值和劳动价值的价值体系。④ 现代西方经济学的价值理论是主观效用价值论。持这一观点的中国学者一般本着一种"默许"的态度。

2. 自然资源价值论的形成

自然资源价值问题既是一个重大的现实问题，又是一个重要的理论问题，用马克思劳动价值论构建自然资源价值论，在社会主义市场经济条件下具有深远的理论意义和现实意义。但是，在传统的价值观念中，人们都认为没有劳动参与的物品就没有价值，没有参与交易的劳动产品也没有价值；据此认为天然的自然资源没有价值，并由此形成"产品高价、原料低价、资源无价"的不合理价格政策体系。"自然资源无价论"是对马克思劳动价值论的片面理解，实际上，马克思的劳动价值论就是解释自然资源具有价值的坚实理论基础和重要理论依据。

价值是一个历史范畴，它不是自古就有的，而是社会经济发展到一定历史阶段后才表现出来的，自然资源的价值正是在自然资源与经济发展的矛盾日益激化的阶段体现出来的。人们对自然资源是否具有价值的认识主要经历了两个阶段，即自然资源无价值阶段和自然资源具有价值阶段，这与人们对自然的认识、利用与改造程度密切相关。

在 20 世纪 70 年代以前，人们认识、适应、改造自然环境的能力较低，

---

① 钱阔、陈绍志：《自然资源资产化管理——可持续发展的理想选择》，经济管理出版社 1996 年版，第 91 页。
② 余瑞祥：《自然资源的成本与收益》，中国地质大学出版社 2000 年版。
③ 徐嵩龄：《论市场与自然资源管理的关系》，《科技导报》1995 年第 2 期。
④ 沈大军：《税价理论与实践》，科学出版社 1999 年版。

第六章

资源价值理论分析 diliuzhang

经济发展水平决定了人们主观认识具有明显的局限性。这种局限性表现为：一是认为自然资源是对社会有用的自然力和自然物质的储备，人们可以直接取之于自然界，并且是取之不尽、用之不竭的；二是注重资源的消费，认识不到被消耗掉的自然资源的自然再生需要一定的条件和时间，以至于人们对自然的认识只是自然索取、掠夺；三是认识不到社会经济再生产与自然资源再生产之间的协调平衡关系，不知道社会经济发展到一定时期，经济发展对自然资源的需求将大大超过自然资源的自然再生能力所提供的供给；四是认识不到需要对自然资源进行保护和投入。在自然资源的再生能够适应经济发展的需要，或者当经济发展速度超过自然资源再生速度但对自然资源的消耗尚未引起严重的资源约束时，人们不重视自然资源再生产、认为自然资源不具有价值，这就成为必然的结果。

从20世纪70年代以来，随着社会经济的快速发展，资源的空心化现象日趋严重且越来越明显，人口、资源、环境的矛盾日益成为全世界面临的一个主要矛盾，特别是自然资源问题成为一个举世瞩目的全球性矛盾而引起国际社会的广泛讨论和关注。1972年罗马俱乐部《增长的极限》的出版、1973—1974年欧佩克（OPEC）石油危机的爆发等一系列重大问题的产生，使得国际社会更加关注正在快速变化的自然资源基础与经济体制的相互关系，世界性或国际区域性的人口、资源、环境与经济增长问题及对这些问题的广泛深入研讨，影响到各国政府的经济政策决策。

在这种条件下，人们对自然资源的认识有了明显的提高。这种提高主要表现在：一是认识到地球上的自然资源是有限的，资源是稀缺的；二是认识到资源与经济协调发展的重要性，在物质资料再生产过程中存在着生产规模与自然资源的平衡关系，存在着自然资源的再生产与其他物质资料再生产的比例协调发展关系；三是认识到在自然资源供求矛盾不断加剧的条件下，完全依靠自然再生是不可能解决自然资源供求矛盾的，人们必须从单纯地掠取、占有自然资源转向大力保护自然、加强自然资源再生的社会生产过程；四是认识到需要依靠科技进步降低对自然资源的消耗或者开拓新的可替代资源，以缓解资源枯竭之势；五是认识到需要增大对自然资源的投入，以保护和促进自然资源的新陈代谢和再生产循环，并扩大自然资源的再生产总量；六是认识到有必要界定出新的物质资料生产部门即资源产业，提高资源再生产产业的供给能力，并通过产业政策促进新兴的资源产业发展；七是认识到储备的自然资源也是真正的财富，具有价值，应纳入国民经济核算体系。

由此可见，自然资源不是自古就有价值的，在经济产值的增长快于资源

科学的资源开发模式
——走出"资源诅咒"怪圈

自然存量减少并达到一定程度之前,人们无偿或低价使用自然资源是很自然的事。只有到了经济发展中出现了资源空心化现象、资源基础不断削弱、真实的资源生态环境恶化,经济发展后劲和基础遭到破坏即资源与经济发展的矛盾日益激化的阶段,才使自然资源具有价值属性。自然资源在过去没有价值,在现在具有了价值,不仅可以从马克思劳动价值论中得到正确的解释,而且恰好说明了价值的历史性,也反映了马克思劳动价值论的历史价值。

3. 自然资源价值论的决定

自然资源是天然存在的自然物,"自然资源是有价值的。这种价值决定于自然资源对人类的有用性、稀缺性和开发利用条件。并设想在有关自然资源的财富论、效用论、地租论的基础上确立起自然资源价值观和价值理论。"① 这种自然资源价值论是建立在资源的稀缺性和"地租论"、"财富论"、"效用论"、供求决定的"均衡价格论"及"社会价值论"基础之上的,它并没有建立在马克思的劳动价值论的基础之上。

诚然,马克思认为,非劳动产品没有价值,但有价格表现形式。例如,马克思在分析土地时明确指出土地不是劳动产品,没有价值。"未开垦的土地没有价值,因为没有人类劳动物化在里面。"② 但是,马克思又指出,"资本化的地租表现为土地价格或土地价值。"③ "价格形式不仅可能引起价值量和价值之间即价值量和它的货币表现之间的量的不一致,而且能够包藏一个质的矛盾,以致货币虽然只是商品的价值形式,但价格可以完全不是价值的表现。有些东西本身并不是商品,例如良心、名誉等等,但是也可以被他的所有者出卖以换取金钱,并通过它们的价格,取得商品形式。因此,没有价值的东西在形式上可以具有价格。"④ 然而,马克思在解释没有价值的东西具有价格的同时进一步指出,"这是一个不合理的范畴……在这个不合理的

---

① 李金昌、仲伟志:《资源产业论》,中国环境科学出版社1991年版,第34页;钱阔、陈绍志:《自然资源资产化管理——可持续发展的理想选择》,经济管理出版社1996年版,第91页。

② 马克思:《资本论》第1卷,《马克思恩格斯全集》第23卷,人民出版社1972年版,第121页。

③ 马克思:《资本论》第3卷,《马克思恩格斯全集》第25卷,人民出版社1972年版,第74页。

④ 马克思:《资本论》第1卷,《马克思恩格斯全集》第23卷,人民出版社1972年版,第120—121页。

第六章

资源价值理论分析

价格形式背后,却隐藏着一个现实的生产关系。"① 其实,马克思关于劳动创造价值、价格是价值的货币表现形式的劳动价值论,是现在解释自然资源具有价值的坚实理论基础。问题的关键在于正确理解马克思劳动价值论的实质才能准确地说明自然资源价值的决定。

第一,在自然资源的生产和再生产过程中伴随着人类劳动的大量投入,这使整个现存的自然资源都表现为直接生产和再生产的劳动产品,它们参与流通与交换,因而具有价值。

"抽象劳动是价值(抽象财富)的唯一源泉",那些不需要付出劳动就可以为人们所利用的物质即非劳动产品没有价值。但是,"每一种商品(因而也包括构成资本的那些商品)的价值,都不是由这种商品本身包含的必要劳动时间决定的,而是由它的再生产所需要的社会必要劳动时间决定的。这种再生产可以在和原有生产条件不同的、更困难或更有利的条件下进行。"② 天然存在的自然资源有为人所用的使用价值,但没有付出人类劳动,其本身并无价值。在过去,自然资源取之不尽、用之不竭,不需要人们付出具体劳动就自然存在、自然生成,在这种特定历史条件下的自然资源当然没有价值。现在,经济市场化、货币化的程度不断提高,自然资源再也不能仅仅依赖其自然作用就能够与社会经济保持协调发展了;为了实现可持续发展,必须对自然资源生产、再生产投入大量的劳动,使自然资源再生产与社会再生产结合起来。这说明,现代的自然资源再生产过程是自然再生产过程与社会再生产过程的统一。在自然资源的再生产过程中伴随着人类劳动的大量投入,因为现在已经没有一种自然资源完全是未经初步生产过程即未经劳动介入、人类即可自由使用的,人类经济社会活动已经由过去对自然的无限索取转变为对自然的直接和间接的大量投入,如森林的维护(选种、育苗、营林、护林、防虫、防火、防病等),水土的保护(普查、监测、防治),河流、湖泊、海洋的防治,矿藏的测绘、勘探和保护等生产活动都是劳动投入。这使整个现存的、有用的、稀缺的自然资源(不论其过去是否有劳动投入)都表现为直接生产和再生产的劳动产品,它们参与流通与交换,因而具有价值。

---

① 马克思:《资本论》第 3 卷,《马克思恩格斯全集》第 25 卷,人民出版社 1972 年版,第 702 页。

② 马克思:《资本论》第 3 卷,《马克思恩格斯全集》第 25 卷,人民出版社 1972 年版,第 158 页。

科学的资源开发模式
——走出"资源诅咒"怪圈

第二,劳动创造的价值是由社会必要劳动时间决定或衡量的。尽管自然资源的再生产有其自身独特的规律性,但是自然资源价值量的大小仍然是由在自然资源再生产过程中人们所投入的社会必要劳动时间决定的。因此,一个能充分反映自然资源再生产规律的经济运行机制,能提高劳动生产率,使自然资源得到合理的开发利用,并创造出相对更大的价值。在自然资源再生的运行机制方面,将国家宏观调控(计划机制)与放开资源价格(市场机制)有机地结合起来,建立国际、国内统一的资源市场有利于最大限度地保护、利用自然资源。根据自然资源的再生产规律、资源产业这一特殊部门对市场机制的要求以及国际资源价格对国内资源价格或资源成本核算的影响,可以确定自然资源的价值或价格(P)。包括两部分:一是自然资源本身的价值(P_1),二是社会对自然资源进行人、财、物投入的价值(P_2),即$P=P_1+P_2$①。进一步说,自然资源产业以部门定价的基本方式是以生产价格理论为基本依据,即资源价格=成本+平均利润,衡量自然资源价格高低的标准是$P=C+V+$平均利润率$\times(C+y)$。②

第三,自然资源具有不同程度的自然力作用,能为人们所利用,以节约劳动、增加财富。人们在改变物质形态的劳动过程中,经常借助自然力的帮助,对自然力的充分利用能节约劳动,减少单位商品的价值,增加物质财富。马克思指出,"劳动并不是它所生产的使用价值即物质财富的唯一源泉"。正像威廉·配第所说:"劳动是财富之父,土地是财富之母。"③"自然界和劳动一样,也是使用价值(而物质财富本来就是由使用价值构成的)的源泉。""种种商品体,是自然界物质和劳动这两种要素的结合。"④"其实劳动和自然界一起才是一切财富的源泉,自然界为劳动提供材料(还有场所),劳动把材料变成财富。"⑤ 例如,土地作为重要的自然资源能成为物质财富的重要来源,当这些物质财富进入流通参与交易后,就会将其中所包含的价

---

① 王军:《可持续发展》,中国发展出版社1997年版,第139页。
② 钱阔、陈绍志:《自然资源资产化管理——可持续发展的理想选择》,经济管理出版社1996年版,第66页。
③ 马克思:《资本论》第1卷,《马克思恩格斯全集》第23卷,人民出版社1972年版,第56—57页。
④ 马克思:《资本论》第1卷,《马克思恩格斯全集》第23卷,人民出版社1972年版,第57页。
⑤ 马克思:《资本论》第1卷,《马克思恩格斯全集》第23卷,人民出版社1972年版,第272页。

第六章
资源价值理论分析

值（再生产过程中所包含的劳动）表现出来。其他自然资源也具有不同程度的自然力作用，能为人们所利用，以节约劳动、增加财富。

第四，自然资源的价格是其价值的货币表现，并反映自然资源的供求关系，供求规律决定着自然资源价格变化趋势。自然资源价值决定着自然资源价格，在价值规律充分发挥作用的条件下，自然资源价格能充分反映自然资源价值。同时，不同的自然资源，其稀缺程度是有较大差异的，不同稀缺程度的自然资源，满足对其需求而投入的劳动量是不同的；但从经济可持续发展的角度来看，有限的自然资源供给难以满足经济社会发展对自然资源的巨大需求，自然资源越来越稀缺，满足对其需求而投入的劳动量也就越来越大，因此，无论是国内自然资源价格还是国际自然资源价格，都能充分反映自然资源的价值及自然资源供求规律，自然资源供求关系变化状况能够决定并反映自然资源价格变化趋势。

可见，作为人类劳动与自然生产结合的产物，自然资源也是使用价值与价值的矛盾统一体；自然资源的价值和一般商品价值是完全同质的，只是两者在量的规定及表现形式等方面存在差别①。自然资源不仅具有价值，而且开发利用自然资源还能带来一定的经济价值，这些能带来一定经济价值的自然资源就被称为资源性资产（分为经营型资源资产和非经营型资源资产），西方国家将自然资源称为"递耗资产"（wasting assets）。也就是说，自然资源既有价值，也有交换价值，还有资产属性。这种解释不但不违背马克思的劳动价值论，而且完全符合马克思劳动价值论的一般原理和实质。

（四）资源的价格

资源价值的货币表现形式即为资源价格。资源价格以资源价值为基础，它既表现和反映资源价值，又反映资源的市场供求关系。价格的存在是市场经济发展的客观产物。价格形成的最终基础也是劳动。开发利用同类资源需要花费多少劳动，别的所有者出卖同类资源可以获得多少收入，是这些资源价格形成的基础。当然，资源价格还受资源的质量、丰饶度、地理位置以及供求关系等因素的影响。

自然资源价格的确定，不能简单地套用马克思的劳动价值论。因为按照此理论得出的由价值决定的价格只能是其经济价值的那一部分货币表现，而生态价值和社会价值就很难直接用货币计量，必须进行人为的定价研究。目

---

① 朱启贵：《可持续发展评估》，上海财经大学出版社1999年版，第125—126页。

前,已经提出的自然资源的定价方法有影子价格法、机会成本法、区位定价法等,这些方法虽各有所长,如果从自然资源定价所要求的完备性、可持续性、区位性和动态性原则出发,综合影子价格法和机会成本法的优点和长处,目前一般采用以自然资源利用的边际社会成本法对自然资源进行定价。在我国,资源价格论中的一些具有代表性甚至有一定影响的观点如下:

胡昌暖等人认为,"资源价格是资金化的地租。"① 宗寒也持这种观点②,并分析说,价值与通常所说的经济价值有本质区别,价值只能是劳动的结晶,经济价值则是使用价值;如果认为资源价值决定于它的有用性,那就是把资源的价值与资源的使用价值混用了,也就是把价值与使用价值混同了。

李金昌认为,资源价格是劳动价值和效用价值的统一③。李金昌在《资源经济新论》中试图结合劳动价值论和效用价值论来确立自然资源的价值观,认为资源中包含的人类劳动价值,可以由劳动价值论的定价方法来确定。可见,资源的价格的价值基础有两部分,一部分是人类劳动,另一部分是自然提供效用。

刘文等人认为,自然资源没有价值,但可以有价格,并对资源定价作了详细说明④。他们在《资源价格》中认为,自然资源具有价格的内在依据是自然资源具有形成经济资源的本质功能与属性,它们对人类社会具有使用价值、物质效用的特性;而自然资源具有价格的外在依据则是它们的有限性。他们进一步认为,我国资源价格的确定,应当根据我国的实际情况,以劣等自然条件的中期生产成本为基础,以包括开发、恢复、保护等费用在内的完全成本依据。并以国际资源市场价格为参考来共同决定。他们以此为根据,参照西方有关资源价格理论,提出了一些资源价格的计算公式。以水资源为例:

水资源价格=K+P+R

式中,K 为成本,P 为利润,R 为资源税。

由于自然资源存在着存量和流量标准,因此,自然资源价格的决定,首先要考虑对自然资源流量的需求的影响,然后分析从流量需求与现有存量之

---

① 胡昌暖等:《资源价格研究》,中国物价出版社1993年版,第9页。
② 宗寒:《资源经济》,人民出版社1994年版,第35—40页。
③ 李金昌:《资源经济新论》,重庆大学出版社1995年版,第42页。
④ 刘文等:《资源价格》,商务印书馆1996年版,第7—9、21、93、97页。

第六章

资源价值理论分析 diliuzhang

间关系得出的均衡①。任何一种资源都存在一种价格，当这种价格如此之高以至于无人使用该资源时（人们转而使用替代资源），这种不再值得使用的资源价格即为阻止价格或终止价格（choke price）。当阻止价格等于替代价格时，资源的均衡价格就形成了。资源价格与流量取决于三个因素：价格预期的途径（由利率决定）、资源使用的速度即对流量的需求以及剩余资源存量。资源的当年价格是实现剩余存量与当年流量和未来预期流量之间均衡的价格。三个因素对它的决定作用表现为：利率越高，资源的当年价格越低，即当利率高时只有初始价格低才能保证资源在达到阻止价格时，总存量用完；资源的边际收益产量越高即对自然资源流量的需求越高，资源的当年价格也就越高；最初资源的存量越大，当年价格就越低，这时才能确保在达到阻止价格时使更多的存量消耗完。因此，资源市场上的均衡决定了自然资源的当年价格与未来价格的预期途径。不过，价格途径在实际上很少与其预期的途径相同，因为资源市场一直受到引起新预期的新信息的较大影响，如资源总存量的变化②以及资源品种结构、时间结构和空间结构的变化、可用于资源的新技术的出现、资源市场竞争程度与未来市场结构的变化，均会引起资源价格发生变化，成为不可预期的价格变动，并最终使资源的均衡价格发生变动，形成新的均衡价格。这说明，市场通过不断地调整和提高价格来对待正在耗尽的自然资源量，解决资源的稀缺性问题。也就是说，竞争的市场能使社会以最有效的速度利用稀缺的耗竭性资源。这样，资源市场的供求规律就成为配置资源的主要规律。③

二、资源资本化

（一）资源资本化的内涵

资本是能带来剩余价值的价值，是指已为付出经济代价者所占有，并总是归属于一定所有者，为所有者带来权益的那些物质条件，它是推动社会进

---

① 梁小民：《微观经济学》，中国社会科学出版社1996年版，第437—441页。
② 新探明的（矿产）资源储量的出现，使资源总存量增加。它会影响耗竭性资源的价格，使乏稀缺性程度降低从而价格下降。
③ 石在伦、李长林：《供求规律是配置资源的主要规律》，《理论学习与探索》2001年第1期。

步的动力源。按照经济学的一般原理,资源是资本的基础和载体,但正如货币本身不是资本一样,资源本身也不是资本。资源要从社会经济发展的基本条件变为推动社会经济进步的动力,必须要转化为资本。

资源资本化是指通过系统的政策、制度和措施等将市场机制作用于资源,使资源从一般意义上的无差别(或差别不大)的有用物(包括自然物和社会物),转化为具有商品性、能带来价值和剩余价值的特殊意义上的有差别的有用物。在实践中,资源转化为资本或资源资本化过程实际上就是资源在市场经济中发挥作用的过程。核心是把潜在的资源优势转化为现实的经济优势,把未来的资源收益部分转让和有期限转化为现实的、可利用资本的过程。有了可利用的资本,经济就可以发展起来了。[1]

(二)资源资本化的条件

按照经济学的一般原理,资源是资本的基础和载体,但资源要转化为资本需要一定的条件,其中资源的产权问题是我国资源资本化的最大障碍。由于我国长期以来对资源产权的认识单一、绝对,一味强调国家对资源的绝对权利和控制,造成很多资源产权缺失或不完整,应该根据产权的不同属性来划分产权权利的归属,相应增加地方和个人的权利。在对资源产权分解时,应实行使用权获得有偿化,资源经营权流转市场化,以增强资源的竞争性、排他性和有偿性,最大限度地避免资源作为"免费午餐"被浪费和破坏。[2]

资源资本化的第一个条件是资源的稀缺性。只有稀缺的资源,才能在整个经济生活中取得一定的控制权,进而取得属于资源所有者的利益。第二个条件是资源的商品性。在市场经济条件下,由于交易的发展和物的使用效益的提高,不仅物作为商品进入了流通领域,而且具有现实利益和价值的权利也可作为商品进行交易。要实现自然资源的价值,首先必须承认资源的价值,把自然资源当成一种商品。只有商品交换才能产生交换利益。因此资源的商品化是把资源当成资本来使用的内在要求。第三个条件是资源的产权属性。资源转化为资本要得以实现必须明确资源的产权。要把资源当成资本来使用,资源所有者所关心的首要问题当然是这些"资源资本"是否能增值,

---

[1] 厉以宁:《西部开发中的资源转化问题》,《厉以宁北京大学演讲集》,经济科学出版社2004年版,第131页。

[2] 段进朋、许道荣:《我国资源资本化过程中的资源产权问题及对策》,郑州航空工业管理学院学报第25卷,2007年第6期。

以及是否能带来剩余价值,这是所有资本最本质的属性。从法学的意义上来讲,对剩余价值的索取权,必须要有权利保障,必须承认资源的产权属性。如果不具有产权属性,就保障不了对剩余价值索取权的实施。所以说,资源成为资本需要一种产权保障。第四个条件,要有比较完善的市场体系。资源转化为现实资本,要靠市场来运作。有了市场竞争,才能降低成本,提高效益。市场越完善,市场越大,资源转化为资本就越容易。

(三)资源资本化的经济学意义

资源资本化是把"资源"视为"资本"的一种理论或主张,它要求把资源犹如资本一样施以严格管理。它的实现必须以资源产权合理界定、科学确定资源所有权、管理权、经营使用权为前提和依据。资源资本化可以充分发挥自然资源富集地区的发展优势,推进资源价格逐渐合理化,从而使资源富集地区获得更好的发展条件。因此,资源资本化无疑对更好地开发利用自然资源,提高自然资源的转化效率,缩小地区间发展差距,以及保护自然资源,实现人类社会与自然资源的全面、协调、可持续发展具有很重要的意义。

三、资源价格形成机制

资源的价格形成机制就是根据价格理论确定自然资源价格。资源价格理论主要研究资源价格水平的确定方法及其原理。资源价格是指资源本身在交易中的货币价格,并非资源产品价格。

与资源价值理论的发展相对应,资源及资源产品价格确定方法的研究最先是从成本途径进行的,而后逐渐转向市场决定和收益途径。

成本途径定价方法以全成本定价方法为代表。在这个定价方法中,资源本身的价格被确定为包括开发、恢复、保护等费用在内的"完全成本"。资源产品价格确定方法是根据实际情况,以完全成本为依据,并以国际市场价格为参考。这一方法体现了可持续发展的政策意义,但作为资源所有权在经济上的实现,资源价格是否与这些政策内容兼容,是值得进一步研究的。就其定价方法本身来讲,是将资源价格事先确定,再以此为基础制定资源产品价格。对这一方法的进一步发展是运用现代经济理论将其价格中成本(不包括资源补偿费)替换为边际成本。这样,资源产品价格就包括两部分:边际成本和资源补偿费。

全成本定价方法的应用研究成果主要是指从会计学角度对水资源商品进行全成本具体定价的方法研究。它列出了相应的会计科目，使定价方法更具可操作性；赋予了资源产品价格可持续发展内涵，从而，将资源价格等同于可持续发展的经济体现。这是上述定价方法的核心。

收益途径资源定价方法则以"逆算净价法"为代表。市场经济条件下，价格形成的最重要机制是自由交易，市场需求成为资源价格的关键因素。这种情况下，事先确定资源"全成本"的方法已不能适应经济的发展，需要从资源产品市场价格出发对资源价值进行"逆算"。即以资源产品的市场价格为基础，减去（继续）开发的成本，即资源本身的价格。

以上研究的共同特点是注重资源价格在静态意义上的确定，也就是说假定资源租金、开采速度是给定的。然而，市场化的改革要求对资源价值的最大化进行分析。如何确定最佳的资源开采速度、租金水平，是资源经济学重要的研究课题。

基于对自然资源价值理论的认识，目前经济学中关于价格理论主要有两种：马克思主义的价格理论和市场经济价格理论。前者的核心是劳动价值论，它认为价格是价值的表现形态，价值是价格的基础，制定价格必须以价值为基础，而价值量的大小决定于所消耗的社会必要劳动时间的多寡。任何商品的价格都可用下式表示：$P=C+V+M$（式中：P 为价格，C 为已消耗的生产资料价值，V 为劳动者为自己的劳动所创造的价值，M 为劳动者为社会所创造的价值）。后者的市场经济价格理论的核心是效用价值论，它认为在市场经济中，决定市场价格的是供给和需求。任何商品的实际的市场价格是供给和需求相等时的价格，即均衡价格。

（一）基于马克思劳动价值论的自然资源定价模型

马克思劳动价值论指出：租金是使用缺乏弹性的生产要素的报酬。可以认为，资源（如土地一类可出租带来租金的资源）的租金是缺乏供给弹性的任何一种资源的服务价格，假设资源在其余下的使用年限内可出租给生产者，那么它的所有者可望获得一系列的租金收入，这一系列租金收入的贴现值可以用来估计该项资源的现期价值。估计模型建立如下：

$$V_t = \sum_{T=l}^{l+n} Q_T N_T / (1+r)^{T-1}$$

其中：V_t 为未来资源租金收入在 t 年的贴现值，即 t 期资源价值的现值；Q_T 为各期预期开采量；N_T 为单位资源的租金；r 为贴现率。

为实现资本投资收益最大化，资本在不同生产要素之间不断发生转移，直到在各要素上实现的利润率相等，则应有：

$$N_{t+1}=N_l(1+r)$$

进一步，可得：

$$V_t=\sum_{T=l}^{l+n}Q_TN_T$$

$$V_{t+1}=\sum_{T=l}^{l+n}Q_TN_{T+1}$$

比较 V_t 与 V_{t+1}，两期开采总量相差不大，单位租金 $N_{t+1}=N_l(1+r)$，可以发现 $t+1$ 期资源价值或价格高于 t 期，解释为某一资源的价值或价格随着消耗引致的稀缺性不断上升。

(二) 基于市场经济价格理论的自然资源定价模型

主要包括影子价格模型、边际机会成本模型、均衡价格模型、效益换算定价模型等。

1. 影子价格模型

影子价格是针对现实市场价格的缺陷，为实现合理分配稀缺资源而提出的一种理论价格。从资源有限性出发，以资源充分合理分配并有效利用作为核心，以最大经济效益为目标的一种测算价格，是对资源使用价值的定量分析。影子价格的高低只取决于自然资源的稀缺程度和供求关系。例如对于数量无限的资源，影子价格为零，而稀缺资源的影子价格就高。理想的影子价格，如果是静态离散的，可用最优线性规划的对偶求得；如果是动态连续的，可用拉格朗日乘数计算。影子价格反映了资源的稀缺程度，为资源的合理配置及有效利用提供了正确的价格信号和计量尺度。自然资源的影子价格可以根据上述有关理论进行测算。[①] 但是，影子价格只反映某种自然资源的稀缺程度和自然资源与总体经济效益之间的关系，只包含了开采成本、利润和一定的税金，并没有包括资源本身的价值。

---

① 王舒曼、王玉栋：《自然资源定价方法研究》，《生态经济》2000 年版，第 24—26 页。

2. 均衡价格模型

供给和需求是自然资源价格水平形成的两个最终决定因素,其他一切因素,要么影响供给,要么影响需求,要么影响价格。自然资源在某个特定时刻的价格取决于资源需求者之间的竞争,取决于资源产品的价格。当然,资源产品的价格波动是难以预期的,它取决于对未来事件的预期,即取决于利率、资源产品的未来需求与剩余存量的预期。资源产品市场一直受到引起新预期的新信息的冲击。另外,市场结构的变化对资源产品价格变化的影响也相当明显。如果不考虑资源开发利用相关的外在成本与收益,完全竞争的市场可以实现资源最佳配置。

一种资源的均衡价格是指该种资源的市场需求量和市场供给量相等时的价格。在均衡价格水平下相等的资源供求量被称为资源均衡量。在一种资源市场上,资源均衡出现在该资源的市场需求曲线(D)和市场供给曲线(S)相交的交点(E)上,该交点即为均衡点,均衡点上的价格和相应的需求量分别被称为均衡价格(P_e)和均衡数量(Q_e),如图6.1所示。

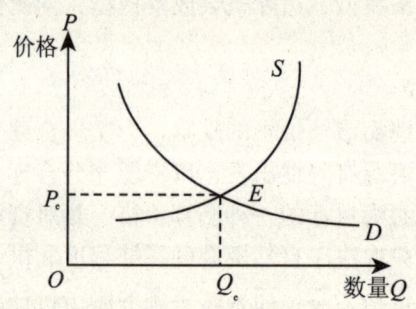

图6.1 资源的均衡价格

3. 边际机会成本模型

机会成本的概念是新古典经济学派提出的。用机会成本确定自然资源价格,不仅意味着将一部分资源开发利润计入成本,也意味着必须将未来所牺牲的收益计入成本。在无市场价格的情况下,用机会成本来间接计算资源价格,是一个可行的方法,因而机会成本理论被广泛地用于自然资源定价。其中边际机会成本定价模型就是较为先进和流行的一种。边际机会成本(MOC)理论认为:自然资源的消耗使用应包括3种成本:①边际生产成本(MPC),它是指为了获得资源,必须投入的直接费用;②边际使用者成本(MUC),即将来使用此资源的人所放弃的净效益;③边际外部成本

(MEC),外部成本主要指在资源开发利用过程中对外部环境所造成的损失,这种损失包括目前或者将来的损失。上述3项可以用下式来表示:MOC=MPC+MUC+MEC。该理论认为:MOC表示由社会所承担的消耗一种自然资源的全部费用,在理论上应是使用者为资源消耗行为所付出的价格P,即P=MOC。而当P<MOC时则会刺激资源过度使用,P>MOC时会抑制正常的消费。

MOC将资源与环境结合起来,从经济学的角度来度量使用资源所付出的全部代价,它弥补了传统的资源经济学中忽视资源使用所付出的环境代价以及后代人或者受害者利益的缺陷,可以说是一个新突破。另外,MOC可以作为决策的有效判据用来判别有关资源环境保护的政策措施是否合理,包括投资、管理、租税、补贴以及自然资源的控制价格等。但将其应用于自然资源价格测算仍存在着严重的缺陷,主要表现在:①应用较困难。在公式MOC=MPC+MUC+MEC中,MPC的获取比较容易,而MUC、MEC则比较困难。②缺乏可比性。由于同一资源在不同地区MUC、MEC的计算的内容方法不同,使MOC缺乏可比性,难以进行时空分析和从宏观上把握资源价格的变化。①

4. 效益换算定价模型

它是基于人们对自然资源的开发利用既会给人类带来经济正效益,也会造成环境负效应的认识,通过自然资源在市场上的价值表现,将两种效益进行换算,通过直接或间接的市场价格来估算自然资源和环境资源的经济价值的定价模型。该理论模型由一系列以市场为主的价值评估方法组成。根据市场信息完备与否,可分为直接市场方法(收益现值法、生产率变动法、疾病成本法和人力资本法、重置成本法、预防支出法等)、间接市场方法(后果阻止法、保护费用法、旅行费用法、工资差额法等)以及以调查为主的主观性较强的模拟市场方法(直接询问调查法、间接询问调查法、德尔斐法等)。除了模拟市场法采用问卷调查外,以上每种定价方法都有其特定的经验模型或具体模型。其中较为常用的模型有:收益现值模型、疾病成本和人力资本模型、旅行费用模型、资产价值模型等。

(三) 李金昌模型

我国学者李金昌先生在综合效用论、劳动价值论和地租论的基础上,建

---

① 姜文来:《水资源价值模型研究》,《资源科学》1998年版,第36—38页。

立了独具特色的自然资源的定价模型。该模型的基本内容是：自然资源的价值 P 包括两个部分：一是自然资源本身的价值，即未经人类劳动参与的天然产生的那部分价值 P1；二是基于人类劳动所产生的价值 P2。即：P＝P1＋P2。根据地租论，设 R0 为基本地租或租金；a 为代表自然资源丰度和开采利用条件即地区差别、品种差别和质量差别的等级系数，则该自然资源的地租或租金 R＝aR0；I 为平均利息率，则该自然资源本身的价值 P1＝aR0/I；P2 可以根据生产价格理论来确定。① 该模型符合完全的生产价格应该等于成本加利润再加地租的原则，尤其是从资源租金角度把自然资源本身的价值考虑进去，使自然资源本身的价值有所体现。

（四）科学的资源开发模式中的资源价格模型

自然资源价值应遵循市场经济价值理论。市场在配置资源中发挥着基础性作用，自然资源价格形成最重要的机制是市场公开、平等、竞争、择优地自由交易。市场的需求是资源价格的关键因素。现实经济中，以自然资源产品市场价格为基准，减去开发成本、生态环境成本等，就是自然资源本身的价格。这里需要特别强调的是，新的自然资源价格机制要充分考虑自然资源开发地的生态和环境保护成本价格，还要考虑资源开发地民众为自然资源开发所付出的成本。设自然资源价值为 V，则 V 包括四个部分，V_1：自然资源本身的天然价值，V_2：人类劳动及管理产生的价值，V_3：自然资源开发中所付出的环境生态代价，V_4：自然资源开发地民众付出的代价。自然资源价值可用下式来表示：$V = V_1 + V_2 + V_3 + V_4$。

四、资源经济制度

从制度的起源看，制度是人类在对资源占有、开发利用、配置使用或消费过程中逐步形成的产物，资源制度是最早的制度形式，而且是其他各项制度的基础和条件。自然资源经济制度，是自然资源开发利用过程中涉及资源使用、保护和产权诸方面的经济政策、法律制度和行政管理制度的总和。

---

① 李金昌：《环境价值越来越大》，国际技术经济研究 1994 年版，第 31—33 页。

第六章
资源价值理论分析 diliuzhang

（一）资源经济制度的功能

从制度功能的角度来看，资源经济制度的功能就是通过资源经济制度绩效的充分发挥来促进资源的优化配置与利用，并逐步实现资源的可持续发展。资源经济制度的这种基本功能是由资源的稀缺性和制度性共同决定的。其中，资源的制度性要求促进资源的优化配置，而资源的稀缺性要求实现资源的可持续利用，由此使两者共同要求资源经济制度应该具有的基本功能就是在促进资源优化配置与利用的同时实现资源的可持续发展。

无论资源经济制度以何种形式表现出来，它们的基本功能都是一样的。但是，在现实的资源经济活动中，资源经济制度的具体内容不同，它们的具体功能或作用也就不同。也就是说，不同形式的资源经济制度，其制度内容存在着差异，因而其具体的功能或特定的作用也就各不相同。归纳起来看，资源经济制度主要具有四个方面的功能。

第一，约束与限制功能。资源经济制度对占有、开发利用、保护改善资源的各种经济行为进行规范，特别是对各个资源行为主体有违资源保护和改善的行为进行约束与限制，明确规定资源行为主体的权利和义务以及相应的法律责任，从而达到约束和服制资源经济行为的目的。

第二，调节与引导功能。资源经济制度把协调资源经济、社会发展与生态环境保护的经济手段、行政手段、法律手段、科学技术手段有机地结合起来，如通过资源价格、资源税收、资源开发信贷、资源规划与布局等调控方式来调节和引导资源行为主体的资源活动，从而促进资源经济活动朝着预定的目标进行。

第三，禁止和阻止功能。资源经济制度通过明确规定资源行为主体不得或不能发生的资源活动来达到禁止或阻止那些破坏、浪费、污染资源环境的行为。如通过加大经济处罚、法律惩处、行政处罚的力度和进行社会舆论谴责等途径来禁止和阻止一些不合理的资源行为。这有利于合理开发利用资源、保护生态环境和生活环境，有利于在防治资源破坏与浪费以及其他污染公害的同时保障人体健康。

第四，鼓励和促进功能。资源经济制度通过明确规定一些优惠的或奖励性的内容，以多种形式或者途径来提倡资源行为主体采取合理的资源行为，节约和保护资源，并形成良好的资源道德观念，使社会公众积极参与资源管理，使资源行为主体能正确地开展和扩大国际资源合作活动，从而促进资源经济顺利发展。

(二)资源经济制度的主要内容

从制度形式来看,资源经济制度有诸多种存在或表现形式,并且,每一种资源经济制度都有其特定的内容,用以规范和约束特定的资源经济行为。由于资源经济制度形式的多样性和内容的复杂性,因而很难采用具体的形式或内容来分析资源经济制度。尽管如此,我们仍然可以选取具有代表性的资源经济制度形式来分析说明其内容。从资源生产和再生产以及资源经济运行的角度来说,资源产权制度和资源管理制度是具有代表性的典型的资源经济制度形式。以下首先对资源经济制度的基本框架进行一般性阐述,然后对资源经济制度代表形式的基本内容分别进行分析和说明。

1. 资源经济制度安排的主体

任何一种制度,都是在协调人们的经济行为或社会行为的过程中产生的,资源经济制度就是在协调人们的资源经济活动的过程中产生的。资源制度是最早的制度形式,它的产生和形成就是在资源活动过程中应如何调节人们的资源活动而逐步确定的规则。从资源经济制度初始安排来说,其主体就是资源经济活动的参与者,包括直接的资源消费者、资源利用者和开发者、经营者、资源占有者、协调者或监督管理者等。虽然这些不同的资源经济活动参与者在初始的资源经济制度安排中处于不同的地位,他们的身份有可能是重合的,如资源的消费者同时也是资源的开发利用者或占有者、资源的占有者同时又是资源的监督管理者,但是,他们在初始的资源经济制度安排中有可能具有同等重要的地位,相互之间进行平等协商,然后确定资源占有与消费的一系列规则。

随着资源占有的不均等,人与人之间的资源经济关系发生了重大变化,由此资源经济制度安排的各个主体的地位发生相应的变化。从资源经济制度实施和资源经济制度变迁或运行过程来看,其主体就是资源经济活动中的主要参与者,即资源所有者、资源管理者(统治者)。资源所有者有可能同时是资源管理者,但是,他们对资源占有程度的差异导致其在资源制度安排中的地位差异,极少数占有大量资源的所有者在资源经济制度的设计与实施中具有决定性的影响力,他们决定着资源开发利用的方式与程度、决定着资源消费的规模与质量。

在农业社会,土地是最重要的资源,土地所有者不仅直接决定着土地所有制形式与内容,而且决定着土地耕种方式和其他使用途径。在工业社会,"土地是财富之母",资源形式出现了多样化,这是资本生产和循环周转的必

第六章

资源价值理论分析

然要求；同时，资本的运动是建立在资源的基础之上的，这样，资本所有者就将其资本所有制推广到资源领域，即资本所有者决定着资源所有制的形式与内容。虽然资本所有者与资源所有者是不同的所有者，资本与资源分离，但是他们可以通过市场交换的方式建立他们之间的经济关系（资本与资源结合），并将这一系列的占有、开发利用、交换、使用的经济关系用制度的形式予以确定下来；又由于资本是工业社会占统治或主导地位的生产要素，因此，资本所有者决定着资源所有者，他们共同成为资本生产方式下的资源经济制度安排的主体。

2. 资源经济制度的约束对象

虽然资源经济制度具有多种功能，但是调整人们的资源经济关系、约束人们的资源经济行为则是其最大的功能。资源经济制度的约束对象主要有两个。

其一，资源经济制度约束的责任者。从权利与义务的角度来看，资源经济制度约束的资源经济行为主体包括资源所有者、资源生产经营者、资源使用者或消费者、资源监管者。不同的资源行为主体享有不同的权利、履行不同的义务，但是，在同一资源经济制度下，同一资源行为主体所享有的权利与其应履行的义务则是一致的。这些资源经济行为主体均是资源经济制度约束的责任者，资源经济制度的差异使这些责任者所受到的约束在程度上也有差异。

其二，资源经济制度约束的行为。从制度调节的对象来看，资源经济制度约束的直接对象就是一切有关资源的经济活动与行为，这些活动与行为可以表现为不同程度、不同方式的作为和不作为。它们包括资源占有、资源开发利用、资源保护与改善、资源使用或消费、资源浪费、破坏或污染、资源监督管理、国际资源交换与合作、对不同违法程度的资源行为的处罚、惩处或制裁、资源道德舆论的宣传和教育等。通过资源经济制度的调节与约束，使这些资源经济行为能有效地实现资源经济最优化目标。

3. 资源经济制度的目标

资源经济制度有诸多功能，这些功能都直接反映了资源经济制度的宗旨和目标。虽然不同的具体的资源经济制度的目标各不相同，但是从总体来看，各项资源经济制度都有一个共同的目标，那就是资源经济效益最大化。更进一步来说，资源经济制度绩效的充分发挥，不仅在于要实现稀缺资源的最优配置，取得最大化的经济效益，而且还要兼顾生态环境效益等效益，实现综合效益最大化。资源综合效益最大化实质上就是资源经济福利最大化，只有当资源经济制度能够有效地保障资源可持续发展之时,资源经济福利最大化目标才能逐步实现,所以,资源经济制度的最根本的目标就是在促进资源可持续发展的基础上实现资源经济福利最大化。

(三) 资源经济制度的典型形式

从资源经济制度的基本框架中可以看出,资源经济制度的形式是复杂多样的。为了更好地分析资源经济制度的内容,我们有必要选择具有代表性的资源经济制度形式进行分析说明。鉴于资源产权和资源管理在资源再生产和资源经济运行中起着十分重要的作用,因而使我们有可能选择资源产权制度和资源管理制度作为资源经济制度的典型形式来分析说明其主要内容。

1. 资源产权制度

从产权与效率的一般关系来看,合理的产权是效益提高的重要保障,而不合理的产权则是效率损失的重要根源。资源是公共物品,公共资源产权安排状况直接决定着公共资源配置效率的大小。但是,作为公共物品或准公共物品,公共资源具有一定的非排他性和非竞争性、外部效应等特征,也正因为如此,作为公共物品的资源可能会遭到损害,因而对这种公共物品提供的保护也可以视为一种公共产品,这样,对它的保护就是要明确公共资源的产权。

哈丁(G. Hardin)1968 年在以"公共地的悲剧"(the tragedy of the commons)① 为题的著名论文中证明,如果一种资源没有排他性的所有权,就会导致对这种资源的过度利用。也就是说,在公共资源产权没有明确界定的情况下,公共资源总是趋于过度利用。较为典型的情况如公共草场的过度放牧、公共河流湖泊以及国际公海中鱼的过度捕捞、森林过度采伐、生态环境污染等。公共资源的稀缺性以及稀缺资源缺乏合理的产权安排是造成其过度利用(浪费、破坏)的重要原因。我国西部地区资源开发中所出现的滥采滥伐问题、过度放牧问题、过度开发和大量污染问题,其主要原因就是公共资源产权没有良好界定。从理论和实践两方面可以看出,公共资源产权安排是否合理对于公共资源配置效率大小具有决定性作用,而合理的公共资源产权制度有助于提高公共资源配置效率。

从制度结构来看,公共资源产权制度的内容包括三个方面:正式的公共

---

① Hume D. 1973. A treatise "Human Nature. Hardin, G., 1968". "The tragedy of the Commons". 转引自 Robert Gibbons, Game Theory for Applied Economists, 27.

第六章
资源价值理论分析

资源产权制度、非正式的公共资源产权制度以及公共资源产权制度的实施机制。

正式的公共资源产权制度是公共资源管理主体（政府）通过制定相应的法律、政策、管理制度而确定的公共资源所有权制度。其核心内容就是从法律上明确规定公共资源的所有权归谁所有，并规定由这种所有权的占有而享有相应的开发经营权和收益权。在这里，公共资源的产权主体或所有权占有者有较大的差异性，这是因为，公共利益集团存在着差异，即使是"全民所有"也存在着程度差异，更何况"集体所有"表现出更大的差异性。但是，无论在何种公共所有的条件下，公共资源均由其全体所有者共同占有、共同经营、共同分享收益，任何个人或组织以及其他公共利益集团在法律上均无权占有、经营、分享已经确定产权的公共资源。事实上，就是实行彻底的私有制的资本主义国家，也存在着公共资源制度，并在法律上明确了公共资源产权及其管理的制度安排。在我国，社会主义公有制在资源领域表现出了层次性：矿藏、河流水域等为全民所有（国有制），部分土地、山林、湖泊等为集体所有，并且通过有关法律对这些公共资源的产权及其管理进行了明确的规定。在我国之所以出现资源产权不明晰等问题，并不是这些资源产权在法律上不明晰，而是这些资源产权主体没有行使好自己的职责，在委托代理关系中存在各种"道德风险"，缺乏对代理人的有效监督或监督成本较高而难以持久实施，从而出现一系列侵蚀、抢夺、滥采滥伐、破坏浪费公共资源的不合理行为，因而需要进一步完善公共资源产权制度。

非正式的公共资源产权制度是社会，特别是资源经济行为者有关资源产权占有、经营、分享等的价值观念、道德规范、意识形态等规则。它对于社会进一步确认和遵守正式的公共资源产权制度具有重要的现实意义；同时，它对于"破旧"和"立新"或推动正式的公共资源产权制度变迁也具有积极的作用；当然，不恰当的或陈旧的非正式的公共资源产权制度也会破坏、阻碍、制约、影响正式的公共资源产权制度的有效实施。事实上，那些滥采滥伐、盗抢、破坏、浪费资源的行为，资源开发利用中的"搭便车"行为以及与此相应的言论或态度，其存在的重要原因就是不正确的非正式的公共资源产权制度使然，并且证明了它们对正式的公共资源产权制度有效实施的影响。

公共资源产权制度的实施机制就是将正式的或非正式的公共资源产权制度付诸实施并发挥作用的一系列具体的政策手段和方法以及它们之间的相互制约关系所形成的协调措施。它是公共资源产权制度的重要内容，健全而完

科学的资源开发模式
—— 走出"资源诅咒"怪圈

善的实施机制有助于发挥公共资源产权制度的绩效，而不健全的实施机制则会降低公共资源产权制度的绩效或者阻碍其绩效的充分发挥。事实上，作为公共资源产权制度供给者的政府，会针对资源再生产和资源经济运行中的产权问题而不断完善这种实施机制，将其作为公共资源产权制度不可缺少的组成部分而试图通过其来提高或发挥公共资源产权制度的整体绩效。

撇开资源产权制度变迁问题，从制度的相互影响来看，资源产权与资源企业产权之间存在着密切的关系。资源产权是一种公共产品，是政府通过法律手段确定的有关公共资源的正式制度的安排；而资源企业产权则是一种私人产品，它是私人（企业）在遵循国家有关法人的法律规则的前提下形成的一种有关资源活动的资本制度安排。虽然它们是两种不同的制度安排，但是二者之间的相互制约关系却十分明显。一方面，资源产权是资源企业产权得以存在或维持的前提条件，资源企业只有在资源市场上通过交换的方式才能获得资源产权以及资源经营权、收益权，也只有在这样的条件下，资源企业产权才得以有存在的意义；另一方面，资源企业产权有助于实现资源产权的经济意义和社会的、生态环境的价值，也是资源产权得以存在、延续发展的必然结果。这也说明，二者互为因果，缺一不可，它们在相互制约、相互影响中得到发展，并通过这种密切关系共同提高资源产权制度的绩效。

2. 资源管理制度

虽然微观经济制度（企业制度、农业经营制度、消费模式）对资源可持续利用有诸多影响，[1] 但是，资源经济运行以及资源经济运行中的资源活动需要有政府的宏观管理。这样，政府对资源和资源经济运行进行宏观管理所形成的一系列规则就是资源管理制度。

从制度结构来看，资源管理制度的内容包括正式的资源管理制度、非正式的资源管理制度和资源管理制度的实施机制。而从另外的角度来看，资源管理制度的内容主要包括资源开发利用的管理制度和资源资产化管理制度。资源开发利用的管理制度由资源管理体制和资源开发管理制度组成。前者是对公共资源进行开发、利用、管理的一系列制度与政策，是与经济体制相适应的资源管理体制，其内容涉及：在管理手段上是以经济手段为主还是以法律手段为主、或以行政手段为主、或者采用综合性手段进行管理；在管理权限上是强调集中统一管理还是强调分散管理；在管理对

---

[1] 刘传江、杨文华、杨艳琳等：《经济可持续发展的制度创新》，中国环境科学出版社2002年版，第72—174、188—191、207—208页。

第六章

资源价值理论分析 diliuzhang

象上是侧重资源所有权管理还是侧重资源的技术管理；在管理特点上是重视产权的垄断性还是重视产权的流动性。后者是对公共资源进行开发、利用、管理的一系列具体的制度与政策，其制度结构包括正式制度、非正式制度和实施机制，这种制度安排的目的主要是直接解决五个基本问题即资源产权问题、资源资产问题、资产价格问题、资源产业问题、资源核算问题。正式的资源开发管理制度包括资源开发管理体制、资源开发管理政策、资源开发管理法规以及资源开发管理的约束机制等，而从正式的资源开发管理制度安排所要解决的五个基本问题来看，它又具体包括资源产权制度、资源使用制度、资源产业发展制度、资源核算制度以及资源选择的贸易战略等。资源资产化管理制度就是将自然资源作为生产资料构成的资产来进行管理的一系列规则，它要求明晰资源资产的产权关系并从政策上将其纳入正式的资产管理体系，同时制定相应的法律法规加以确认；实行资源资产的所有权与经营权的分离，深化资源的企业化和市场化经营管理；建立规范化的资源资产的委托代理机制和监督机制；对不同的自然资源资产应实行分类管理；建立资源资产运营管理、核算管理和部门管理三者有机结合的资源资产经营和管理体制。

无论是资源开发管理制度还是资产化管理制度，它们都是资源管理制度的不可缺少的重要组成部分。不仅如此，而且它们还会相互影响、相互制约，一方的制度失效也会影响另一方的制度绩效，因此，只有不断完善双方的内容并使之适应资源经济发展变化的要求，才能从整体上改善和提高资源管理制度的绩效。这也说明，资源管理制度的变迁和创新，既是资源经济运行的必然结果，同时也是资源管理制度供求关系变化的结果，它对于促进资源经济可持续发展、保持资源经济运行的稳定能起到十分积极的作用。

五、资源市场

资源市场是资源交易场所的总称。它可以是资源品的交易场所，也可以是资源的有形交易场所或无形交易场所，还可以是资源所有权、开采权、使用权转让的场所。从本质上讲，资源市场是资源产权交易场所，它体现的是资源产权主体之间、资源所有者与资源开发利用者之间的产权交易关系或经济利益关系。

科学的资源开发模式
—— 走出"资源诅咒"怪圈

（一）资源市场的种类

资源市场有不同的分类方式。根据不同的划分标准，可以将资源交易场所划分为不同的资源市场。

第一，根据资源交易范围的不同，将资源市场分为国内资源市场和国际资源市场。随着经济全球化的发展，一国国内资源市场已成为国际资源市场的重要组成部分，且二者之间的联系日趋紧密；在资源相对短缺甚至严重短缺的国家，国内资源市场规模较小，国内资源的消费在较大程度上依赖国际资源市场。

第二，根据资源交易方式的不同，将资源市场分为资源现货市场和资源期货市场。在资源现货市场基础上产生的有关资源的标准化合同的交易市场即为资源期货市场，它是现阶段国际资源市场上主要资源品交易的重要交易方式。国际上的主要资源品期货有农林品期货（如木材期货、天然橡胶期货等）、金属期货（如黄金、白银、铜、铝、铅、锌、锡期货等）、能源期货（如原油期货等）。① 不能以标准化合同的交易方式进行交易的资源品均在资源现货市场上进行交易。

第三，根据资源品的不同，将资源市场细分为各种具体的资源市场。如土地资源市场、水资源市场、矿产资源市场、森林资源市场、水产资源市场、海洋资源市场等。不同的资源品市场还可以再细分为更加具体的资源市场，如矿产资源市场又可以分为金属资源市场（黑色金属资源市场、有色金属资源市场、贵金属和稀有金属资源市场）和非金属资源市场。

第四，根据资源重要性的不同，将资源市场分为普通资源品市场、重要资源品市场和战略资源品市场。从根本上说，资源是社会经济发展的前提和物质基础，但从具体情况来看，不同国家对资源重要性的认识及确定标准有较大差异；同一种资源，在一国可能是普通资源，但在其他国家可能是重要资源甚至是战略资源，因此，资源重要性主要取决于一国所处的经济发展阶段、资源稀缺状况和国际资源交易程度（资源进口的成本以及资源生产国与资源消费国之间的经济关系），而各个国家对这三类不同资源品市场的干预、调控与管理的方式和手段也有较大差异。

第五，根据资源利用方式的不同，将资源市场分为初次资源市场和回收再生资源市场。在资源开发利用技术水平较低的条件下，资源市场仅表现为

---

① 张邦辉：《期货交易大辞典》，中国物价出版社1994年版，第259—304页。

初次资源市场,资源成为一次性生产消费品;当资源开发利用技术不断提高时,资源回收再生的程度也随之提高,回收再生资源市场也随之产生并不断扩大,在整个资源市场中占有重要的地位。

第六,根据资源开发利用程序的不同,将资源市场分为资源产权市场(资源所有权市场、资源开发经营权市场)、资源品交易市场、资源技术市场、资源服务市场(资源信息市场、资源融资市场、资源运输市场、资源人才市场)等。

(二)我国资源产权市场建设

在我国自然资源产权市场化改革方向已成为共识的情况下,对自然资源产权市场具体模式、机制的分析研究逐步展开。对于资源产权市场的性质,主流的观点认为应该是使用权交易市场。在我国,资源属于国家所有,使用权交易市场的性质是符合这一所有制前提的。关于资源产权市场的结构,考虑到我国资源和经济发展的实际情况,应是一个多层次的权利关系体系:包括国家有偿出让资源经营权给资源经营者,资源经营权在经营者之间的流转等层次。

有学者还认为我国资源产权市场属性应是所有权交易市场。其理由主要有:(1)自然资源所有权交易是自然资源成为商品,最终成为资本和资产的前提;(2)自然资源所有权交易是厂商实现利益最大化、政府代表公共选择的保证。这一观点提出了两个重要的理论问题:所有权经济上的实现与市场的关系,公有制与市场经济的相容问题。其中公有制经济与市场经济相容问题是整个国有企业改革的一个重要课题。从国际资源利用的制度主流来看,大多数国家还是建立以资源国有为基础的产权市场。

王万山从自然资源产权市场交易的三个层次,即初始产权界定、交易权规定和交易制度安排上综合研究了我国资源产权市场的制度优化建设途径,提出了三步连续而渐进的制度改变策略:第一,建立市场化的资源公共产权规制模式;第二,在现有的资源所有权安排条件下,实现资源使用权和经营权的市场化;第三,实行多元化和市场化的资源所有权制度,形成公私产权对接的完善的资源产权混合市场。根据自然资源产权多样化特征,应分门别类建立起多样的所有权体系,建立和健全具有权威性的自然资源管理机构,利用产权制度规范自然资源产权市场的建立和运行。对于产权界限比较清晰的自然资源,应在平衡公共利益和所有者与使用者利益前提下,根据其使用、经营的公共性和外部性大小,将自然资源的所有权分配或拍卖给不同的

科学的资源开发模式
——走出"资源诅咒"怪圈

产权主体;对于产权边界模糊而难以界定、外部性很大的自然资源,应继续以公共产权主体为所有者,但需要改变目前政出多门的所有权结构,由统一的政府机构组织作为单一的所有者来管理,以减少相互危害的外部性。其间可考虑建立政府监督管理和委托代理制度,从而实现对各类型自然资源的有效管理。① 这一研究的意义在于为我国自然资源政府管制与市场对接的混合市场安排提供了理论依据,对我国至今仍然保持强大"计划"惯性的自然资源管理体制如何引入市场机制以建立政府—市场—企业(农户)相融合的中国自然资源"混合市场"制度具有重要参考价值。

---

① 王万山:《中国资源环境产权市场建设的制度设计》,《复旦学报》2003年第3期,第67—72页。

第七章 科学的资源开发新模式的理论分析

一、模式的概念

模式即模范的发展方式和行为方式，是经过理论加工后的一种范式、一种可模仿、推广或借鉴的架构。范式（Paradigm）这个概念最早是由托马斯·库恩在其代表作《科学革命的结构》一书中提出来的，他将其概括为"一个时代提供给社会参与的、在典型问题及解决方法方面被普遍认识的科学成就"。[①] 二战以后，模式一词在发展经济学开始频繁使用，并逐渐成为经济研究的一种"范式"。

模式的本质在于创新。首先，一种发展方式和行为方式要成为模式，需要经过理论加工，完成"理性对感性的思想构建"（德国哲学家康德）。这种从实践到理论的升华，本身就是一个创新过程。其次，新模式的产生是对现有"范式"的突破。托马斯·库恩认为，"一种新范式的诞生，代表这种新范式观念被社会广泛地使用和认可，往往意味着一次科学革命的到来。"[②] 同样，一种发展新模式的诞生，标志着这种新的发展范式和发展理念能够被社会普遍认同、接受并广泛使用，给人类的发展方式和行为方式带来全新的面貌，因而，也就意味着一次经济发展方式的变革。最后，模式只有经过实

---

① T. 库恩：《科学革命的结构》，上海科学技术出版社1980年版。
② T. 库恩：《科学革命的结构》，上海科学技术出版社1980年版。

践创新，才会形成特定的架构。经济发展模式只有较稳定的要素组成结构，既没有特定的框架或标准，也没有现成的可以"拿来"直接享用的经济发展模式。"世界上没有两片绝对一样的树叶"，地区资源禀赋和发展环境条件不同，经济发展模式也就不同。在推进一个地区发展实践中，需要在学习、借鉴和吸收的基础上，因地制宜创新经济发展模式，走一条符合本地实际的发展路子，构建具有区域特色的发展模式。

模式的作用在于示范和引领。一种发展方式和行为方式要成为模式，首先要有相对固定的形式，有规律可循并用一种概念来准确表述，更为重要的是，要能够获得社会的公认，被人们普遍接受，被大家模仿、借鉴、推广和运用，才能成为"范式"，因而，模式具有示范和引领作用。这与英文词典将模式（model 或 pattern）解释为"模型、模特儿，即供模仿的人或事物、典型、类型等"的含义是一致的。英国学者玛格丽特·玛斯特曼从社会学观点指出：范式是"一套已被公认的习惯……一个依靠本身成功示范的工具。"1983年，费孝通首次提出苏南模式，认为这个模式是中国农村经济发展的样板，其他地区也会走苏南一样的发展路子。模式带有"模范"、"样板"的意思，能够为人们选择什么样的发展方式和行为方式，提供可模仿的成功的先例。

模式的构建在于多个因素多个资源子系统的集聚整合。模式是一个由多因素或多个资源子系统构成的、具有独自的内在结构和运行机制的复合系统。构建经济发展新模式，就是要对自然资源、经济资源和和人文社会资源三个子系统进行有效集聚整合，建立和形成三个子系统之间的良性协调互动机制，实现资源结构——功能协同，使各种资源配置效益达到帕累托最优。在社会学家看来，模式是指一定的地区、一定的历史条件下具有特色的经济发展过程。例如，"日本模式"，就是在"二战"后的特定历史条件下，西方经济制度与日本书化和政治等集聚整合的产物，是一个多因素集聚整合模式。

二、传统资源开发模式及其存在的弊端

传统资源开发模式是一种单向转化过程，是一种自给自足的资源开发模式，资源的开发从资源到产品，是单一的单向、线型的方式。传统资源开发模式以人类统治自然为特征，牺牲环境来发展经济，对人类与资源环境关系

第七章
科学的资源开发新模式的理论分析

的处理模式是人类从自然中获取资源，又不加任何处理地向环境排放废弃物，是一种"资源——产品——污染——排放"的单向线性开放式经济转换过程；处理生产与环境问题的具体做法是"先污染、后治理"。结果环境恶化难以遏制，经济效益、社会效益和生态效益发生冲突。这种高消耗、高排放、高污染、低效率的单向式资源开发模式也可称之为掠夺式的野蛮开发利用模式。

（一）传统资源开发模式存在的弊端

传统资源开发模式造成物质资源与非物质资源相脱节、自然资源与人文社会资源相脱节，其不足之处主要表现在以下 13 个方面：一是重视资源的消费，轻视资源的生产；二是重视资源的直接使用，轻视资源的综合利用；三是重视资源的使用价值，轻视资源的价值；四是重视资源本身的效用，轻视资源的外部效应；五是重视资源的数量与规模，轻视资源的质量与结构；六是重视资源开发利用，轻视资源管理；七是重视资源经济政策，轻视资源法律制度；八是重视国内资源的开发利用，轻视国外资源的开发利用；九是重视资源经济的粗放型增长，轻视资源经济的集约型增长；十是重视政府在资源配置中的作用，轻视市场机制在资源配置中的作用；十一是重视从资源开发中现实获利，轻视资源开发的规划设计；十二是重视资源开发者自身利益最大化，轻视资源所在环境保护、安全生产和居民利益；十三是重视资源的当前利益，轻视资源地群众长远利益和生态补偿。

（二）传统资源开发模式弊端产生的主要原因

受传统经济体制和经济增长方式的影响，传统的资源经济发展模式存在着资源产权制度不完善、资源法律制度需要修改和完善、资源经济运行调控手段落后和调控目标不科学等问题，从而使资源地经济发展出现自然资源单一开发、只生产初级资源产品、资源经济独木成林、资源浪费严重而资源经济效益不高的现象，"先污染后治理"使生态环境破坏较大而生态经济效益下降，"先开发后补偿"使资源优势难以有效地转化为经济优势，其结果是资源产业和资源经济增长十分有限，严重地影响了资源经济的可持续发展。

导致传统开发模式不足最主要的因素是以下几个方面：

1. 资源产权不清，少数利益集团垄断开采

资源的所有权、行政权和经营权三权混淆。由于历史的原因，我国对资源产权的安排基本上是仿效苏联模式，资源归国家所有，禁止资源市场交

科学的资源开发模式
——走出"资源诅咒"怪圈

易。政府代表国家行使这些资源的所有权,成为这些资源的供给者和分配者。以自然资源为例,新中国的第一部宪法就规定了"矿藏、水流、由法律规定为国有的森林、荒地和其他资源,都归于全民所有"。显然,我国自然资源产权制度安排是通过强制性手段来实现的,这就决定了国家和政府在资源的产权制度安排中具有重要的地位。在计划经济时代,国家规定由国有企业代表国家对自然资源进行勘探和开发,当时,从严格意义上来说,不存在所有权和矿业权的分离。导致了以行政权、经营权管理代替所有权管理,国家所有权受到条块的多元分割,国家作为国有资产所有权代表的地位模糊,各种产权关系缺乏明确的界定,各个经济利益主体之间的经济关系缺乏协调。国有自然资源产权关系不明确,各职能部门、综合部门管理职能交叉,政出多门,造成自然资源利用中出现:抢掠资源和掠夺性开采;消耗过度,浪费严重,回收率低;自然资源的权属纠纷增加;对自然资源、生态环境的破坏程度加剧,污染不断增加等问题。虽然20世纪80年代以后,在"有水快流"的思想支配下,对资源的开发出台了多元化开发的政策,但这一历史沿袭,却导致了资源产权出现了"国家利益企业化,企业利益集团化"的现象,资源开发创造的大量财富向极少数人形成的利益集团集聚。

2. 国有企业"总部经济"的管理模式,直接导致了在资源开发地出现"资源拿走、贫困留下,财富拿走、污染留下"恶果

大型国有企业的总部一般都在大城市或中心城市,按照国家有关规定,这些企业的资源开发税收都向总部所在地上缴,资源开发收益大都转移到大中城市进行其他产业的再投资再开发。此外,在资源地进行资源开发的企业多是外资外地企业,这使得为企业发展做出重大牺牲和贡献的资源所在地反而得不到应有的收益。

3. 追求经济短期内的高速发展加剧了资源的过度消耗

资源过度消耗主要表现为:一是资源总量快速下降。资源的消耗率远远大于资源的增长率,使资源的总量快速、持续减少。二是资源结构失衡。特别是开发企业在不可再生资源的开发中,片面追求最大经济效益,往往采取"采富弃贫、采优弃粗"等开发方式,使资源结构严重失衡。三是资源衰竭加剧,一些不可再生的资源存量急剧下降甚至再也不能开采利用,一些可再生资源急剧耗尽甚至灭绝。四是生态环境的破坏程度不断加剧。在加速开采利用资源的过程中对生态环境造成破坏,甚至对一些脆弱的生态环境造成永远难以恢复的破坏;在低效消费资源的过程中出现对生态环境的污染或者"二次污染"。

(三)传统资源开发模式存在的体制缺陷

我国是一个自然资源大国,且巨额的国有自然资源性资产在整个国有资产中占有十分重要的地位。但各种自然资源的人均拥有量远远低于世界人均水平,加之浪费、管理混乱,我国资源赤字的严重性比财政赤字的严重性要大得多,而且远远没有引起人们的足够重视。我国已经成为一个自然资源紧缺、供需矛盾日趋紧张的国家,可以说,21世纪制约我国经济可持续发展的最重要因素就是自然资源。

从已有研究成果来看,导致资源退化的原因主要有:人口急剧增长、技术进步缓慢、政策失灵、市场失灵、计划失灵、财产权失灵、贫困和收入分配问题、世界资源市场和贸易条件变化、全球资源管理不协调等。① 资源耗竭的根本原因就在于缺乏一种关于资源有效开发管理的制度安排,产权不明晰导致侵占资源、"搭便车"、"机会主义"、外部性等问题。我国自然资源开发管理制度安排方面的缺陷既使资源利用表现为低效和浪费,也使资源短缺约束和外部不经济增强而影响经济可持续发展。我国现行的国有自然资源管理体制是以传统的经济体制和运行机制为基础、以资源的非资产化管理为特点建立起来的,在自然资源开发管理制度安排的缺陷主要表现在以下几个方面:

1. 以技术管理为主,忽视所有权管理

自然资源的管理应该同时包括所有权管理和技术管理两个方面。但是从我国国有自然资源管理制度的规定来看,无论在法律规定方面还是在具体的管理实践中,都较多地体现出以技术管理为主、相对忽视所有权管理的特征。

2. 强调分散管理,缺乏集中统一管理

不同的自然资源有不同的使用价值,要求对国有自然资源的管理实行分类管理,由此出现了多个行政管理部门。这在一定程度上忽视了资源所有权的统一性和稀缺经济资源的价值性,实际上是将国有自然资源的国家所有转变为部门所有和地方所有。②

---

① 皮尔斯、沃福德:《世界无末日》,《经济学、环境与可持续发展》,张世秋等译,中国财政经济出版社1996年版,第177页。

② 钱阔、陈绍志主编:《自然资源资产化管理:可持续发展的理想选择》,经济管理出版社1996年版,第77页。

3. 管理的手段以行政手段为主，以经济手段为辅

在对自然资源实行国家所有制、行政部门管理的条件下，政府管理国有自然资源的手段主要以行政手段为主，即资源开发权的审批制、资源使用量的计划配给制。国有自然资源管理体制改革开始引入了经济手段，如实行收取开发费和占用费的制度，但仍然明显地存在着经济手段不力、经济杠杆使用不充分或不合理的问题。

4. 重视产权的垄断性，忽视产权的流动性

国有自然资源的自然垄断性使国有自然资源的产权不能参与商品流动过程，不利于实现国有自然资源的最优配置。

5. 国有自然资源的所有权在经济上得不到充分的体现，影响了国家防止和减少自然灾害能力的提高

我国自然资源开发管理的制度安排使自然资源的国家所有权不仅与行政权、经营权相混淆，而且所有权在经济上没有得到充分的体现，其收益由多种途径和渠道转化为一些部门、地方、企业甚至个人的利益，造成国有自然资源资产的大量流失。

6. 国有自然资源使用权受到的约束较少

在国有自然资源使用权缺乏有效约束的条件下，出现资源使用权（开采权）界定不清、地方和中央开采权划分不适当、滥用管理权或管理失控、争夺使用权的"乱抢现象"。[①] 导致自然资源重采重用而轻保护轻管理，自然资源的综合利用效益低下，使资源产业难以获得良性循环的发展。

三、资源富集地经济发展表现不佳及原因分析

（一）"富饶的贫困"：自然资源富集地经济发展普遍表现不佳

通过对全球大量国家的经济发展状况与资源富集程度进行比较、分析和研究，可以发现，不少自然资源富集的国家（地区）经济发展的表现普遍不如自然资源贫乏的国家（地区），"富饶的贫困"是一个全球普遍存在的现象。

从全球范围来看，1960—1990 年间，自然资源贫乏国家的人均收入增

---

① 王军：《可持续发展》，中国发展出版社 1997 年版，第 249 页。

第七章
科学的资源开发新模式的理论分析

长速度比自然资源富集的国家快2~3倍,20世纪70年代以来,这种增长速度之间的差距尤其显著,不仅是以农业为主的自然资源富集国家的经济增长速度比以制造业为主的自然资源贫乏国家慢得惊人,而且,以矿产为主的自然资源富集国家的经济表现也一直处于最差的行列之中。(如表7.1)

表7.1 6个自然资源禀赋类别的特性

资源禀赋	国家数	耕地(ha/hd)	1970年GDP(十亿美元)	1970年人均GDP(美元)	1960—1990年人均GDP增长(%/年)	1970—1993年人均GDP增长(%/年)
资源贫乏[a,b]						
大国	7[c]	0.15	21.05	196	3.5	3.7
小国	13[d]	0.16	1.94	343	2.5	2.1
资源富足						
大国	10[e]	0.56	22.99	574	1.6	1.3
小国						
非矿	31[f]	0.57	1.41	250	1.1	0.7
硬矿	16[g]	0.66	1.23	304	0.8	−0.2
石油出口	8[h]	0.44	2.01	831	1.7	0.8
全部国家	85	0.48	5.67	362	1.6	1.1

注:① [a]1970年人均耕地面积小于0.3公顷为资源贫乏。
[b]1970年GDP大于70亿美元为大国。
[c]孟加拉、中国、哥伦比亚、埃及、印度尼西亚、菲律宾和韩国。
[d]萨尔瓦多、海地、中国香港地区、约旦、肯尼亚、毛里塔尼亚、尼泊尔、新加坡、索马里、斯里兰卡、中国台湾地区、坦桑尼亚。
[e]阿根廷、巴西、智利、印度、墨西哥、尼日利亚、巴基斯坦、南非、土耳其、委内瑞拉。
[f]贝宁、布隆迪、喀麦隆、乍得、哥斯达黎加、埃塞俄比亚、冈比亚、斐济、加纳、危地马拉、圭亚那、洪都拉斯、马达斯加、马来西亚、马里、摩洛哥、尼加拉瓜、巴拿马、卢旺达、泰国、突尼斯、乌干达、乌拉圭、津巴布韦。
[g]玻利维亚、中非共和国、多米尼加共和国、牙买加、利比亚、纳米比亚、尼泊尔、新几内亚、秘鲁、苏里南、多哥、扎伊尔、赞比亚。
[h]阿尔及利亚、刚果、厄瓜多尔、加蓬、科威特、沙特阿拉伯、叙利亚共和国、特立尼达和多巴哥。

资料来源:Auly (1997),基于UNCTAD数据。

---

① 〔英〕奥蒂主编:《资源富足与经济发展》,张效廉译,首都经济贸易大学出版社2006年版,第4页。

科学的资源开发模式
——走出"资源诅咒"怪圈

上表还表明,自然资源富集型大国的经济发展表现比自然资源富集型小国好,这是因为自然资源富集型大国有两个优势来维持经济发展:第一,与自然资源富集型小国相比,自然资源富集型大国的自然资源禀赋更具多样性,对单一自然资源开发的依赖度相对较低,同时,其国内市场比自然资源富集型小国大,能够产生规模经济,并带动产业多样化和制造业发展。第二,自然资源富集型大国的自给能力更强,且更不容易受到外部因素影响。

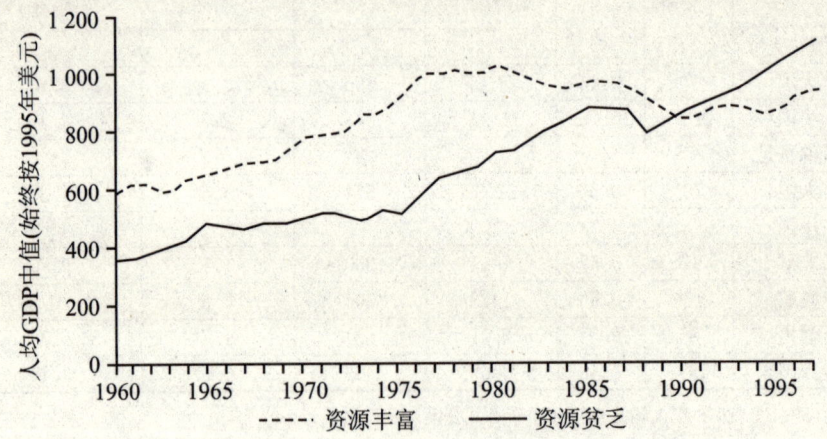

图 7.1　自然资源丰富和贫乏发展中国家的人均 GDP 中值
（始终按 1995 年美元）

图 7.1 对 20 世纪 50 年代以来自然资源富集国家和自然资源贫乏国家在二战后的经济增长情况进行了比较,结果表明:20 世纪 70 年代的"石油危机"之后,自然资源富集国家的人均 GDP 增长开始衰退,而自然资源贫乏国家（制造业领先）的人均 GDP 增长却在加速。

从全国范围来看,大多数自然资源富集地区的经济增长速度都慢于自然资源相对贫乏的地区。我国经济增长最快的几个经济大省（区）,如广东、江苏、浙江、山东、福建、上海等,其自然资源丰度都排在全国 20 名以后,都比较差;而自然资源相对丰富的西藏、青海、内蒙古、云南、山西、黑龙江、贵州、宁夏等省（区）,除云南的经济增长速度排在全国第 19 名,以及近年来内蒙古经济增长加速、在全国的排名迅速提升外,这些自然资源丰度排名在全国前 10 名的省（区）,其经济增长速度几乎都排在倒数几名的位次。（如表 7.2）

表 7.2　各省区经济增长率与自然资源条件的关系

省区	上海	北京	天津	广东	辽宁	浙江	江苏	福建	海南	山东
人均 GDP 位次	1	2	3	4	5	6	7	8	9	10
自然资源丰度位次	29	25	27	24	15	26	28	21		22
出海条件位次	1	6	2	1	1	10	7	8	1	9
省区	新疆	黑龙江	吉林	河北	湖北	青海	内蒙古	山西	宁夏	湖南
人均 GDP 位次	11	12	13	14	15	16	17	18	19	20
自然资源丰度位次	4	7	16	19	23	2	3	6	9	18
出海条件位次	29	17	15	14	23	27	16	14	22	19
省区	陕西	广西	江西	河南	四川	云南	安徽	西藏	甘肃	贵州
人均 GDP 位次	21	22	23	24	25	26	27	28	29	30
自然资源丰度位次	11	13	17	20	10	5	14	1	12	8
出海条件位次	20	21	13	18	28	26	12	30	25	24

资料来源:《两岸突破:中国工业区域分析》,1996 年。

(二)"富饶的贫困"原因分析

上一节的分析结果表明:富集的自然资源,在一定条件下对自然资源富集地经济发展的负面影响大于正面影响。在我们看来珍贵而重要的自然资源怎么就变成了诅咒人类的梦魇?有一点可以肯定,自然资源不会"主动"抑制区域经济发展。那么,造成"资源诅咒"的根源在哪里呢?

原因主要有以下几个方面:

1. 人文社会资源缺乏

资源富集地依靠大自然的恩赐,天然地就能够拥有自然资源这种先天性资源。但非常缺乏经济资源特别是人文社会资源这些获得性资源。发展教育是培植人文社会资源最有效的途径,但是,统计结果显示:资源富集国家在教育的平均投资额比其他国家小。用不同的指标,按不同的时间进行统计,结论都是相同的(表 7.3)。[1]

---

[1]〔英〕奥蒂主编:《资源富足与经济发展》,张效廉译,首都经济贸易大学出版社 2006 年版,第 58 页。

表 7.3　教育与资源富足

		中学入学率（%）		成人教育率（%）	
		平均	中值	平均	中值
1975 年	资源贫乏	28.5	26	56.4	61.3
	资源丰富	25.3	19.5	52.2	53.2
	差额	2.8	6.5	4.2	8.1
	调整的差额	5.7		6.2	
1985 年	资源贫乏	39.5	40.5	64.7	72.5
	资源丰富	35.7	34	60.8	63.4
	差额	3.8	6.5	3.9	9.1
	调整的差额	7.4		5.9	

资料来源：《资源富足与经济发展》。

政府只要采取适当的政策，通过加强对教育的投资，大力开发人文社会资源，就能够提高人文社会资本的投资回报率，能够带来更高的工作效率、更大的储蓄率和更大的投资额，在未来释放出更高的生产力并消除经济发展的不均衡性，从而依靠人文社会资本积累和均衡增长实现经济发展的良性循环。（如图 7.2）

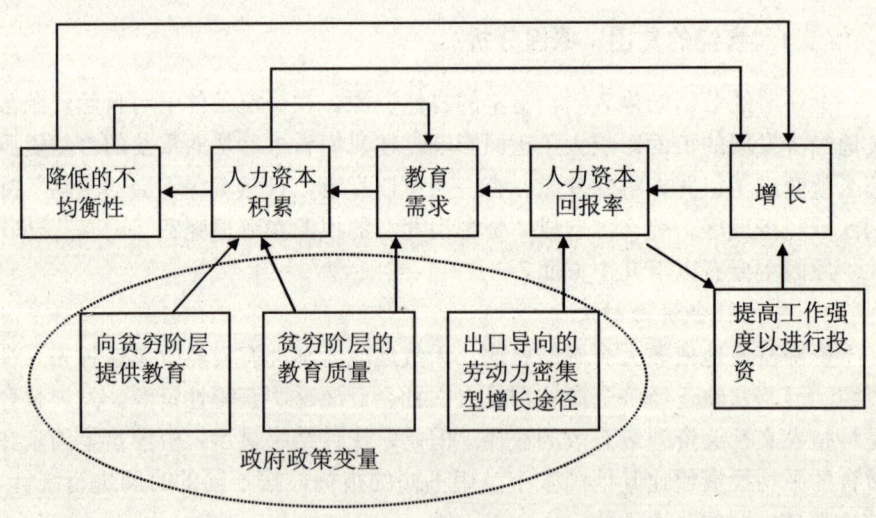

图 7.2　政府对良性循环的积极影响

但是，资源富集这种条件会诱使政府远离这种能够产生良性循环的发展策略。荷兰病及其相关效应都倾向于降低贫穷阶层所能够进行的人文社会资本的投资回报率。图7.3解释了资源富集导致人文社会资源缺乏，影响经济发展良性循环的机理。

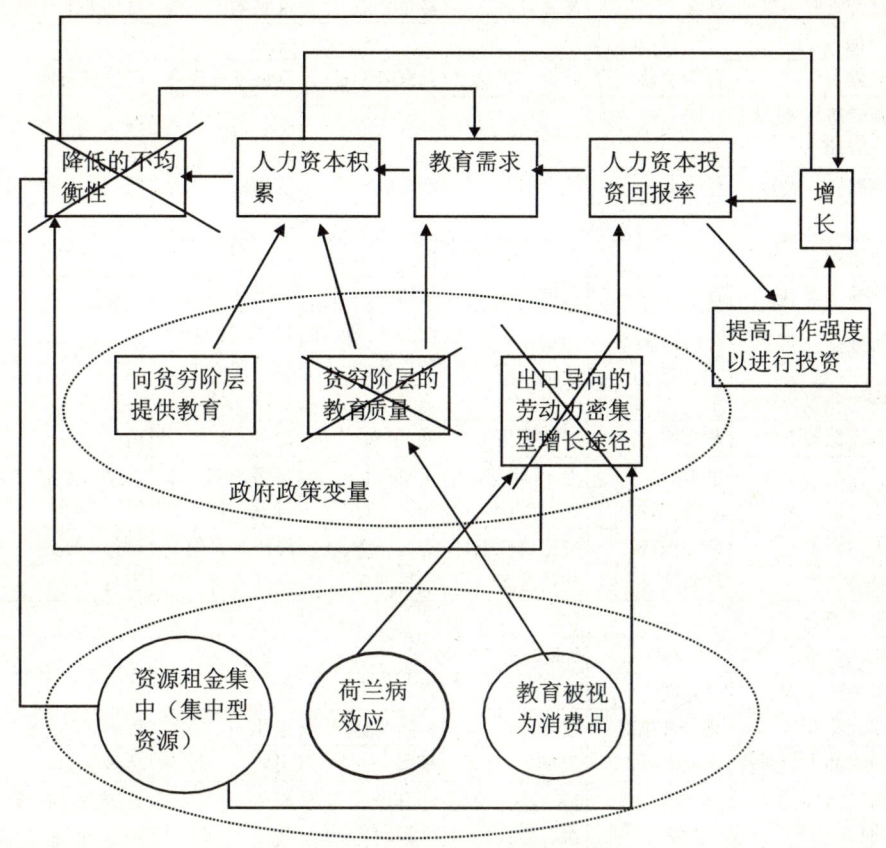

图 7.3 资源富足对良性循环的影响

表7.4的资料表明，自然资源禀赋影响着政治性体制变成发展型的可能性，自然资源贫乏的国家，在政策、制度上更可能将政府的利益与大多数平民联系在一起来分配资源开发收益以提高效率，并致力于将有竞争力的制造业多元化，以快速平稳的经济增长加速人文社会资本的积累。而自然资源富集的国家，特别是剥削性政府和派系寡头政府总是通过不透明的方式分配资源开发收益来使政治操纵的范围最大化。这些政策和制度，使经济扭曲并阻碍经济多元化，大大降低投资效率，使人文社会资本的培育和发展滞后。

表 7.4 自然资源禀赋和经济增长的虚拟模型

模型	竞争性工业化		主要资源陷阱		
自然资源禀赋	贫乏	富足分散	富足分散	富足集中石油	富足集中石油
前提					
政体	自治慈善	党派共识民主	党派寡头掠夺	党派寡头掠夺	自治家长式
1/5 富人收入：1/5a 穷人	4.0—9.0	7.0—16.0	5.0—33.0	9.0—32.0	12.0—20.0
废弃资本储量	低	低	低/高	低/高	低/高
政策					
改革响应	早	早	迟	迟	局部
贸易政策	开放	开放	封闭	封闭	开放
激励倾斜	比较优势	比较优势	幼稚行业/公共产业	幼稚行业/公共产业	中立/公共产业
资本积累					
真实储蓄	非常积极	一般积极	低/消极	低/消极	消极
生产资本	迅速增长＞24% GDP	更慢增长＞20% GDP	缓慢增长＞20% GDP	更慢增长＋＞20% GDP	迅速增长＞25% GDP
人力资本	良性循环	更慢良性循环	滞后＋歪斜	滞后＋歪斜	迅速＋无效
社会资本	交易改善	交易改善	交易改善	交易改善	寡头
经济表现					
ICOR1985—1997	4.8	5.5	6.0	7.5	12.4
荷兰病效应	无忽略	小	强	强	强
多元化	竞争性拓宽	慢竞争	滞后/退化	退化	单一产品
应对冲击的弹性	强健	强健	很弱	很弱	金融保护
PCGDP 增长 (%)	持续：2.5—4.0	持续：1.0—2.5	不规律：0.5—1.5	繁荣＋失败：(0.5)—2	繁荣＋下降：(0.4)—4.0
范例					
经典	韩国	马来西亚	加纳	玻利维亚	沙特阿拉伯
经典	新加坡	泰国	阿根廷	赞比亚	尼日利亚
反常	孟加拉	缅甸	哥斯达黎加	博茨瓦纳	阿曼

资料来源：世界银行（1999）。

最典型的是掠夺性政府最容易退化成腐败的资金分配机构，往往以最不透明的方式任意分配资源开发收益，致使人文社会资本积累变得非常缓慢，因而陷入主要"资源陷阱"模型，导致其经济增长崩溃。（如图 7.4）

第七章
科学的资源开发新模式的理论分析

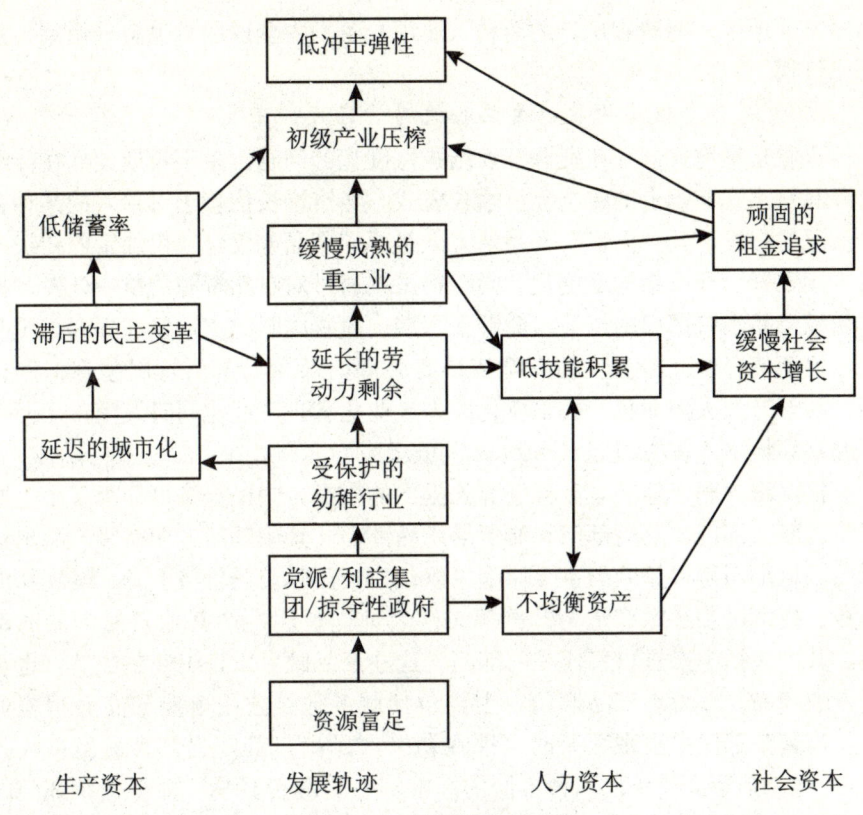

图7.4　主要资源陷阱模型

2. 拥有但没有真正利用自然资源

资源利用和使用得越多，规模经济越发达；资源利用和使用效率越高，产业链延伸得越长，分工经济越发达。自然资源富集国家（地区）对自然资源的开发，更多地仅停留在把潜在的资源转化为现实的资源，转化为低层次的经济资源的水平上。其利用和使用自然资源的比例，远远低于资源贫乏国家（地区）。发达国家的人口仅占全球人口的30%，但却使用（消耗）了70%以上的全球资源。因而，自然资源富集国家（地区）不能享受到在利用和使用自然资源过程中，通过规模经济、分工经济产生的巨额附加值。从这个意义上讲，自然资源富集国家（地区）只是在形式上"拥有"自然资源，而没有从资源增值这个本质上"拥有"自然资源。

在导论中，图1.5—图1.11显示了世界上贸易量最大的能源和金属矿产的生产（开发）和消费（使用）格局；所有这些例子都表明，自然资源富

科学的资源开发模式
——走出"资源诅咒"怪圈

集国家（地区）能源和矿产的消费（使用）量，占全球的总消费（使用）量的比重很小。

3. 资源开发低度化导致去工业化的"资源诅咒"

资源富集地普遍存在资源开发结构低度化的问题。由于长期建立在传统资源开发模式基础上的传统经济增长模式，经济增长依赖于对单一的某种自然资源的开发，其"出口"产品基本上是原矿产品或仅经过粗加工的初级产品，导致资源开发结构低度化。同时，虽然通过对自然资源的单一开发，推进初级产品出口部门的繁荣，能够在短期内改善国际收支地位和提高国民收入，但消费影响和资源流动影响使得繁荣部门对落后部门发展起到抑制作用，甚至导致去农业化、去工业化或去农业化和去工业化同时发生，从而使资源富集地陷入资源诅咒（resource curse）。

根据澳大利亚经济学家科登等人提出的模型，国民经济可分为3个主要部门：繁荣部门、落后部门和非贸易产品部门。繁荣部门，即初级产品出口部门。该部门得以繁荣的主要原因可以包括：国际市场价格上升、发现新的矿藏、技术进步导致产量上升等等。落后部门，即生产其他贸易产品的部门，其中包括生产进口替代品的部门。这些产品既可以是工业制成品，也可以是农产品。非贸易产品部门，主要包括服务业、公用事业和交通运输业等。当繁荣部门中出现繁荣时（即在初级产品出口部门提供大量出口收入时），这一繁荣会产生出两种不同的影响：一是消费影响。由于繁荣部门的收入得到增长，用于非贸易产品部门的消费也会随之扩大。如果对非贸易产品的需求收入弹性为正数，那么，由繁荣部门的增加收入所导致的对非贸易产品的过度需求必然会提高非贸易产品的相对价格（相对于贸易产品而言），进而导致实际汇率升值。虽然繁荣部门的收入中有一部分也被用于落后部门，但这种消费不会导致该部门生产的贸易产品的价格上升，因为这些产品的价格一般是依据国际市场价格而定的，而且这种过度需求还能通过进口来得到满足。二是资源流动影响。繁荣部门中的繁荣还能提高这个部门可移动要素（即劳动力）的边际产值。因此，繁荣部门对劳动力的需求会上升，从而促使落后部门和非贸易部门中的劳动力流向繁荣部门。劳动力从落后部门流出后，该部门的生产会下降。此外，劳动力从非贸易产品部门流向繁荣部门后将进一步提高由消费影响引起的对非贸易部门的产品的过度需求，并进一步促使汇率升值，导致更多的劳动力从落后部门流向非贸易产品部门。这种由于国内居民拥有国内自然资源的价值的改变而引起其他生产品制造部门竞争力和产量下降的情况，在20世纪六七十年代的荷兰最为典型，因而被称为荷兰病（Dutch Disease）。

从全球来看，大多数自然资源富集的国家，比如，荷兰、科威特、墨西哥、阿根廷、尼日利亚、利比里亚、印度尼西亚等，都有过经济发展陷入"资源陷阱"的经历，甚至有的国家至今还在"资源陷阱"的泥沼中挣扎。由于自然资源富集国家（地区）的落后部门可能是工业部门，也可能是农业部门，其繁荣部门对落后部门发展的抑制作用，表现也各有不同，有的出现去农业化现象，有的出现去工业化现象，还有的则是去工业化和去农业化同时出现。

从国内来看，大量的资源型城市面临着"矿竭城衰"的严峻挑战，实际上正是资源开发低度化导致去工业化、去农业化长期积累的恶果。

4. 区域分工低端化导致"财富拿走、贫困留下，资源拿走、污染留下"

在生产要素禀赋中，自然资源富集地经济发展的比较优势主要体现在自然资源供给丰富方面，按照比较优势定位不同贸易伙伴的区域分工位次，自然资源富集地大多数资源产业仍处在采掘、洗选的低端分工位次上，即使有一些初级产品生产，但主要还是处在产业分工中的低端生产环节，仍然是资源密集型。在产业转移过程中，自然资源富集地往往只承担产品增值链条中附加价值较低的加工组装环节，在区域分工体系中仍然处于低位。而在中高端分工位次上，自然资源富集地的产品或生产环节的竞争力都比较差。

迈克尔·波特认为，经济发展优势的关键来源是价值链的不同。随着经济时代的变迁、产业价值链的提升，价值系统内部的价值创造原变化、利润区转移。在工业化时代，生产加工活动在整个价值创造过程中获得的附加值高于原料生产和产品销售环节。其价值链呈两头低、中间高的"福特曲线"（如图7.5）。

在知识经济时代，发达的经济体为了缓解劳动力成本提高和新竞争者闯入带来的竞争压力，在依托跨国公司进行产业重构和转型，调整生产布局，依靠动态的研发优势、品牌优势和营销渠道优势，通过知识产权和WTO协议，赚取高额回报的同时，将生产基地向发展中的经济体转移来压低成本，生产阶段的利润大大降低。其产业价值链呈两头高、中间低的"微笑曲线"（如图7.6）。

根据迈克尔·波特创立的价值链分析方法，可以清晰地看到，区域分工低端化导致资源富集地资源产业价值链呈现两头高，中间低的利润区转移的特征，是典型的"微笑曲线"，而这就是资源富集地陷入"财富拿走、贫困

科学的资源开发模式
——走出"资源诅咒"怪圈

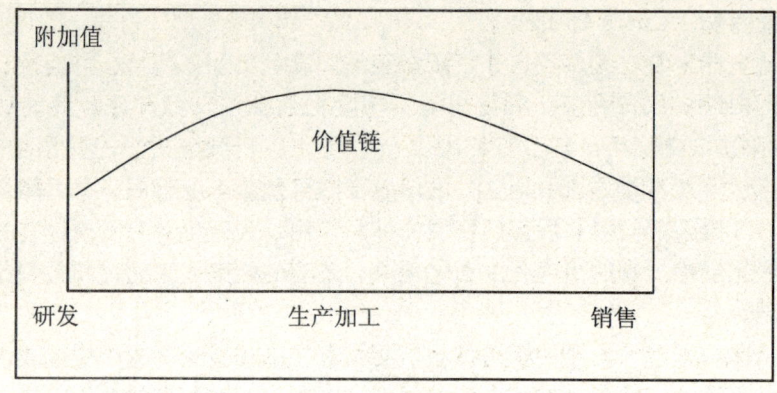

图 7.5　福特曲线

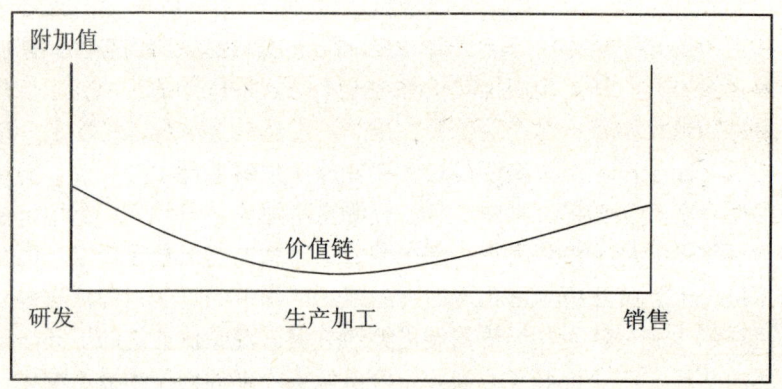

图 7.6　微笑曲线

留下，资源拿走、污染留下"发展困境的根源。

首先，矿产资源价值低估，导致原矿开采收益偏高。长期以来，人们对资源的认识局限，强调资源的"自然"属性，认为自然资源不是商品，没有价值和市场价格。因而，在矿产资源原矿开采阶段，虽然国家对部分资源产品用"从量计征"以极低的标准征收资源补偿税（见表 7.5），2008 年又将石油、天然气等资源补偿税的征收办法由"从量计征"调整为"从价计征"，但征收标准仍然很低，相当于没有对资源价值进行补偿，采矿业几乎是"无本"生意。尽管近年来，普遍采取招拍挂的方式公开出让资源开发权，对资源所有者的价值进行了部分补偿，但不够充分，仍然没有对资源价值进行补偿，没有对生态破坏、环境污染等外部环境成本进行补偿。现有资源开发模式中，原矿开采阶段创造的价值，没有足额扣除资源价值补偿、外部生态环境补偿等客观存在的成本，因此，不是一个"真实"的价值，是一个有"水分"的价值。资源价格严重扭曲，资源价值不能体现，导致资源产业价值链的利润区向原矿开采这个低端环节转移。

表7.5 资源税税目税额幅度表

税目名称	税　率
一、原油	8～30元/吨
二、天然气	2～15元/立方米
三、煤炭	0.3～5元/吨
四、其他非金属矿原矿	0.5～20元/吨或者立方米
五、黑色金属矿原矿	2～30元/吨
六、有色金属矿原矿	0.4～30元/吨
七、盐 　固体盐 　液体盐	 10～60元/吨 2～10元/吨

资料来源：《中华人民共和国资源税暂行条例》，1993年。

其次，精深加工环节外移，导致产品销售环节利润偏高。精深加工环节是资源产业价值链利润高的区域，也是资本密集型和技术密集型产业，具有资金、技术、市场指向，大多由发达经济体控制，并分布在金融中心、技术研发中心和消费市场中心附近，从而与资源地分离开来。精深加工环节外移，使得资源所在地产业链条非常短，只能将原矿粗加工成精矿等初级产品出售原材料，实际上处于"卖资源"的状态。资源所在地在整个资源产业价值链条中，仅能获得资源开采环节的收益，很少甚至没有获得资源精深加工环节的高附加值。

最后，资源开发利润转移，导致资源地陷入困境。资源开发企业大多是外来企业，它们在资源开发中获得的利润，必然转移到其所在地。而资源地在原矿开采环节，矿山剥离产生大量的弃渣，严重破坏生态植被；在粗加工环节，洗选产生大量的污水和尾矿，严重污染环境，生态环境恶化，又逼迫得即使是本地企业，也要将资源开发获得的收益转移到生态环境相对较好的地区，从而，使资源开发地陷入了"财富拿走，贫困留下；资源拿走，污染留下"的困境。从本质上看，这就是发达经济体对落后经济体的"经济殖民"，是"资源无价，原料低价，产品高价"的资源价格扭曲和资源产业扭曲共同作用给资源富集地造成的恶果。

5. 资源开发利益集团化

在制度资源发育不全，缺乏政府政策资源有效的主导和干预的情况下，社会强势集团利用其手中掌握的资源（包括经济资源、政治资源等），占有比其他团体更多的自然资源并攫取巨大的超额利润，导致资源占有和使用的不公平，这种不公平进而体现在社会利益分配的最终结果上，导致资源向社会的强势集团集聚，使一方的富裕会以另一方的贫穷为代价，出现富者愈富、贫者愈贫的现象。这种现象概括为自然资本的"富聚"。在我国，导致自然资本"富聚"的原因主要有两个：一是长期实行国有大中型企业代行资源国家所有权制度，导致"资源开发利益企业化、集团化"；二是产权不清，导致"机会主义"和权钱勾结，利用政治权力和经济权利进行"寻租"，在资源开发过程中形成少数人对多数人利益的剥夺。

四、科学的资源开发模式的概念和内涵

（一）科学的资源开发模式的概念

科学的资源开发新模式，是以科学发展观为指导，按照科学的资源观、科学的生态观和系统资源理论构建起来的资源开发新模式。其本质坚持以人为本，强调人与自然、人与人和谐互动的资源开发模式。在资源开发的路径选择上，是以节约开发自然资源为物质基础，充分发挥经济资源、人文社会资源的能动性为主导，通过三大资源子系统的集聚整合，形成三个子系统之间的良性协调互动机制，达到资源结构最优、功能最优、开发效益最优，以资源可持续发展推动经济社会可持续发展。

科学的资源开发新模式，是统筹协调资源开发与经济社会发展、人与自然、人与人之间相互关系的一种制度。其本质是站在科学发展、可持续发展的角度，以资源政策和法规为主要形式，通过调整和改善资源的占有、分配、交换、使用、管理等关系，协调与资源开发密切相关的各个经济利益主体之间的利益关系，从而达到优化资源结构、提高资源消费质量、促进资源永续利用，为从根本上协调资源开发与经济发展的内在关系，实现经济与社会发展、人与自然的全面协调可持续发展提供制度保障。

（二）科学的资源开发模式的内涵及核心理念

科学的资源开发新模式的基本内容是：坚持思想先导、政府主导、科学

规划、资源入股（补偿）、企业主体、市场配置、就地转化、环境友好，坚持共赢开发、共建开发、共享开发、共生开发，集聚整合自然资源、经济资源和人文社会资源，优化资源结构和功能，发挥资源比较优势，培育资源竞争优势，最大限度地扩大发展成果，最大限度地减少发展成本，走经济与社会协调、人与自然和谐、资源节约型、环境友好型发展路子。（见图 7.7）

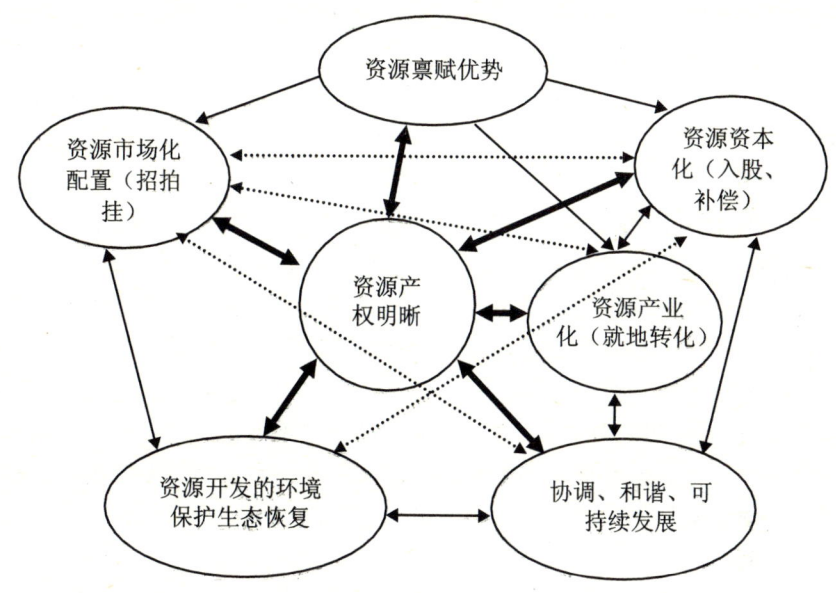

图 7.7 科学的资源开发新模式系统

思想先导，其核心理念是"解放思想"。发挥思想观念资源的先导作用，为推进科学发展提供动力之源。思想观念既是一种重要的社会人文资源，是最高层次的资源，又是认识资源、开发资源的动力源泉。思想是行动的先导，观念决定发展的路径。只有在加快发展的机遇意识上解放思想，才能在更高更广层面科学认识资源；只有在科学发展的思路上解放思想，才能不断创新资源开发新理念；只有在怎样发展上充分解放思想，才能充分认识工业对经济社会发展的主导作用，找到实现科学发展的具体路径。

政府主导，其核心理念是"政府是市场经济的守夜人"。强调发挥政府"这只看得见的手"在统筹配置资源中起主导作用。特别要以制度主导资源开发，制定和完善关于资源开发利用的政策、法规，调整和改善资源的占有、分配、交换、使用、管理等关系，协调与资源开发密切相关的各个经济利益主体之间的利益关系，实现制度资源对自然资源、经济资源的集聚整

科学的资源开发模式
——走出"资源诅咒"怪圈

合。同时,政府作为社会公共事务管理的主体,要充分发挥规范市场秩序、维护公平正义、营造良好发展环境的主导作用。

科学规划,其核心理念是"规划也是生产力"。强调坚持把科学规划作为引领资源科学开发利用的龙头和基础,充分发挥规划这一人文社会资源对资源开发的引领作用。通过科学编制区域经济社会发展总体规划,新型工业化、新型城镇化、农业现代化等分类规划,以及产业、产业园区、产业集群、产业链、产业项目,基础设施、交通物流、市场体系,科技、文化、卫生社会事业发展等各类专项规划,并用制度形式固定下来,真正做到科学统筹规划、合理分工布局、有序开发利用,使资源开发和经济社会发展走上科学规范的轨道。

资源入股(补偿),其核心理念是"资源资本化"①。强调只有把资源开发的未来收益转化为现实的资本、可使用的资本,才能更好更快地推动经济发展。政府作为资源所有权的主体以及资源所在地居民可以资源所有权入股的方式,在资源开发项目中占有一定比例的股份,并享有资源开发的相关收益,形成资源开发各相关主体之间共赢、共建、共享、共生的利益分配和生态保护机制。"资源入股(补偿)"获得的收益主要用于三个方面:一是用于加强资源开发区生态治理和环境保护建设;二是用于资源开发区域内的基础设施建设和移民后期扶持;三是用于培植后续财源,增强资源开发地"造血机能"。

企业主体,其核心理念是"优势资源优势企业优先开发"。强调把优势资源、优势企业、优惠政策、优质服务和优先发展有机结合起来,把最具优势的资源开发权、经营权优先配置给真正有资金技术实力和开发管理经验的企业,明确资源开发的责任主体,实现资源开发中的权、责、利的主体统一,形成推进资源科学有序、合理开发、可持续发展的整体合力。

市场配置,其核心理念是"资源有偿使用、资源配置市场化"。强调建立健全统一开放竞争有序的现代市场体系,完善资源价格形成机制,充分发挥市场在资源配置中的基础性作用,在满足资源地政府和居民现实利益和经济社会可持续发展要求的前提下,按照公开、公正、公平、竞争、择优的原则,确定资源开发主体,从而提高资源配置效率,优化资源配置结构。

就地转化,其核心理念就是"资源本地化发展"。强调大力实施资源本地化发展战略,通过资源开发企业就地注册、就地加工转化、就地延伸产

---

① 厉以宁:《厉以宁北京大学演讲集》,经济科学出版社2004年版,第130页。

业链条、就地融资核算纳税、就地吸纳劳动就业，以资源驱动项目、以项目驱动资本、以资本驱动产业、以产业驱动发展，依托资源来延伸产业链条、优化产业结构，实现从卖资源向卖产品转变，把资源优势转变成产业优势和经济优势，最大限度、最佳效能地发挥资源对区域经济发展的强势驱动作用。

环境友好，其核心理念就是"人与自然和谐发展"。强调要最大限度地扩大发展成果，最大限度地减少发展成本，通过"资源—产品—再生资源"的闭环反馈式循环，发展"减量化、再使用、再循环"清洁生产，最终实现"最佳生产、最适消费、最少废弃"；通过对生态环境成本的补偿，加强生态恢复、污染治理和环境保护，走科技含量高、经济效益好、资源消耗低、环境污染少、人力资源得到充分发挥的资源节约型、环境友好型发展新路子。

五、科学的资源开发模式对资源开发成本的测度

科学的资源开发新模式在从经济成本、环境成本和社会成本三个层次对资源开发的成本进行测度，确立了"资源补偿、资源入股"这一核心内容的重要理论依据。

（一）资源开发的三个代价和三种成本

人类在开发利用资源的过程中，是要付出一定的代价的。资源开发的代价总的来看一般可以分成三个方面，一是经济代价，即资源开发中的经济付出。这是指资源开发单位必须付出一定的经济方面的支出，才能把那些潜在资源开发变成现实资源。二是资源代价，即一种资源的开发要以付出另一种资源为代价。这样的结果，随着有形资源的开发尤其是自然资源的开发，资源的存量会逐渐减少。三是社会代价，即随着某些资源的开发，社会要付出一些超经济的、非资源的代价。这主要是指资源开发所产生的对社会的负面效应，比如由于不适当或过度开发资源，造成环境污染、地质灾害等危及人类社会生存和发展的种种问题。

与这上述三种代价相对应的是资源开发的资源成本、环境成本和社会成本。资源开发的经济成本，就是指资源开发中的经济代价的价值表现。它由会计学方法进行核算，并直接地与资源开发经济效益相联系。资源开发的环

科学的资源开发模式
——走出"资源诅咒"怪圈

境或生态成本,是指因资源开发造成的环境破坏或生态恶化而给社会带来的经济的及社会的损失。其经济方面的损失可以计量,并用价值的方式予以表示;其非经济的即社会的损失,目前尚难给以经济上的计量,只能进行某种形式的定性估量。资源开发的社会成本,主要是指资源开发过程中造成的直接与社会生活、社会思潮、社会心理等方面有关的损失,可以具体地分为消费(生活质量)成本、文化成本、心理成本等。这在直接意义上是一种非经济损失,目前还难以进行经济计量,但其最终势必影响经济活动。

(二)资源开发的经济成本及计量

科学的资源开发新模式在对资源开发的会计成本进行分析的基础上,充分考虑资源开发的机会成本,从更加全面的角度对资源的开发代价进行分析,为科学开发利用资源提供可靠的决策依据。

资源开发的经济成本是指某单位在对某种资源的开发过程中,直接或间接地为该种资源开发所付出的各种经济方面的代价,它是可以用价值形态直接进行衡量的成本。这主要涉及资源开发的会计成本、机会成本两个成本概念。

资源开发的会计成本。资源开发的会计成本是指某单位为开发某种资源所实际花费的各种生产要素的市场价值总和。会计成本是进行财务核算的基础。会计成本的计量有两个原则:一是强调在资源开发的过程中的实际的消耗费用;二是强调实际消耗的费用是按照市场价值进行核算的。

资源开发的机会成本。在经济学中,机会成本是指把某一稀缺要素投入某一特定用途以后所放弃的在其他用途中所获得的最大利益。从生产者来讲,是指由于使用某一稀缺投入要素而必须放弃的该要素在其他用途上的最高代价;从要素所有者来说,则是这一要素在其他可能的机会中所能获得的最高报酬。

(三)资源开发的外在化影响

科学的资源开发新模式在积极倡导鼓励能够带来外部经济性的资源开发活动、推进整个经济社会发展进步的同时,大力控制和约束个别人或单位给社会带来外部不经济的资源开发行为。特别是要改变"对自然界熟视无睹,把自然界作为一种不变因素对待"的做法,重视"经济活动和自然界环境相互影响的事实","把经济外部因素内部化"。[①]

---

① 爱得华·哥尔德史密斯,英国著名生态学家;《我们需要一种新经济学》。

第七章
科学的资源开发新模式的理论分析

在经济活动中,某个"经济人"或经济单位(生产者或消费者)所从事的一项经济活动,必然会对社会上的其他成员产生影响,这种现象在宏观经济学中被称为外部影响或外在性影响。

经济活动的外部性表现为两种:一种是外部经济性。即一个人或单位的经济活动的外部影响是积极的,能给其他人或单位带来好处,而又得不到相应的收益补偿,其得到的个别收益小于该活动所带来的社会收益,这种外部影响被称为外部经济。比如,一个企业对其雇用的工人进行培训,而这些工人可能转移到其他单位去工作,而该企业并不能向其他单位索回培训费用或得到其他形式的补偿。因此,该企业在培训工人中得到的内在利益就小于该活动的外在利益。

另一种是外部不经济性。即这个人或单位的经济活动的外部影响是消极的,会给其他人或单位带来坏处,甚至给社会上其他成员带来很大危害,但他自己并不为此而付出足够抵偿这种危害的成本费用,这种外部影响被称为外部不经济。例如,一企业可能因为排放污水而污染了河流,或者因为排放烟尘而污染了空气,使附近的人们和整个社会都遭受损失。

(四) 资源开发的外在成本和测度

科学的资源开发新模式坚持"谁开发谁保护,谁破坏谁补偿"的原则,通过对外部成本进行测度和补偿,来降低和消除资源开发活动外部影响的不经济性。

1. 资源开发的外在成本

资源开发的外在成本是指整个社会为某一经济单位开发某种资源而付出的所有费用。如果某单位或个人开发某种资源的外部影响是经济性的,不会产生外在成本,其会计成本就是这种资源开发的全部成本。如果外部影响是不经济性的,开发这种资源的全部成本应该是内在成本加上外在成本的总和。

资源开发活动的外在成本一般包括环境成本(因资源开发造成环境污染的代价)、生态成本(因资源开发所造成的生态恶化的代价)、心理成本(因某种资源的开发所导致被影响者心理上的伤害)、文化成本(因某种资源的开发而造成的文化方面的损害)等等。目前,对这些外在成本中的某些成本可以做大概的经济计量,但更多的成本还不能进行直接准确的测度。

2. 环境成本与生态成本的估算

在资源开发的过程中,目前表现最突出的问题就是环境与生态恶化。从

科学的资源开发模式
——走出"资源诅咒"怪圈

总体上说，人类面临的环境问题包括两个方面，一是资源枯竭和生态破坏。这是由于高密度的资源开发活动，引起不可再生资源日趋减少以及可再生资源循环过程的非良性化。二是资源开发过程中的废弃物造成的环境污染。人类对资源的开发所引起的环境的污染超过自然界本身的净化能力时，污染就会成为一种严重的公害，污染达到一定的程度会引起生态恶化，最终影响人的生产生活乃至人类的生存和发展。

对环境成本与生态成本的估算主要有以下几种方法：

(1) 市场价值法。就是利用因某种资源开发而导致的环境质量变化所引起的产值或利润的变化，以此来计量环境质量变化的经济损失。这种方法在事实和逻辑上的依据是：因为在某资源开发过程中可能会造成环境质量的变化，而这种环境质量的变化还会导致某种生产活动的生产率和生产成本的变化，从而导致产值和利润的变化，而产值和利润是可以用市场价格来计算的。市场价值法是假定所掌握的市场信息是完备的，它是用市场价格来确定资源与环境的价值，并且认为市场价值反映了资源的稀缺性，因而是一种有效价格。如果存在价格扭曲，则需要对现存的价格进行调整后再使用。例如，灌溉水水质降低的经济损失，可通过被污染的农田产值的减少来计量；大气污染引起的农业经济损失，也可以通过农产值的降低来计量。

(2) 机会成本法。在资源稀缺的情况下，可以用机会成本作为衡量由于环境质量损害而造成的经济损失。通常在没有市场价格信息的情况下，因某种资源开发而导致对环境的破坏所造成的经济损失，一般可以用假设这种环境若不被破坏时可以带来的经济收益来代替。例如，某城市由于某种资源的开发而使水资源发生短缺，引起工业生产减少或停产造成的经济损失。设该城市工业用水以前可以满足 2×208 吨，可以创造国民收入 2×2020 元。若因水体污染，使城市缺水 1×208 吨，则这部分水体污染的经济损失为 1×208 吨水可创造的国民收入额，即其机会成本为 1×2020 元。

(3) 恢复防护费用法。也叫预防性支出法。在具体的实践中，因为某种资源开发而使得现实环境破坏和生态恶化，人们为了避免或减少环境破坏和生态恶化给社会经济造成的损失，需要对现有的已被破坏的环境进行恢复或防护。这就可以把恢复或防护环境不受污染所需的费用，作为环境资源破坏带来的最低的经济损失或成本。

(4) 影子工程法。也叫替代市场法，是恢复防护费用法的一种特殊形式。影子工程是指对资源进行开发的过程中，当环境破坏后，人工建造一个工程来代替原来的环境功能。例如：一个旅游海湾被污染了，则另建一个海

第七章
科学的资源开发新模式的理论分析 diqizhang

湾公园代替它；就近的水源被污染了，需要另找一个水源来代替，其污染损失至少是新工程的投资费用。当分析研究的对象本身没有市场价格来直接衡量时，可以用能够替代的物品的市场价格来衡量。比如，清新的空气，优美的环境等，是很难用市场价格来计算的，就需要用能够替代的物品的市场价格来衡量其价值。

3. 景观成本的估计

一般情况下，由于资源的开发所造成的环境的破坏甚至生态的恶化，除了会对人们的生产、生活等产生直接的经济损害外，还有可能产生观赏景观的破坏、生活舒适性的破坏等。对于观赏景观的破坏、生活舒适性的破坏，一般没有相应的价格数据可以衡量其破坏的程度，因而，在缺乏价格数据时，就不能应用市场价值法，可以采用影子工程法或假想市场法。

假想市场法，或叫调查评价法。在既无直接市场又无间接的替代市场的情况下，人们只能主观地创造假想的市场来衡量环境质量及其变动的价值，这种进行环境经济评价的方法，一般是通过向专家或环境资源的使用者进行调查，以获得环境资源的破坏所造成的成本，这种方法被称为调查评价法或假想市场法。调查评价法通常可以使用专家评估法和投标博弈法两种。专家评估法就是通过专家对景观资源或环境的舒适程度的价值进行评估的一种方法。投标博弈法是通过对景观资源的使用者或因某种资源开发而受到某种伤害的受害者进行调查，以获得人们对该景观资源或环境舒适程度受到破坏的支付愿望，它是通过模仿商品的拍卖过程进行调查的，故也叫做价格博弈法。

4. 健康成本的估算

由于某种资源的开发而产生的对人类健康的重大负面影响，从而会产生健康方面的代价或成本。在现实中，可以用"人力资本法"来进行评价资源开发对人体健康造成的货币损失。人力资本法是将所有的人看做是劳动力，因为某种资源开发使得一些人生病而耽误工作或死亡而丧失劳动力，这些人就不能与正常人一样为社会创造财富。这会产生两个方面的损失：一种是直接损失，包括医疗费用、死亡丧葬费用。间接费用为病人本身、非医护人员因护理病人而影响劳动的损失，可以用市场价值法来直接计量。另一种是间接损失，包括病人或家属的精神或心理损失等舒适性的损失，一般可以采用调查评价法大概估计。

5. 社会心理成本的计量或估算

社会心理成本，一般是指在对某种资源开发的过程中，由于社会环境发生变化而导致的人们心理方面所付出的代价。主要是在开发人文社会资源的过程中产生的。无论是开发关系资源所付出社会风气方面的代价，还是开发文化资源付出旧文化渣滓泛起的代价，或是观念资源的开发所导致各种思潮的泛滥等，所有这些都主要是通过影响社会风气的变化，而影响人们的心理或精神上的变化。这种变化的结果主要表现在三个方面。首先，新旧文化和各种思潮的同时存在，使得人们的思想状态经常处于一种不稳定状态之中，容易使人产生紧张恐惧、悲观抑郁心理，人与人之间会产生多疑、互不信任等。其次，各种不正之风的产生，如"裙带风"、"见利忘义"、"吃喝玩乐"、"拉帮结派"、"行贿受贿"等腐败风气的滋长，极大地挫伤了人们的工作积极性，伤害了人们的感情。再次，当社会风气发生变化，使人可能会产生一种严重受挫感觉，从而有可能使人因反感而出现明显的对立行为，对社会持反抗和排斥态度，甚至拒绝工作。更有甚者就是有可能把个人的愤懑情绪转化为种种攻击行为。所有这些都是某种资源在开发的过程中，因为某种体制的不完善对人们的心理所形成的各种负面影响，它们构成了资源开发的社会心理成本的基本内容。但是这种心理成本在现实中是很难计量的，一般只能使用假想市场法或叫调查评价法对其进行粗略的估计。

六、科学的资源开发模式与可持续发展

（一）资源开发与经济发展的关系

资源是经济发展的重要物质基础。经济发展必须建立在大量开发利用和消耗资源的基础之上。

1. 资源是经济发展的前提条件

经济发展必须以资源开发为前提，具体表现为：第一，经济发展以资源总量消耗为前提。经济发展与资源（能源）消耗总量之间存在着一定的数量关系。一个国家（地区）所能实际使用的资源，是决定该国（地区）经济发展速度、经济规模总量的前提条件，一个国家（地区）实际使用的资源总量是决定该国（地区）经济增长潜力以及这种潜力能否最终充分发挥出来的前提条件。

第二，经济发展所表现的经济结构改善与资源结构变化密切相关。一方面，资源结构决定着产业结构和经济结构的形成、规模与变化，另一方面，

产业结构和经济结构的调整、优化升级也会拉动或推动资源产业结构和资源结构的改善。

第三，经济发展所要求的生态环境改善建立在正确合理利用资源的基础之上。破坏性采用资源、浪费性利用资源以及在采用利用资源过程中对生态环境的破坏或污染，都会对经济发展产生持久的危害。只有合理有效地开发利用资源，才能保护和改善生态环境，促进经济可持续发展。

第四，经济发展所要求的社会进步建立在提高资源消费质量的基础之上。居民生活质量、人口素质和文明程度的提高，以及教育的发展、就业和收入分配的改善等，既是资源消费规模扩大的结果，更是资源消费质量提高的结果。如果没有一定质量的资源以及资源质量的改进，就不可能有资源消费质量的提高，更不可能有社会进步。

2. 资源是经济发展的重要生产要素

资源不仅是经济发展的前提条件，而且是经济发展的重要生产要素，或者说，资源就是经济发展的重要组成部分。资源对经济发展的直接作用表现为：

第一，资源禀赋状况决定着资源开发利用和资源产业发展状况，从而决定着资源经济乃至整个国民经济的发展状况。

第二，资源稀缺程度的增加在客观上要求实现经济增长方式的转变，改变过去那种主要依赖大量消耗资源以获得经济增长的方式，走资源节约型或综合开发利用型的经济发展道路。

第三，资源稀缺性要求实行市场配置资源，实现资源市场配置的最优化，提高资源使用的经济福利。

第四，资源具有公共品的特性决定了政府在资源配置中应发挥积极的调控作用，以减少资源垄断所产生的效率损失、减少资源利用中的浪费和破坏、降低资源使用所发生的外部负效用，从而提高资源的最大使用效率，使经济更有效地增长和发展。

第五，资源具有较强的关联性，资源的发展必然会带动其他生产要素的有效利用，也会产生相应的市场供给或创造相关的市场需求，并使生产要素的配置结构发生改变；而资源结构的改善则会提高经济结构绩效。

3. 资源开发与经济发展的动态均衡

从短期来看，一个国家（地区）经济发展可以通过大量消耗资源或低估资源成本的方式获得。但是，从长期来说，这种主要通过大量消耗资源而获得经济发展的方式是难以长期维持的，尤其是对资源的过度消耗、大量浪费

科学的资源开发模式
——走出"资源诅咒"怪圈

或严重破坏、污染生态环境,以及资源的过度超前消费必将损害经济持续发展的基础,降低经济长期发展的潜力。因此,必须从可持续发展的角度来协调资源开发与经济发展的相互关系,实现资源与经济发展的动态均衡。

实现资源与经济发展的动态均衡,最根本、最核心的是要使资源的消耗既能满足当代人的需要又能使子孙后代得以继续发展,以实现代内公平(intra-generational equity)和代际公平(intergenerational equity)的统一,也就是要实现资源使用的横向均衡和纵向均衡的统一。特别要将资源使用的横向均衡和纵向均衡有机地结合起来,在促进经济发展过程中,既要兼顾当代人之间的资源利益,又要兼顾当代人与后代人之间的资源利益。其实质就是要求当代人正确处理资源的现时价值与未来价值的关系,从而实现资源使用的横向均衡与纵向均衡的协调,促进经济可持续发展。

(二)科学的资源开发模式可持续发展内涵

科学的资源开发新模式包含了生态持续、经济持续、社会持续这三个彼此关联、互相依存、不可分割的方面内涵。其中,生态持续是基础,经济持续是条件,社会持续是目的。科学的资源开发新模式的可持续发展内涵主要有以下内容:

第一,科学的资源开发新模式强调以提高生活质量为目标,同社会进步相适应,构建了利益均衡、公平和谐的共赢开发机制。科学的资源开发新模式统筹兼顾国家、地方政府、开发企业、资源地居民、生态环境保护之间的利益,在五者之间公平、公正、合理、均衡、和谐地分配利益,做到了开发一方资源、保护一片环境、发展一方经济、富裕一方百姓。特别是坚持把从政府资源开发中获得的收益,主要用于教育、文化、卫生等人文社会资源的培育和开发;交通物流、基础设施等经济资源的培育和开发,以及生态治理、环境保护等自然资源的培育和开发,把开发物质资源的收益转化为培植非物质资源的成果,把开发不可再生资源的收益转化为培植可再生资源的成果,推进资源永续利用、可持续发展。

第二,科学的资源开发新模式强调发展是第一要务,发展是硬道理,构建加快发展、科学发展、又好又快发展的共建开发机制。在强调不进则退、小进也是退、只有大进才能大发展、必须努力加快发展的同时,更加强调要科学发展、又好又快发展,要求每一个经济单位都要切实转变经济发展方式和消费方式,改变传统的以"高投入、高消耗、高污染"为特征的生产模式和消费模式,实施清洁生产和文明消费,减少每一个单位经济活动造成的环

第七章
科学的资源开发新模式的理论分析

境压力,使传统的经济增长模式向可持续发展模式转变。

第三,科学的资源开发新模式强调要充分体现自然资源的价值,构建就地转化、本地化发展的共享开发机制。科学的资源开发新模式在对资源开发的经济成本、环境成本和社会成本进行充分测度的基础上,强调大力实施资源本地化发展战略,通过资源开发企业就地注册、就地加工转化、就地延伸产业链条、就地融资核算纳税、就地吸纳劳动就业,最大限度、最佳效能地发挥资源对区域经济发展的强势驱动作用,使资源富集地走出"财富拿走,贫困留下;资源拿走,污染留下"的发展困境,实现经济社会可持续发展。

第四,科学的资源开发新模式强调以自然资源为基础,与环境承载能力相协调,构建资源节约、环境友好的共生开发机制。要求把发展与环境看成一个有机整体,把环境保护作为最基本的追求目标,并以此作为衡量发展质量、发展水平和发展程度的客观标准。特别强调发展需要节制,要求将资源的保护与利用合理地结合起来,最大限度地降低发展成本。具体来说,就是在发展的同时必须保护、改善和提高资源生产能力和环境自净能力,保证以可持续的方式使用自然资源和环境成本。通过适当的经济手段、技术措施和政府干预,引导企业采用清洁工艺和生产非污染产品,引导消费者采用可持续消费方式并推动生产方式的变革。

科学的资源开发新模式从四个层次推进可持续发展战略的实现:一是将资源的再生产与社会再生产结合起来,通过资源的扩大再生产来促进社会经济扩大再生产,从而实现资源可持续发展。二是将资源产业的发展与其他产业的发展协调起来,通过资源产业结构的优化升级来促进整个社会产业结构的优化升级,从而实现资源产业可持续发展。三是将资源经济的发展与整个国民经济的发展协调起来,通过资源经济的高效增长和合理发展来促进整个国民经济和社会的发展,从而实现资源经济可持续发展。四是将资源经济可持续发展的制度创新与整个经济、社会可持续发展的制度创新结合起来,形成推进可持续发展的制度驱动力。为实现资源经济可持续发展而进行的制度创新,不仅促进了整个经济、社会可持续发展所要求的制度变迁和制度创新,而且为资源经济可持续发展提供了制度保障。

(三) 资源可持续发展

科学的资源开发新模式是站在科学发展观的高度,从科学的资源观这一系统资源理论的视角,通过资源经济制度创新来促进资源可持续发展。

资源可持续发展的内涵包括四个层次:一是资源本身的可再生和可持续

科学的资源开发模式
——走出"资源诅咒"怪圈

开发利用,二是资源产业的可持续发展,三是资源经济的可持续发展,四是以资源为基础的整个经济、社会的可持续发展。这四者共同构成一个有关资源可持续发展的密不可分的统一体。

由于资源分为可再生资源和不可再生资源,且具有不同的使用周期,从物质技术和制度保障的角度来看,二者又表现出不同的发展特征,因此,资源可持续发展首先直接表现为可再生资源的可持续发展和不可再生资源的可持续开发利用,或者说,二者共同构成了资源可持续发展的第一层次的内容。其他三个层次的资源可持续发展都是在此基础上逐步或依次派生出来的更高层次的资源可持续发展,其中以资源为基础的整个经济、社会的可持续发展就是人们经常谈论的一般意义上的可持续发展,也是最高层次的发展战略。

1. 资源自身的可持续发展

资源本身就是可持续发展的重要内容之一,没有资源可持续发展,就不可能有以资源为基础和前提条件的整个经济、社会的可持续发展。资源自身的可持续发展包括以下两个层面:

第一个层面是可再生资源的可持续发展。人类的生存和发展首先是建立在对可再生资源的直接利用基础之上的,资源可持续发展首先必须是可再生资源的可持续发展。在人口规模迅速增长带来对资源消费需求量迅速增加、对资源消费需求结构不断变化和需求范围不断扩大,而资源开发利用技术进步缓慢的条件下,可再生资源的再生能力受到破坏,许多可再生资源变成可耗尽资源甚至可灭绝资源,生态环境的严重破坏直接导致了物种的灭绝和消亡,生物多样性难以维持,其最终结果是危及人类自身的生存和发展。要保护、维持并逐渐扩大或增加可再生资源的再生能力,必须通过资源制度的重新安排和创新,加速资源开发利用的技术创新,才能在不断增加可再生资源存量的同时,不断扩大增量,从而满足人类不断增长的可再生资源消费需求,也就是通过可再生资源的扩大再生产来实现可再生资源的可持续发展。

第二个层面是不可再生资源的可持续开发利用。实现不可再生资源的可持续开发利用,主要途径有两个:一是制度创新,形成合理的资源使用制度安排,禁止对不可再生资源实行"有水快流"、"竭泽而渔"的野蛮式开发利用;加强对可回收的不可再生资源的回收利用和循环利用。二是技术创新,不断提高不可再生资源的综合利用效率,不断推进资源升级和资源替代,科学合理开发利用,延长不可再生资源理论上的枯竭极限期。

2. 资源产业的可持续发展

资源产业可持续发展是指资源产业总体状况与人口、资源、环境、社会互相协调，并且能够长期持续不断地发展。资源产业可持续发展既是产业总体可持续发展的重要组成部分，又对资源经济可持续发展起着重要的推动作用。"只有产业总体的可持续发展战略，才是产业发展战略的最新的、最合理的目标模式。"① 促进资源产业可持续发展对于实现整个经济社会可持续发展具有十分重要的现实意义。

科学的资源开发新模式站在可持续发展战略的高度，制定和实施资源产业可持续发展战略，促进并实现资源可持续发展和资源产业可持续发展，并以此实现资源经济可持续发展和整个经济、社会可持续发展。其战略措施包括如下内容：

一是根据人口总量和结构变化所导致的消费规模和消费结构变化的情况，及时调整资源产业结构，促进资源产业结构优化升级，防止或消除资源产业结构不合理造成的资源浪费和低效利用，实现产业资源的优化配置，更好地满足消费需求，提高居民的消费质量。

二是协调资源产业发展规模与资源、环境承载能力的关系，大力发展节能降耗和保护环境的产业，促进新材料、新能源产业的发展，实现清洁生产、改善生态环境，防止物质资源的耗竭，不损害资源的再生能力，增强资源产业和资源经济发展的资源基础，不断提高资源、环境的承载能力。

三是积极发展高新技术产业，用高新技术改造传统产业，提高资源产业发展的技术水平，推进资源产业结构的高级化，防止资源结构低度化，提高资源的综合利用效率，促进资源产业高效发展。

四是合理调整资源产业布局，优化资源的品种结构和空间布局结构，更好地发挥各地区资源产业的比较优势，防止资源产业结构不合理造成资源供求失衡，实现地区之间资源产业和资源经济的协调发展；充分发挥人文社会资源在资源产业发展中的能动作用，减少资源产业发展自身所消耗的资源量。

五是制定和实施资源产业发展政策，将资源产业发展政策作为实施资源产业可持续发展的重要手段，特别是对那些再生能力严重受损的资源，应切实采取限制其发展规模甚至禁止开发利用的措施，以产业政策保证其再生能力的恢复，推进资源产业发展与人口、资源、环境、社会相协调，推进资源

---

① 简新华：《产业经济学》，武汉大学出版社2001年版，第194页。

科学的资源开发模式
——走出"资源诅咒"怪圈

产业可持续发展,促进整个资源经济和经济社会可持续发展。

3. 资源经济可持续发展

科学的资源开发新模式是实现资源经济可持续发展的新模式。这种模式强调充分发挥政府宏观调控作用和市场配置资源的基础性作用,从三个层次来实施资源经济可持续发展战略。

第一个层次是资源经济内部的协调发展。资源经济内部的协调发展是解决资源经济本身可持续发展的首要问题。资源可持续发展和资源产业可持续发展是实现资源经济内部协调发展的最基本途径,也是整个资源经济可持续发展的基础和重要内容。促进资源经济内部的协调发展,要加快推进资源经济发展方式和资源消费方式的转变,优化资源人口增长,优化资源经济结构,优化生态环境,实现人口、经济、资源、环境、社会的协调发展。

第二个层次是资源经济外部的协调发展。资源经济外部的协调发展就是要解决资源经济发展与以之为基础的经济发展之间的协调关系问题。这包括三个方面的内容:一是资源经济与整个国民经济之间的协调发展。资源经济与整个国民经济之间存在着相互影响、相互制约、相互促进的关系,只有与国民经济发展相适应、相协调,资源经济才能实现可持续发展。二是资源经济与资源型经济体之间的协调发展。资源型经济体是指以资源经济活动为其存在和发展的经济利益主体,包括资源型企业、资源型组织、资源型城市和资源型国家(地区)。推进资源经济与资源型经济体之间的协调发展,关键要采取多因素的资源集聚整合开发模式,调整资源型经济体的经济结构,实现从单一的资源开发结构向多元的资源开发结构转变,促进资源型经济体可持续发展。三是资源经济与整个经济社会之间的协调发展。在促进可持续发展的全部因素中,人口是可持续发展的中心,经济是可持续发展的基础,资源环境是可持续发展的前提条件。① 资源经济发展既为可持续发展创造前提条件,又能打牢可持续发展的基础,是实现经济社会可持续发展的根本途径。只有推进资源经济可持续发展,才能实现经济社会可持续发展。

第三个层次是资源经济与制度创新的协调发展。资源经济制度创新是推动资源经济可持续发展的根本途径,也是实现资源经济可持续发展的根本保障。资源经济制度创新要适应整个经济制度发展创新的要求。目前,我国不合理的资源经济制度已经成为制约资源经济可持续发展的制度因素,如资源产权制度的缺陷导致了资源占有和分配的不公平、资源管理制度的缺陷导致

---

① 田雪原:《人口、经济、资源的可持续发展》,《中国社会科学》,1996(2)。

了资源开发利用中的低效和浪费、资源产业政策的缺陷导致了资源产业规模不经济和结构上的不合理、排斥或不能充分发挥市场机制的作用导致资源不能实现最优配置、资源法律制度不完善导致资源行为的不规范或产生大量的违法资源经济行为等。为促进资源经济可持续发展，必须创新资源经济制度，使其与资源经济可持续发展的要求相协调：一方面，要正确处理资源经济制度内部结构体系中的各项制度创新之间的关系，避免出现制度真空或制度冲突，保障资源经济协调发展；另一方面，要正确处理资源经济制度创新与整个经济制度创新之间的关系。要加快推进资源经济制度创新的进程，促进资源经济发展，进而推进整个经济制度创新，提高包括自然资源、经济资源、人文社会资源在内的一切系统资源的配置效率。

第八章 科学的资源开发模式实证分析
——以四川省凉山彝族自治州为例

全面认识资源,科学开发资源,高效利用资源,有效保护生态环境,实现资源使用效益的最大化,实现人与自然的和谐发展,实现一个地区的快速发展、科学发展、又好又快发展,不仅是经济学界最为热门的研究课题,也是各级党委政府和各级领导干部深入探索、不懈实践的重点工作,更是广大群众最为关切的不断改善生活环境、提高生活水平的民生问题。

近年来,四川省凉山州坚持"加快发展、科学发展、又好又快发展"总体取向,坚持"一主、三化、三加强"(以工业为主导,联动推进新型工业化、新型城镇化和农业现代化,加强基础设施建设,加强科技教育,加强开放合作)发展路径,以全新的视角审视资源,以全新的理念把握资源,在资源的配置和开发新模式上进行了大胆探索,取得了突出的成效。下面,以凉山州创新资源开发模式为例,对本书提出的系统资源理论和科学的资源开发新模式进行实证分析。

一、科学的资源开发模式的资源禀赋——凉山州的区域状况

(一)区域特征

凉山彝族自治州位于四川省西南部,总面积 6.01 万平方公里,全州总人口 448 万,其中彝族 192 万,占总人口的 44.9%。辖西昌、德昌、会理、

第八章
科学的资源开发模式实证分析 dibazhang

会东、宁南、普格、布拖、昭觉、金阳、雷波、美姑、甘洛、越西、喜德、冕宁、盐源及木里藏族自治县等17个县（市），有彝、汉、蒙、藏、回等10多个世居民族，是全国最大的彝族聚居区和四川省民族类别最多、少数民族人口最多的地区。州内地域宽广，地形地貌复杂，气候特征多样，各县市之间自然资源、经济资源、人文社会资源的结构分布不平衡，经济社会发展基础差异大。从区域联系看，凉山处于攀西、川滇的重要结合部，是青藏高原向丘陵平原过渡的重要区域，在川滇区域有着极其重要的区位优势；从市场联动看，凉山联结四川、云南、贵州、广西乃至东南亚地区，既是重要的战略资源开发中心，又是川滇结合部的商贸、物流枢纽；从交通联结看，凉山是南方丝绸之路的重要组成部分，是四川连通东南亚的重要交通走廊，是长江上游的重要通道，公路、铁路、航空，内联攀枝花、乐山、宜宾、雅安、甘孜，外通云南昭通、丽江、昆明；从资源禀赋看，水能、矿产、农业、旅游、民族文化五大资源是一个黄金组合，四大资源是可再生永续利用的，矿产资源虽是不可再生的，但开发刚刚起步，充满着生机与活力。

凉山自古以来就是通往祖国西南边陲的重要通道，是古代"南方丝绸之路"和"茶马古道"的必经之地。远在两千多年前的秦汉时期，中央王朝就在这里设置郡县进行管理。历史上许多著名人物如西汉司马迁、蜀汉诸葛亮、元世祖忽必烈、著名旅行家徐霞客、马可·波罗等都曾有凉山游历、活动的记载。1935年，中国工农红军长征在凉山境内行程800多公里，历时31天，并举行了永垂青史的会理会议和"彝海结盟"。州府西昌市，海拔1500米，冬无严寒、夏无酷暑，有经年常青之树，四时不败之花，天空洁净清朗，月亮晶莹皎洁，素有"月城"雅称，是"中国优秀旅游城市"之一，是举世闻名的中国"航天城"。

（二）资源禀赋

凉山州资源富集，得天独厚，最具特色的有五大资源：

1. 富甲天下的水能资源

凉山境内江河纵横，水能资源极其丰富，理论蕴藏量达7100多万千瓦，可开发量6380多万千瓦，占全省的57%、占全国的15%，是全国最大的水能富集区。目前，国家在"三江"流域上规划的14座大型水电站，凉山境内就有溪洛渡、锦屏、瀑布沟、白鹤滩等10座电站，总装机达5200万千瓦，其中溪洛渡电站是中国第二大水电站，锦屏电站是世界第一高坝水电站，目前已全面开工建设。全州中小河流水能可开发量1000多万千瓦。凉山州水能资源全部开发完成后，年电力销售收入将达到700亿元以上，其中发电环节销售收入 550 亿元，输配电环节销售收入 150 亿元以上。

2. 得天独厚的矿产资源

凉山地处著名的攀西裂谷成矿带，境内矿产资源十分富集，具有品位高、埋藏浅、采取条件好、综合利用价值高的特点，现已探明储量矿产潜在经济价值 7010 亿元，远景储量矿产潜在经济价值 1270 亿元。在已探明的 84 种矿产中，钒钛磁铁矿保有储量 13.73 亿吨；富铁矿 4985.8 万吨，居全省第二位；轻稀土氧化物总量 103.06 万吨，居全省第一位、全国第二位；铜、铅、锌、锡（金属量）485.07 万吨，居全省第一位。

3. 极为丰富的农业资源

凉山属于亚热带季风气候区，冬季日照充足，夏季气候凉爽，年平均气温 15.3℃～19℃，年日照 2200～2400 小时，年平均降水量 1000 毫米左右，无霜期 250—340 天。多日照、雨热同季的气候特点，十分有利于农作物生长发育。独特的光热资源使烤烟、蚕桑、蔬菜、水果等粮经作物呈现出单产高、质量优的特点。凉山烟叶可与世界最好的美国烟叶媲美，是国家优质烟叶、储备烟叶、出口烟叶的重要基地；甘蔗平均亩产 5 吨以上，最高亩产达 15 吨，平均含糖量 13.5%；蚕茧一年可养四季，个大质优，单粒丝长达 1200 米。凉山现有耕地 477 万亩，其中安宁河平原是四川省第二大平原。同时，凉山也是全省三大林区、三大牧区之一，现有林地 4988 万公顷、草地 2716 万亩，森林覆盖率 30.6%，活立木蓄积量达 2.3 亿立方米。

4. 绚丽多彩的旅游资源

凉山旅游资源得天独厚，既有雄奇险秀的大小凉山，又有金沙江、雅砻江、大渡河的自然生态；既有独特的民族风情，又有"南方丝绸之路"等古老的历史遗迹；既有现代的航天科技，又有永垂青史的会理会议、彝海结盟等红色文化，具有数量大、组合优、类型多、品位高的特点，是观光、会议、休闲、度假的最佳旅游目的地。现拥有国家、省级风景名胜区、自然保护区 7 个，AAAA 级景区 4 个，AAA 级景区 2 个，是四川省八大风景区和全国十大旅游线路之一，已形成邛海—泸山、螺髻山、泸沽湖、西昌卫星发射基地、火把节、冬春阳光之旅等旅游品牌。

5. 极具魅力的民族文化资源

凉山是一个多自然资源富集地，各民族历史悠久，风情古朴动人。有全国唯一的彝族奴隶社会博物馆，有彝族火把节、彝族歌舞、彝族服饰、彝族毕摩文化、泸沽湖摩梭文化、傈僳族文化等，民族风情浓郁、文化独特，异彩纷呈、引人入胜。

第八章

科学的资源开发模式实证分析 dibazhang

自然资源、经济资源、人文社会资源所形成的"黄金"组合，是凉山资源禀赋最显著的特征，也是推动凉山经济加快发展、科学发展、又好又快发展的最大优势。对于凉山的资源禀赋，必须系统而不孤立地去认识。要从系统论的角度，把自然资源、经济资源、人文社会资源有机组合起来，良性互动地去把握。同时，对凉山资源禀赋必须动态而不静止地分析。随着人类社会进步和经济发展，同一资源的新功能被发掘出来后，又会衍生出新的资源。比如，随着低碳经济兴起，凉山水能资源、森林资源、生物资源必将成为发展低碳经济极其重要的宝贵资源。这也将是全球应对气候变化、节能减排刚性约束日益强化的客观背景下，凉山实现可持续发展的重要资源。

（三）经济社会状况

由于自然条件和地理区位制约以及历史原因，凉山经济社会发育程度低、发展滞后，经济社会发展的落后状况与自然资源的富集存在明显的反差。特别是安宁河流域五县一市与高山、二半山地区11县相比，"二元"经济结构特征鲜明。安宁河流域五县一市土地面积、人口总和分别占全州的31%和49.3%，2004年，其GDP、财政收入、工业企业数、工业增加值分别占全州总量的69.9%、63.7%、76.1%和80%，人均GDP达到8388元，超过1000美元，整个社会发展已经进入工业化初期。而其他11县的GDP总和不足全州总量的1/3，人均GDP只有3200元，全州48万绝对贫困人口和73万相对贫困人口70%集中这一区域，贫困面大、贫困程度深，扶贫攻坚任务十分艰巨。两个区域的人均GDP、农民人均纯收入、人均地方财政收入的相对差距分别达到2.62∶1、1.78∶1和2.8∶1，绝对差距分别为5188元、1278元和225元，"二元"经济结构矛盾十分突出。(表8.1、表8.2)

表8.1 凉山州经济社会发展基本情况（2004年）

区域名称	幅员面积（平方公里）		总人口（万人）		GDP(亿元)		人均GDP（元）	农民人均纯收入(元)
	绝对数	比重(%)	绝对数	比重(%)	绝对数	比重(%)	绝对数	绝对数
全州	60423	——	424.32	——	251	——	5803	2156
安宁河五县一市	18783	31	209.23	49.3	175.5	69.9	8388	2912
其余11县	41640	69	215.09	50.7	68.8	27.4	3200	1634

表 8.2

区域名称	工业增加值(亿元)		工业企业数(户)		地方财政收入(亿元)		
	绝对数	比重(%)	绝对数	比重(%)	绝对数	比重(%)	人均(元)
全 州	66.1	—	17158	—	11.5	—	266
安宁河五县一市	52.74	80	13057	76.1	7.34	63.9	350
其余11县	11.38	17.3	4101	23.9	2.71	23.6	125

基于以上分析,我们认为,凉山作为全国最大的彝族聚居区,从奴隶社会"一步跨千年"进入社会主义社会的民族地区来讲,最大的优势是资源富集,得天独厚;最大的劣势是贫困人口多,贫困面大,贫困程度深;最大的矛盾是区域、城乡二元结构突出,初级阶段特征更为明显;最大的问题是发展不足,发展水平不高;最重的任务是治穷、治愚、治病;最大的瓶颈是基础设施落后,交通不畅;最大的州情是人口多、底子薄、不平衡、欠发达。这样的州情实际,决定了凉山必须以实施工业强州战略为主导,以新型工业化联动推进新型城镇化和农业现代化,加强基础设施建设,加强科技教育,加强开放合作,充分整合自然资源、经济资源和人文社会资源,推进科学发展、加快发展、又好又快发展。

二、科学的资源开发模式的机制分析——创新资源开发体制机制

长期以来,资源富集地拥有得天独厚的资源,但经济发展滞后,捧着金碗讨饭吃,关键在于缺乏先进的资源开发体制机制,特别是缺乏资源产权明晰化、资源配置市场化、资源转变资本化、资源加工本地化和资源培植可持续的体制机制,导致资源优势向资本优势转变的"惊险一跃"虽近在咫尺,却远在天涯,进而陷入"富饶的贫困"的发展困境。

(一)构建科学合理的产权制度,推进资源开发的资本化、市场化、产业化

构建科学的资源开发新模式,最根本、最核心的是要构建科学合理的资源产权制度,推进资源开发的资本化、市场化、产业化。建立科学合理的产权制度,关键在建立健全推进资源市场化、资源资本化和资源产业化体制机制。要加快建立统一、开放、竞争、有序的现代市场体系,搭建资源产权市场平台,在明确自然资源国家所有的前提下,进一步把资源的经营权(包括占有权、支配

第八章
科学的资源开发模式实证分析 dibazhang

权、使用权)明确授权给各级政府。由政府运用市场手段,通过市场机制,公开、公平、公正、有偿配置给企业。企业无论是国有企业还是民营企业,都拥有通过市场竞价方式获得资源开发权的平等权利。同时,按照谁开发、谁保护,谁破坏、谁补偿的原则,构建生态环境补偿机制。从而,实现资源开发权的获取方式从行政审批转变为市场配置,从无偿获取转变为有偿竞价取得,从暗箱操作转变为阳光操作,从企业不承担生态环保责任转变为生态环境补偿的责任主体。地方政府要坚持"取之于民,用之于民"的原则,把在资源配置获得的收益用于资源开发地的后期扶持,特别要用于发展资源开发地的教育、卫生等事业,不断培植和开发人文社会资源等永续资源,推动资源可持续发展,真正从体制机制上实现资源开发的制度化、科学化、规范化,真正实现共赢开发、共建开发、共享开发、共生开发,实现统筹区域城乡协调发展、人与自然和谐发展,防止"资源拿走,污染留下;财富拿走,贫困留下",实现"开发一方资源、发展一方经济,富裕一方群众,保护一方环境",建设资源节约型、环境友好型社会,推进加快发展、科学发展、又好又快发展。

(二)资源市场化:资源有偿使用、竞争出让

资源市场化是资源使用权有偿让渡的货币表现形式,就是要通过公开、公平、公正、竞争、择优的市场竞争机制,有偿出让资源使用权,实现资源优化配置。2004年,凉山州以矿业秩序最混乱、利益关系最复杂的甘洛县为突破口,开展矿业秩序整治,按照公开、公平、公正、竞争、择优的原则,公开招拍挂出让矿权,探索构建了资源配置市场化模式。甘洛县10宗铅锌矿资源开发权首次面向全国实施公开拍卖,实际拍卖价款高达53510万元,是起拍价8500万元的6.3倍,开创了全国公开拍卖矿产资源开发权的先河。

资源市场化"点石成金"的巨大威力,使甘洛矿业秩序由乱到治,彻底改变了过去采富弃贫、随意弃渣、破坏植被、安全事故频发的状况。四年来,在甘洛矿业开发新模式成功示范带动下,凉山州通过资源市场化,对90个电源点进行拍卖,收益3500万元;招拍挂出让土地39宗,收益4.06亿元;招拍挂出让探矿权、采矿权156宗,矿权出让总价款26.11亿元。

(三)资源资本化:资源优势向资本优势的"惊险一跃"

资源资本化是资源开发权有偿让渡的资本表现形式,就是要将资源在未来的收益转变为现实的、可使用的资本,并发挥资本所具有的实现自我增值的奇特功能,激活存量资产,催化经济发展,助推跨越发展。推进资源资本

科学的资源开发模式
—— 走出"资源诅咒"怪圈

化,就是要发挥资本的显化功能,把各种潜在生产要素变成现实生产要素,完成资源优势向资本优势的"惊险一跃",实现资源的财富价值。

凉山州把水电、矿产资源资本化,转化成为能够获得资源开发剩余索取的资本。根据《民族区域自治法》,经过公开、公平、公正的市场竞争选择,按照科学合理、互惠互利、合作共赢的原则,与中国华电集团公司、四川省电力公司等企业达成了合作开发水洛、木里、鸭嘴 3 条河流水能资源(324.2 万千瓦)的协议。州、县人民政府以资源方式入股,占上述三个流域所有水电开发项目总投资额的 5%,并享有相关权益。此外,凉山州木里县经过优胜劣汰的市场竞争选择,与成都市双流容大矿业有限公司、四川省地质矿产公司、四川汉龙(集团)有限公司、福建紫金投资有限公司、北京金阳矿业投资有限责任公司达成联合开发木里县梭罗沟金矿的协议,由上述五家企业在木里注册成立木里容大矿业有限责任公司,负责开发木里县梭罗沟金矿。根据协议要求,木里县梭罗沟金矿合作开发期限为 10 年,探明保有储量 20 吨,按目前最高综合开发率 75% 折算为可采量 15 吨。木里县容大矿业公司须按可采量的 10% 即 1500 公斤,分 10 年(每年 150 公斤)按当年黄金市场成交价格的加权平均价以现金方式支付木里县人民政府,作为资源和生态补偿。即使木里县容大矿业有限责任公司在约定的 10 年期限内实际采得量不足 15 吨(保有储量 20 吨),也必须按 15 吨的 10% 向木里县支付相关补偿费用。如果在合作期限内,因木里县容大矿业公司扩大采矿权范围因素而实际增加的储量部分,仍须按 10% 向木里县支付补偿费用。

近年来,凉山州资源资本化的规模不断扩大,取得了巨大的财富效应。现已累计对总装机 390 多万千瓦的 83 个电源点采取资源入股 5%~8% 的方式,长期潜在收益 100 亿元;木里县人民政府对保有储量 20 吨的梭罗沟金矿开发占有 10% 的收益,10 年合作开发期限内累计收益接近 3 亿元。

根据《四川省人民政府关于民族地区矿产资源开发有关问题的意见》,凉山州在更深层次、更大范围推进了资源资本化。明确规定,"矿产资源开发地农村集体经济组织和农户在自愿的前提下,可将资源开发项目区内的集体土地使用权(包括矿区范围使用的土地及配套设施用地、矿区道路用地)、林木等折资入股,纳入矿产资源开发利益分配范围,探索建立矿区集体经济组织和农民参股矿产资源开发企业的新方式。"

(四)资源产业化:就地延伸产业链、就地转化增值

资源产业化就是把资源转化为产业,把资源优势转化为产业优势和经济

第八章
科学的资源开发模式实证分析 dibazhang

优势,就是要推进资源就地转化、就地延伸产业链条,不断提高资源综合开发利用水平,实现由"卖资源"向"卖产品"的转变,让资源开发地最大限度的享受到资源加工转化增值效益。

1. 实行资源开发企业就地注册制度

凉山州坚持"在哪里开发资源,就在哪里注册开发公司,就在哪里纳税"的原则,明确规定所有在凉山从事资源开发的业主,都必须在资源所在地注册成立开发企业。通过把开发企业注册在当地,有效解决资源开发涉及的税收、金融、就业等问题,切实做到就地注册、就地融资、就地核算、就地纳税、就地吸纳劳动就业。2004年以来进入凉山州开发资源的37家业主,全部在当地注册开发公司,吸收了1200余名当地群众就业,有力带动了当地经济社会发展和群众增收致富。

2. 实行资源就地加工转化制度

凉山州大力实施资源本地化发展战略,明确要求资源开发企业就地加工、就地转化,就地延伸产业链条、就地提升资源附加值,切实把资源就地转化率提高到50%以上。为确保资源就地加工转化制度得到有效实施,凉山州构建了资源就地加工转化的政策补偿机制,限制资源开发企业直接向州外销售原矿产品和初级产品,从体制机制上推进资源本地化发展、就地加工转化。

根据《中华人民共和国民族区域自治法》,凉山州制定实施了《凉山州重要工业品价格调节基金征集使用管理办法》,明确规定,凡在凉山州行政区域内从事重要工业品(即矿产资源经过开采或者洗选加工后,脱离自然赋存状态的产品。主要包括铁矿石原矿和成品矿、铜矿原矿和铜精矿、锌矿原矿和锌精矿、铅矿原矿和铅精矿、稀土原矿和稀土精矿、原煤和洗精煤及其他重要工业品等)生产、经营的各类企业,如果不在凉山境内就地加工、就地转化、就地延伸产业链条、就地提升资源附加值,而直接向州外销售原矿产品和初级产品,均应按重要工业品州外销售部分实现的销售收入的一定比例或销售量缴纳重要工业品价格调节基金。重要工业品价格调节基金征集标准如下:

(1) 铁矿石原矿按实现销售收入的4%征收;铁精矿按实现销售收入的2%征收。

(2) 铜矿原矿、锌矿原矿、铅矿原矿、稀土原矿按实现销售收入的4%征收;铜精矿、锌精矿、铅精矿、稀土精矿按实现销售收入的3%征收。

(3) 原煤每吨15元,洗精煤每吨20元。

(4) 对同一企业在不同环节生产的重要工业品,按最终产品计征。

(5) 根据重要工业品市场价格的变化情况,经州价格调节基金管理委员会批准，可适时调整重要工业品价格调节基金征收标准。

3. 实行资源产品、项目留存制度，提高资源利用和使用率

凉山州水电资源开发政策中明确规定，在凉山开发水电资源的企业须在负责将凉山富余电量输送到州外电力市场销纳地的同时，承诺将企业在凉山州开发电量的20%按"低上低下"的原则留凉山州使用。这种资源产品、项目留存制度，既打通了资源富集地产品外销通道，又确保了资源富集地经济社会发展的基础原材料和能源供应，使资源富集既能把资源开发出来，更能使用得上开发出来的资源。

（五）资源可持续：把不可再生资源开发收益转化为对人文社会资源和可再生资源的培植

实现资源永续利用、可持续发展，必须加强科技教育，把开发不可再生资源的收益，用来培植人文社会资源和可再生资源，以人文社会资源、可再生资源的可持续发展，推动资源产业可持续发展，推动资源经济可持续发展，进而推动经济社会可持续发展。

大力构建人文资源培植和生态环境补偿机制，从体制机制上确保资源永续利用，确保"开发一方资源、发展一方经济、富裕一方百姓、优化一方环境"。凉山州明确规定，地方政府无论是通过资源市场化还是资源资本化获得的资源开发收益，主要用于三个方面：一是将不低于50%的资金用于改善群众的生产生活条件和解决长远生计问题，重点用于加强基础设施建设、加强科技教育、加强社会保障，巩固和发展义务教育，特别是大力开展职业教育和技能培训，把资源富集地的人口培育改造成为适应时代要求、适应市场需求的人力资源；同时，着力解决扶贫、养老、医疗、失业保险等民生问题，改善水利、用电、交通条件，建立完善养老、医疗、失业等社会保险制度。二是用于加强生态恢复和环境治理，把不可再生资源开发收益转变为对可再生资源的培植，实现资源永续利用。三是用于培植后续财源，增强资源所在地"造血机能"。

三、科学的资源开发模式的空间布局战略选择——实施统筹区域城乡协调发展战略

系统资源理论的核心思想认为，资源是由自然资源、经济资源和人文社

第八章
科学的资源开发模式实证分析

会资源三个部分构成的一个大资源系统。自然资源、经济资源和人文社会资源系统各要素之间只有统筹协调、相互依存、相融互动、共同作用，推动区域经济大发展，才能发挥资源的最大效益。因此，科学开发资源，最重要的是根据资源地经济社会状况、资源禀赋情况和生态地理环境情况，不是单一地开发自然资源，而是充分应用经济资源、人文社会资源对优势的自然资源进行集聚整合，从统筹协调三大资源系统层面进行资源开发，从科学地规划空间布局推动产业集聚整合，制定区域经济发展战略，推动区域城乡经济社会协调发展。

（一）统筹区域城乡协调发展战略的内涵

政府是国有资源所有权的主体，各级地方政府分级负责代表国家行使本辖区内的资源所有权。为此，政府是资源开发的组织者、环境营造者和市场规则的制定者，应该充分运用市场手段来统筹配置资源。一个地区的发展最终取决于党委政府的执政方略和发展路径选择。具体说，就是党委政府对本地资源进行宏观驾驭、统筹配置和营造开发环境的方式和方法。

凉山州委州政府按照"立足资源、富有特色、因地制宜、分类指导"的原则，制定并实施了"立足资源、拓展两线、开发三江、发展三带经济，打造一核、一极、五区、多点"的统筹区域城乡协调发展战略。着力转变经济发展方式，以工业强州为主导，联动推进新型工业化、新型城镇化和农业现代化，加强开放合作，加强科技教育，加强基础设施建设，加大扶贫攻坚力度，大力改善民生，促进社会和谐稳定，推动凉山加快发展、科学发展、又好又快发展。实现把凉山建成"一极四基地"的战略目标，即把凉山打造成四川省跨越发展和构建西部经济发展高地的区域增长极，把凉山建成世界级水电产业基地、西南重要的钒钛钢稀土有色金属基地、四川特色农产品深加工基地、西部阳光旅游目的地。

这一发展战略按照资源类型、交通线、江河流域的经济发展特点将全州划分为三个交通流域经济区，实施分类发展；并从增长极发展理论出发，按照"三化联动"的理念，以工业强州为主导，联动推进新型工业化、新型城镇化和农业现代化，构建"一个发展极核，一个增长极、五大经济区、多点共同驱动"的发展格局。依托五大优势资源，不断创新资源开发新模式，大力推进资源资本化，以资源经济发展推动特色产业发展，把资源优势转变为产业优势、竞争优势和经济优势。从地理空间上打破行政区域限制，对自然资源、经济资源、人文社会资源进行系统认识，统筹配置、分类开发，实施

科学的资源开发模式
——走出"资源诅咒"怪圈

三大资源优势组合，促进县市经济合作、共融、多赢，注重"线"与"面"的结合、工业与农业的互动、城市与农村的融合，寻求在相互支持、互利互惠中共同发展、共同进步，实现区域城乡经济统筹协调全面发展。

1. 统筹协调科学发展，构建和谐、改善民生

凉山与发达地区的差距，不仅体现在人均GDP的差距上，而且还体现在观念、知识、信息、教育、医疗、社保、交通基础设施等方面的巨大社会发展差距上。统筹区域城乡协调发展战略的本质是坚持科学发展观，树立强烈的"赶超"、"跨越"意识，以较低的成本和较短的时间，解放思想、改革开放，学习使用发达地区长期积累的技术、知识、信息，充分动用资源"比较优势"，实施追赶型、跨越式发展战略，并且以科学发展的成果和国家的支持，千方百计投资于教育、医疗、公共基础设施，缩小城乡公共服务差距、城乡收入差距。确立"以人为本"的发展理念，运用科学发展的成果切实改善民生、促进社会和谐，特别是要重点加强教育、文化、医疗及以公路为重点的运输能力建设。只有提高民族地区人口素质，增强迁移流动能力，科学创新能力和医疗卫生服务能力，缩小"信息知识观念差距"、"教育医疗差距"，交通基础设施差距，才能切实增强民族地区科学发展、构建和谐、改善民生的能力。

总之，科学的资源开发新模式要落脚在统筹区域城乡协调发展战略上。而这一战略不再是单一目标的追赶和单一自然资源的开发，而是自然资源、经济资源和人文社会资源三大资源系统的整合互动，以及科学发展、构建和谐、改善民生三件大事的协调推进，尤其要重视以经济发展为主线，包括民生、教育、医疗、文化、知识、观念、环境、社会保障、制度建设在内的多重目标的全面协调可持续发展。

2. 以资源经济、通道经济、流域经济和地理气候经济发展推动区域城乡经济协调发展

立足资源、拓展"两线"、开发"三江"、发展"三带"经济，就是充分依托凉山五大优势资源，不断创新资源开发新模式，以资源类型、交通线、江河流域将全州17个县市划分为三个交通流域经济区，以资源经济发展推动特色产业发展，把资源优势转变为产业优势、竞争优势和经济优势。以交通枢纽经济发展拓展"两线"（公路108国道、成昆铁路线）区域，构建承接川滇、北上南进的"三纵一横加航空水运"的交通大通道和枢纽物流中心；以流域经济发展带动"三江"（金沙江、雅砻江、大渡河）区域开发，构建电源点、电网、电力消纳三大平台，打造电冶产业链；以地理气候立体经济发展带动"三带"（河谷经济带、二半山经济带和高山经济带）经济发

展,抓好马铃薯、烟叶、茧丝绸、特色水果、蔬菜、畜牧业和林业等重点产业,为农民致富增收、建设社会主义新农村提供产业支撑。

3. 以非均衡发展思路,进行点、轴、线、面的区域经济空间布局,推动区域城乡经济协调发展

打造"一核、一极、五区、多点",就是按照区域经济增长极理论对全州发展进行空间布局。通过"一核"、"一极"美丽富饶文明和谐的安宁河谷建设,带动建设美丽富饶文明和谐的新凉山。"一核",就是把州府西昌作为凉山州区域经济发展的极核。西昌是攀西战略资源创新开发示范区的核心,是四川向南发展、打通南方丝绸之路的重要枢纽,是承接川滇、北上南进的物流中心、商贸中心、旅游中心和航天中心。西昌不仅是凉山的西昌、四川的西昌,也是中国乃至世界的西昌。"一极",就是会理、会东两县作为州内增长极。"五区",就是州内五个经济发展片区:安宁河流域片区,包括西昌、德昌、冕宁、喜德;金沙江上游片区,包括会理、会东、宁南、普格;金沙江下游片区,包括布拖、金阳、雷波、美姑、昭觉;大渡河流域片区,包括甘洛、越西;雅砻江流域片区,包括盐源、木里。"多点",就是除"一核"、"一极"之外,点状开发其他14个县,大力培育以资源开发为基础的增长点。

这一发展战略,从系统资源理论和可持续发展的视角,对资源进行全面认识、深刻把握、宏观配置、统筹协调。拓展"两线"、开发"三江"、发展"三带"经济与"一核、一极、五区、多点",形成了纵横交汇、矩阵布局、点线结合、以点带面的发展格局。遵循市场经济规律,打破了行政区划界限。从思想观念资源的改造入手,科学集聚整合自然资源、经济资源和人文社会资源,大力实施资源资本化,推进资源配置的市场化、产业化、区域化,形成了多资源、多产业、多层次的集聚整合,强力推动凉山优势资源优势开发、科学开发、和谐开发,推进区域城乡经济协调发展,共同繁荣。

(二)多资源多要素集聚整合,努力推进生态经济、通道经济、流域经济、产业经济协调发展

资源只有转化为资本,才能推动经济实现快速发展。要坚定不移地推进资源资本化、资源配置市场化。资源是推动经济加快发展非常重要的基础因素。凉山州在充分发挥水能、矿产、农业、旅游和民族文化五大资源作用的基础上,通过发展科学、技术、人才、信息、品牌等经济、人文社会资源要素对先天性资源"点石成金"的作用,做大做强水电经济、矿冶经济、生态农业经济、生态旅游经济,大力发展低碳经济,以资源驱动资本、以资本驱

科学的资源开发模式
——走出"资源诅咒"怪圈

动产业、以产业驱动项目、以项目驱动发展。

1. 依托生态资源，发展生态经济

实行最严格的资源管理和环境容量管理制度，更加注重生态环境的保护。坚持"保护第一"，以环境资源承载力为基础，坚持保护与开发并重、生态与经济结合，不为片面的发展牺牲环境，不为机械的保护放弃发展，既坚守保护生态的"红线"，又划出发展经济的"绿线"。重点通过发展循环经济、碳汇造林等方式，大力发展生态经济、建设生态文明。在迅速扩张经济总量的同时，更加注重区域、城乡、经济社会的协调发展，更加注重环境、资源的可持续支撑，做到开发一方资源、发展一方经济、富裕一方百姓、保护一方环境。走出一条资源节约型、环境友好型的新型发展道路。

2. 依托交通枢纽建设，大力发展通道经济

交通是经济发展的命脉。对凉山来讲，交通制约仍然是凉山发展最大的"瓶颈"。凉山州把加快交通建设作为发展的重中之重，以拓展"两线"为核心，在"两线"区域内以交通发展带动区域发展。按照"抓住重点，形成骨架，建成枢纽"的思路，加强交通基础设施建设，下大气力抓紧破解交通难题。从科学规划入手，树立枢纽意识，着眼大局、适度超前。突出铁路和高速公路，重视航空和水运，完善公路网。以108国道和成昆铁路线为主干，拓展沿线区域，推动通县、通乡、通村公路建设，加快形成现代化综合运输体系，构建承接川滇、北上南进的"三纵一横加航空水运"的骨干交通网络和枢纽物流中心（三纵：成昆铁路、雅攀高速公路、108国道；一横：307省道），以交通提速带动经济提速。实施"公路、铁路、航空、水运"齐头并进。大力推进雅西高速、宜攀高速、沿江高速等级公路、"两会"快速通道和23条出境通道建设，解决对外通畅问题；抓住国家通县通乡油路和通村公路建设的重大机遇，以农村公路建设为重点，解决对内通达问题。加强铁路建设，力促成昆铁路复线建设"丽江—凉山—宜宾"段早日开工。加强航空建设，新建机场新航站楼，开通更多航线；加强水运建设，以港口、码头建设为重点，建设"三江"干支流航道，力争金沙江水路"攀枝花—凉山—宜宾"航线早日通航。抓好物流建设。把构建现代物流作为一项重要产业来抓，构建大交通、大枢纽、大物流。通过发展通道经济，调整产业结构，转变经济发展方式，推动资源节约开发。强化西昌交通枢纽功能，把西昌建设成为川西南重要的物流中心、商贸中心。

"两线"区域，包括冕宁、西昌、德昌、会理、会东、宁南、喜德、越西、甘洛、普格九县一市，这是全州最具活力的经济增长带。这个区域以安

第八章
科学的资源开发模式实证分析

宁流域为中心的产业带光热充足、降水丰富，农业生产条件十分优势，不仅是川内仅次于成都平原的第二大粮仓，也是反季蔬菜、烤烟、糖料、蚕茧、花卉、热带和亚热带水果及优质畜产品生产基地。该区域通过加大农业基础设施建设，引进和推广优良品种，推进农业产业化等措施的落实，农业生产的软硬件条件逐步改善，发展空间进一步拓宽。这个区域依托丰富的矿产、原料和水能资源，已经建立起颇具规模的黑色有色金属的采选和冶炼、电力生产和供应、烟草制品、农产品加工等支柱产业，形成了一批具有市场营销和产品开发能力的骨干企业，工业整体水平居于全州领先地位。一批规模较大的企业，工业生产能力将进入快速扩张时期。这个区域第三产业基础雄厚，发展全面。成昆铁路、108国道和雅攀高速公路贯穿全境，充分发挥优越的交通条件，以州府西昌为中心，建成州内最具规模的城市群——108线城市群，成为主要的消费市场和商品集散地。同时，辐射带动区域内一批旅游风景名胜区，如邛海—泸山、卫星发射基地、普格温泉—螺髻山、灵山寺—彝海等风景区快速发展。形成了优势资源、优势产业、优势行业的优化组合，促进区域经济快速发展。

3. 依托大江大河水电开发，全面推进流域经济

大型水电工程建设对江河流域的整体开发具有巨大的拉动作用。凉山州充分利用"三江"（金沙江、雅砻江和大渡河）水电开发的契机，加快金沙江流域产业经济带、雅砻江流域产业带、大渡河流域产业经济带的发展和建设。依托装机1260万千瓦的金沙江溪洛渡电站，装机840万千瓦的雅砻江锦屏一级、二级电站和官地、瀑布沟等巨型电站，在会理、会东、宁南、布拖、金阳、雷波、普格、木里、盐源、西昌、冕宁、越西、甘洛13个县市加大对"三江"流域丰富水能资源开发，形成以水电产业为主导产业，电冶产业为链条，带动"三江"流域农副产品开发、城镇建设和相关产业发展。

"三江"流域是全州最具潜力的经济增长带。这个区域地貌和气候多样化，极具发展"立体农业"的有利条件。同时由于远离工业污染区，适宜发展绿色产业和无公害食品。近年来，随着生态建设和退耕还林还草工程的展开，大力调整农业结构，已经形成了以脐橙、苹果、核桃为主的干鲜果，以花椒、野生菌类为主的干杂货，以草食牲畜为主的优质畜产品生产基地。这个区域蕴藏着丰富的水能资源，是国家重点水电开发基地，据统计，到2004年底已规划可开发的梯级电站40多座，装机容量达到10000万千瓦以上。目前凉山州境内已经开工的有：金沙江流域的溪洛渡电站、雅砻江流域的锦屏一级、二级电站、大渡河流域的瀑布沟电站。进行前期准备的有白鹤滩、乌

东德、官地、卡拉乡、杨房沟等电站。随着资源开发力度的进一步加大,在今后20年内,将有2000亿以上的建设资金投入,这为三江流域的经济发展提供了最大的机遇。这个区域居住着众多少数民族,其中原居民族就有10多个,自然风光、民族风情、原生态民俗旅游等资源丰富多彩,具体有泸沽湖"女儿国"风景区、雷波马湖、美姑毕摩文化、昭觉彝族服饰文化、布拖"火把之乡"、木里高原风光、藏族风情等,旅游业发展前景看好。随着水电产业的发展,积极调整产业结构,推动"三江"流域相关产业同步发展。

4. 统筹资源区域布局,梯度推进产业经济

统筹协调,分类指导,做强产业经济是统筹资源城乡协调发展战略的落脚点。凉山州地理地貌特征呈现出明显的平坝河谷、二半山和高山三种大的类型。统筹协调发展,就是不同区域都能因地制宜,加快发展。凉山州充分利用光热土地资源丰富,生物和气候多样的独特优势,在全州17个县市以绿色特色产业为主导,大力发展"三带"经济,即平坝河谷经济带、二半山经济带和高山经济带。以平坝河谷经济发展带动二半山和高山经济开发。注重突出区域特色,培育产业集群,延伸产业链条,加强优质农产品基地建设,注重发挥龙头企业带动作用,不断提高特色农产品经营活动的专业化、规模化,不断提高特色农业产业对科技的吸纳能力,不断提高农民组织化程度,实现资源优势和各种生产要素的最佳组合,形成特色优势的水电产业集群、矿冶产业集群、特色农业产业集群,推进区域特色经济快速发展。明确提出今后一个时期的奋斗目标是:立足优势资源,倾力打造千亿级水电产业集群、百亿级矿冶产业集群、十亿级农牧特色产业集群、十亿级工业园区,构建具有国际国内重要影响的特色资源开发基地。到"十一五"期末,实现"一个过半,两个翻番"的奋斗目标。"一个过半",就是到2010年第二产业增加值占GDP比重超过50%,其中工业增加值占GDP比重超过40%。"两个翻番",就是规模以上工业增加值超过180亿元,实现翻番;净利润超过30亿元,实现翻番。

四、科学的资源开发模式的产业布局战略选择——多产业多要素集聚整合,走新型工业化、新型城镇化和农业现代化"三化"联动发展道路

一个地区能否摆脱不发达的关键,就在于所选择的发展战略与经济政

第八章
科学的资源开发模式实证分析 dibazhang

策。凉山选择发展以优势资源为基础的特色经济,集聚整合各方资源,发挥后发优势,走新型工业化、新型城镇化和农业现代化"三化"联动发展道路,其目的是扩大就业机会,改善生活条件,提高生活质量,增强人们的发展能力,实现可持续发展。在各项战略举措中,凉山州把工业强州作为全州发展的主导战略、核心战略、根本战略,集中全州的精力、人力、智力、财力、注意力,形成合力,有效整合各方资源,加快推进新型工业化,带动新型城镇化、农业现代化。

(一)以工业强州战略为主导,走新型工业化道路

工业化是现代化的必由之路。凉山州明确提出,以工业强州战略为主导,大力推进新型工业化带动新型城镇化、农业现代化。强力推进工业集中区建设,千方百计抓好规划项目和招商引资,扎实推进产业集群发展。狠抓企业发展,创新工业发展长效机制,千方百计调动企业家积极性,加强工业战线干部队伍建设,锲而不舍地改善工作发展软环境。紧紧抓住重点产业、重点项目、重点园区、重点企业、重点产品、重点企业家"六个重点",以工业化联动城镇化、农业现代化,建设工业强州,以工业跨越带动全州跨越发展。

1. 做大产业,构建产业集群

立足优势资源,打造支柱产业,发展配套产业,壮大产业集群,促进产业结构优化升级。打造千亿级水电产业集群。依托富集的水能资源,以"三江"干流大型特大型水电站建设为龙头,以中小流域水电梯级开发建设为基础,以超高压电网建设为载体,全力打造百亿水电企业,构建千亿水电产业集群。特别是重点协调服务好四个千万装机、百亿产值电站建设,即装机1260万千瓦、产值170亿元以上的溪洛渡电站,装机1080万千瓦、产值150亿元的锦屏一级、二级及官地电站,装机1200万千瓦、产值170亿元的白鹤滩电站,装机800万千瓦、产值110亿元的乌东德电站。同时,按照"政府主导、资源补偿、企业主体、市场配置"的水电开发新模式,加速推进木里河、水洛河、鸭嘴河等装机百万千瓦的中小流域水电开发建设。同时,积极推进水电项目纳入国家CDM(清洁能源发展机制)项目,依托水电清洁能源,大力发展低碳经济。力争用10年左右时间,把凉山6100多万千瓦的水能资源全部开发出来,实现年发电量近3000亿千瓦时、发电环节销售收入800亿元以上,输配电环节销售收入200亿元以上,构建千亿水电产业集群的目标。打造百亿级矿冶产业集群。凭借得天独厚的矿产优势资源,以提高资源加工、延伸产业链为核心,全力打造百亿级矿冶产业集群。

科学的资源开发模式
——走出"资源诅咒"怪圈

特别是重点抓好500万吨攀钢集团西昌钒钛钢基地、西昌瑞康10万吨金红石型钛白粉、35万吨高炉渣湿法提钛、1万吨五氧化二钒项目建设,形成一批产值上100亿元的钒钛钢冶炼加工产业集群;以江西铜业重组的康西铜业、云南铜业重组的凉山矿业股份、冕宁方兴稀土、会东301铅锌矿、甘洛TCL高锌电池等企业为龙头,加快推进15万吨粗铜、1万吨镍、5万吨铅、9万吨电解锌、高锌电池等一批项目建设,形成产值近百亿元的有色金属冶炼加工产业集群;以西昌航天水泥公司、冕宁锦屏水泥公司、宁南拉法基水泥公司、盐源水泥有限责任公司为龙头,形成600万吨新型干法水泥产业,建成30亿元以上的建材产业集群;在加快建设会东3万吨黄磷加工项目的同时,尽快争取国家发改委立项建设雷波20万吨黄磷加工项目,形成40亿元的黄磷冶炼加工产业集群。打造十亿级农牧产业集群。立足农牧业光热资源优势,大力发展绿色特色产品加工业。特别是重点抓好凉山300万亩、300万担国家重要的战略性优质烤烟基地,以成都卷烟厂西昌分厂,会理、会东、德昌120万担打叶复烤厂为龙头,形成产值50亿元以上的烟草加工产业集群;以豪吉集团为龙头、产值超10亿元的调味品、马铃薯方便食品加工产业集群;抓好以华润蓝剑20万吨啤酒、泰国正大、重庆啤酒为龙头,产值上10亿元的饮料加工产业集群;以攀西佳能达药业为龙头,形成药品加工产业集群;以三牧乳业、华宁公司等为龙头,形成畜牧产品加工产业集群。

2. 做强企业,培育龙头企业

通过兼并重组、股份制改造、技术改造、上市融资、引入战略伙伴等多种途径,努力用5—10年时间,全力打造4个产值上百亿元、4个企业五十亿元、3个企业三十亿元、3个企业二十亿元、6个企业十亿元的支撑企业;培育一批大企业大集团,发展一批产业"旗舰"。加快发展中小企业和民营企业,形成大中小企业相互依存、共同发展的格局。

3. 做优产品,打造知名品牌

依托骨干企业,实施品牌战略,发展一批附加值高、关联性强、市场潜力大的产品,重点打造一批特色名牌产品,形成优势产品链条,增强品牌效应和规模效应。

4. 发展园区经济,实现最大效益

园区是工业集聚的主要载体,是产业承接的重要平台。走集中发展工业的路子,着力提高工业集中度。以规划为龙头,项目为抓手,企业为主体,因地制宜抓好园区经济,大力挖掘现有工业集中区的发展潜力。围绕水电、矿冶、绿色三大产业集群的产业基地建设,大力实施亿元工程,着力延长产

第八章
科学的资源开发模式实证分析

业链,特别是重点抓好以西昌新钢业、太和铁矿为基础,以钒钛加工为产业发展方向的西昌钒钛产业集中区建设,在5年内形成产值上100亿元的钒钛磁铁新型材料工业园区;以钢铁、建材、铜冶炼、锌冶炼及食品、医药加工为产业发展方向,形成产值上50亿元的西昌经久工业园区、西昌北工业园区;以铅、锌采选冶炼加工为产业发展方向,形成产值上30亿元的甘洛铅锌工业集中区;以烟叶打叶复烤、球团和金属氧化球团、铜采选、碳化硅等为产业发展方向,形成产值上10亿元的会东城北工业集中区、会理力马河工业集中区、德昌工业集中区。通过努力,实现农业大州向工业大州跨越,建成具有国际国内重要影响的中国水电工业第一州、西部重要矿冶工业基地和四川特优农牧产品生产加工基地。

(二)突出培育区域增长极,打造"一核、一极、五区、多点",走新型城镇化道路

城镇是资源集聚整合的地理核心,是现代经济活动,特别是发展现代工业的主要载体。在全省重点打造的四个城市群中,凉山是攀西城市群的重要主体。凉山以新型工业化带动新型城镇化,强化城市带动功能。按照统筹城乡、布局合理、节约土地、功能完善、以大带小的原则,以科学规划为龙头,以增强综合承载能力为重点,以新型工业化、农业现代化和现代服务业联动推进城镇化,以工业集中区、特色农业产业园区建设和旅游景点景区支撑城镇化。按照"一核、一极、五区、多点"发展布局,着力加快西昌市这个区域性中心城市建设,加快会理、会东、德昌、冕宁、盐源、昭觉、宁南、雷波等县城为骨干,其他县城和重点乡镇为基础的城镇体系建设,通过"点线结合"、"连点成线",不断增强城镇的辐射带动功能。积极争取会理撤县建市,把会理建成凉山南部区域性中心城市。坚持新型城镇化与发展低碳经济相结合,推进新能源开发利用,把生态园林建设与城镇建设规划结合起来,着力建设一批新能源应用示范城镇、生态园林城镇,真正走出一条新型城镇化道路。以新型城镇化推动全州经济强劲增长。

(三)着力农业振兴,走农业现代化道路

以现代发展理念和方式经营农业,推进农业产业化,发展农产品精深加工,促进农业生产的标准化、专业化、规模化。以现代产业体系提升农业,稳定粮食生产,发展现代种植业和现代养殖业,调整农业品种品质结构,注重发展马铃薯、烤烟、茧丝绸、特色水果、蔬菜、畜牧业和林业等特色效益

科学的资源开发模式
—— 走出"资源诅咒"怪圈

农业,建设"八大现代农业产业体系"(优质粮食、健康养殖、高效经济作物和园艺、特色经济林、农产品加工、劳务开发、休闲观光农业、农村服务业)。农业特色产业取得突破。2007 年,凉山成为国家重要的、战略性的优质烟叶生产基地,计划 3 年时间投资近 30 亿元,建设 300 万亩基本烟田,建成 300 万担优质烟叶生产基地。蚕茧产量达到 34.5 万担,比上年增产 5 万担,产量、增量、蚕农收入、综合效益均列全省第一。马铃薯种植面积达到 160 万亩,总产量 240 万吨,比上年增产 50 万吨,鲜薯加工能力达到 100 万吨。石榴、苹果、青花椒、黑山羊等优质特色农牧产品产量名列全省第一。农业产业化经营迈上新台阶。培育壮大龙头企业 133 家,实现销售收入 52 亿元。建立农民专业合作经济组织 1267 个,会员 20 万人,带动农户 42 万户次。大力推广"龙头企业+专合组织+基地+农户"等产业化经营模式,构建"合同种植、订单收购、一次结算、二次返利"的利益联结机制,其中烟叶产业每年反哺农民 1 亿多元,甘蔗、蚕茧产业反哺农民 5000 多万元。"六村建设"稳步推进,重点抓好 20 个精品村、50 个示范村、100 个跟进村建设,加快发展 146 个"一村一品"专业村,20 个农业标准示范区,83 个无公害农产品、有机食品、绿色食品基地。力争在"十一五"末建成六大特色产业基地(国家重要的、战略性的优质烟叶生产基地,全省最大的马铃薯生产基地,国家优质茧丝基地,全省最大的优质、安全农产品输出基地,全省最大的草食畜生产基地和全国最大的生物质能源麻疯树基地)。优化区域布局,健全农村市场和农业服务体系。不断提高农业综合生产能力。以现代物质条件装备农业,加大农业科技推广力度,推进农业科技进村入户,提高农业机械化水平。以现代烟草农业"六个试点村"和"一基四化"为突破口,狠抓农田水利建设,夯实"四大基础"(高产稳产农田基础、农田水利基础、农村交通基础、农村生态基础)。以"六村"建设和"一村一品"为抓手,统筹区域城乡协调发展,扎实推进社会主义新农村建设。

五、科学的资源开发模式的战略目标选择——以人为本,改善民生,多利益主体和谐发展

科学的资源开发新模式不再是单纯追求经济增长,而是包括经济、平等、教育、医疗、卫生及社会福利,制度建设在内的多重目标的追求。资源开发为了发展,发展为了人民。资源开发的政府收益,要取之于民,用之于

第八章

科学的资源开发模式实证分析 dibazhang

民,特别是要用于资源地永续资源的开发和建设上,用于教育、卫生事业,提高人口素质,培植新的人力资源等可持续人文社会资源,推动经济社会可持续发展。

富民惠民是执政之本,民生问题决定事业兴衰。在实施统筹区域城乡协调发展战略中,凉山州始终坚持以人为本,始终把为人民谋利益放在一切工作的首位,一切工作都要以人民利益为根本价值取向。通过区域协调发展,加强基础设施建设,发展教育卫生事业,提升人文资源质量,构建和谐社会。

(一) 加强基础设施建设,加快发展富民产业

把交通建设作为基础设施建设的重点,在实施交通先行的同时,大力推进精品旅游发展战略。坚持政府主导、企业主体、市场运作、民众参与的旅游产业发展机制,全面提升旅游产业效益和综合竞争力。突出自然生态、民族风情、高科技和红色文化四个特色,全力打造生态凉山、人文凉山、红色凉山,建设"六大精品",进一步提升凉山旅游品牌形象。大力推进旅游产业的转型升级,重点开展对市场要素、产业要素、产品要素的规范整合。开拓境内外旅游市场,开发特色旅游商品,培育旅游企业集团,优化旅游环境,把凉山建成西部阳光旅游目的地,进一步发挥旅游富民效应。积极扩大消费,发展交通运输、仓储物流、贸易、餐饮等服务业,拓展生产性、民生性服务业,推行现代流通方式,提高第三产业在经济和就业结构中的比重。探索直接融资的渠道和方式,培育新的投融资平台,优化金融环境,构建推动跨越发展的金融支持体系。

(二) 大力发展教育事业,提升人力资源含金量

发展教育是培育人力资源、积累人力资本最重要的实现途径。凉山州把大力发展教育事业、培育人力资源、提高劳动力整体素质作为整个经济社会全面协调可持续发展的基础性工作。把普及性基础教育放在关注民生的重要位置,全面深化"十年教育行动计划",巩固"两基"攻坚成果,全面推进"普九"进程。抓好"双五"人才工程和"五加一、一推五"战略,加强五支队伍建设。举全州之力、集全民之智、汇八方之财,实行项目优先批、用地优先划、用人优先调、用款优先拨的工作策略,全力推进人力资源培育工作。全面实施"两免一补"等新机制,全部免除义务教育阶段76万多名学生的学杂费和课本费,为11万多名寄宿制学生提供生活补助。

在教育基础建设投入上,2004—2007 年 3 年间,各级政府累计投入达

10.03亿元。州内182个州级单位对口帮扶167个乡镇发展教育，对口筹措资金改建学校、帮扶学生。各县市认真落实"以县为主"的管理体制，多渠道筹措教育经费，确保教育经费的"三个增长"；采取无偿划拨土地、银行贷款、捐款捐物等办法，切实加大"两基"投入。全州已有7个县市实施了农村中小学现代远程教育工程，共建光盘播放点598个，卫星收视点659个，网络教室113个。今后一年，将投资近4000万元，实现农村中小学现代远程教育的全覆盖。

截至2007年，全州共有中小学校3399所，其中：小学3173所，普通初级中学170所，普通高中39所，职业初中8所，职业高中校点9所（个），全州附设特殊教育中心6所。全州中小学在校生总数达到809826人，其中小学在校生573705人，小学入学率达到99.26%，比2006年提高0.92个百分点；初中（含九年一贯制学校和职业初中）在校生182308人，比2006年增加27442人，初中阶段入学率91.57%；高中（含职业高中5456人）在校生52076人，比上年增加4784人；特殊教育在校生1737人，比2006年增加245人，随班就读面进一步扩大。四年中，全州普通中小学在校生人数净增13万人。

近年来，特别把发展职业教育摆在更加突出的位置，组织实施"十年职业教育行动计划"，加大实用技术人才培养力度。把发展职业教育、促进就业作为教育惠民项目组织实施。中职学校生源急剧上升，2007年，全州中职在校学生达到13776名，中学普职招生比例达4.5:5.5。11788名中职学生享受助学金，补助资金达1768.2万元。全州劳务技能培训7.9万人次，有效提高了农民工劳务输出就业能力，劳务输出收入达15.23亿元。

（三）建设生态文明，提高可持续发展能力

坚持把"创造物质文明、展现精神文明、建设生态文明"有机结合起来，不断探索资源循环利用的新方式，推动低碳经济快速发展。大力发展生态农业。充分发挥凉山州农业生物资源丰富的优势，积极推广先进适用的生态农业技术，大力发展特色绿色无公害农业。把加强农村生态建设与改善人居环境有机结合起来，大力发展沼气池建设，推进农村能源替代，降低薪碳林木采伐和生活温室气体排放。大力发展生态工业。发展循环经济，推进清洁生产，坚持走科技含量高、经济效益好、资源消耗低、环境污染少、人力资源优势得到充分发挥的新型工业强州之路。大力发展生态旅游，以自然生态和原生态自然文化为基础，把生态建设与发展旅游有机结合起来，以旅游

第八章
科学的资源开发模式实证分析 dibazhang

开发促进环境保护,以环境保护推进旅游开发,以生态旅游产业发展推进生态文明建设。建立健全环境监测体系、评价考核和责任追究制度,强化污染物排放总量控制,重点抓好工业污染、大气污染和农药化肥残留污染治理,加强城市污水处理和生活垃圾无害化处理,大力发展清洁生产。坚持"谁开发谁保护、谁受益谁补偿",建立生态补偿机制。大力发展碳汇造林,推进林业生态低碳经济发展。通过林业建设,加强生态建设和环境保护,巩固扩大天然林保护成果,继续抓好退耕还林和退牧还草工程,加强"山、水、林、田、路"的农田水利基本建设综合治理。切实保护水源、土地、森林、草场等自然资源和野生动植物,结合天然林保护、退耕还林还草和小流域水土保持综合治理,全面启动森林城镇建设,着力改善生态环境,构建环境友好型社会,推进生态文明建设。

(四)加大扶贫开发力度,着力改善民生、增进和谐

党和政府的一切工作都要以民生改善为最终检验标准。凉山州切实开展助民富民惠民行动,以更加扎实的为民举措,办好各族群众急需、受益的实事,切实解决好人民群众最关心、最直接、最现实的利益问题。始终把群众利益放在第一位,大力推进"10+5"惠民行动,用科学发展的成果改善民生。

建好"三个中心"。健全州、县市政务服务中心,全面推行"进一道门,办理所有审批事项"服务模式,全州4114项行政许可项目中已有2537项进入中心。完善州、县市信访群众接待中心,党政"一把手"带头,轮流接待群众来访3000余批1万多人次。建立州、县市惠民帮扶中心,集中解决群众上学难、看病难、就业难等实际困难,集中落实生活救助、法律援助、农民工维权等惠民措施,集中培训农民工,帮助下岗、失业人员和失地农民实现再就业。

切实推进扶贫开发。凉山是集中连片的贫困地区,贫困面大、贫困程度深、贫困人口多,扶贫攻坚任务重。制定实施《关于统筹区域城乡协调发展大力推进扶贫开发的意见》,扎实抓好"10+5民生工程",努力实现全州各族人民学有所教、劳有所得、病有所医、老有所养、住有所居。把统筹型捆绑式机制作为扶贫开发的重要抓手,扎实推进产业化扶贫、基础设施扶贫、教育扶贫、卫生扶贫、农村社会保障扶贫、生态扶贫、劳务扶贫、新村扶贫"八大扶贫开发工程",构建"科学统筹、创新机制,整合资源、聚合力量,突出优势、互补发展,区域联动、整体发展"的大扶贫格局。一是各县市要从现有一般转移支付和民族地区转移支付中拿出30%资金,用于扶贫开发;州、县新增一般转移支付和民族地区转移支付的50%资金用于扶贫开发;

· 205 ·

科学的资源开发模式
——走出"资源诅咒"怪圈

二是州县资源有偿出让收益的50%用于扶贫开发。各县市在资源出让中，上缴省级的20%部分以扶贫项目的形式争取全额返还各地，用于扶贫开发。三是建立资源开发地群众受益机制。凡在凉山境内开发资源的企业，当地群众可自愿以土地、林木、草场等补偿费入股，企业要吸收当地群众参股。四是加大信贷扶贫投入力度。五是加大资金统筹捆绑力度。坚持"科学规划、适度规模、整村推进、捆绑使用、突出重点、成片治理"的统筹型捆绑式扶贫开发新模式，以规划统筹资金，以项目捆绑资金，州上统筹规划扶贫工作点，县上捆绑使用扶贫资金。要继续把43%的财力用于改善民生，整合财政扶贫资金、以工代赈资金、农业产业发展资金、退耕还林资金、扶贫贴息贷款等各类扶贫资金，集中投入到规划的重点项目和实施整村推进计划的重点贫困村。六是进一步加强社会扶贫工作。到2010年前，建设扶贫新农村500个，总规模达到1150个，覆盖贫困人口170万人。"十一五"期间，投资2.6亿元解决9.6万贫困户的住房问题。每年新建沼气池2万口以上。实施异地扶贫，将居住在生存条件恶劣的贫困群众搬迁到生态条件较好的地区。确保到2010年，绝对贫困人口降至20万人以下，低收入人口降至30万人以下；到2015年，基本解决20万绝对贫困人口的温饱问题，国家扶贫开发工作重点县人均GDP和农民人均纯收入实现翻番，使30万低收入人口的基本生产生活条件得到改善。

附：凉山州2003—2008年国民经济主要指标增长情况示意图

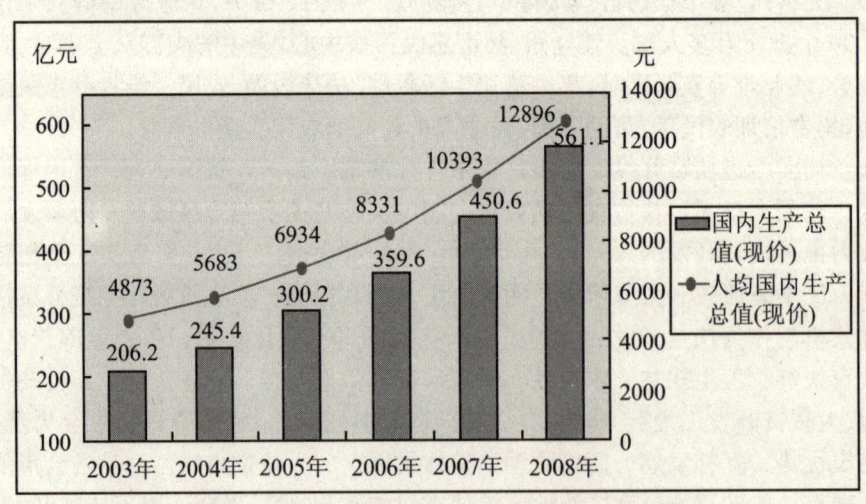

2003—2008年凉山州地区生产总值及人均增长情况

第八章

科学的资源开发模式实证分析

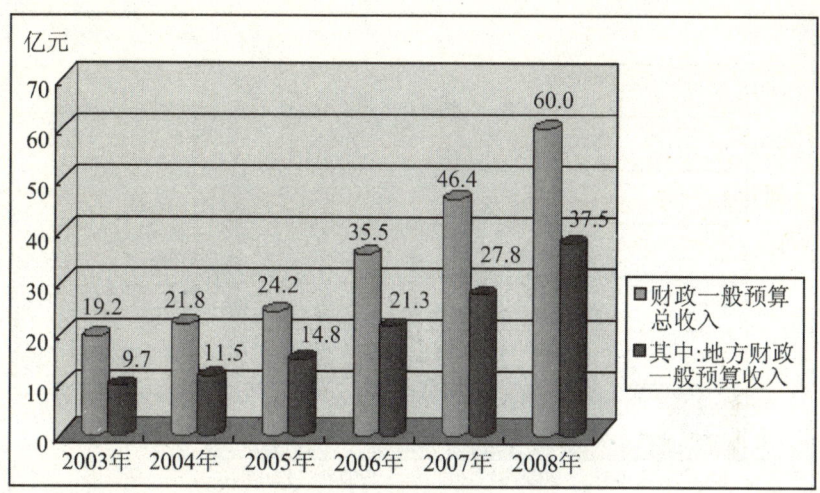

2003—2008年凉山州财政收入增长情况

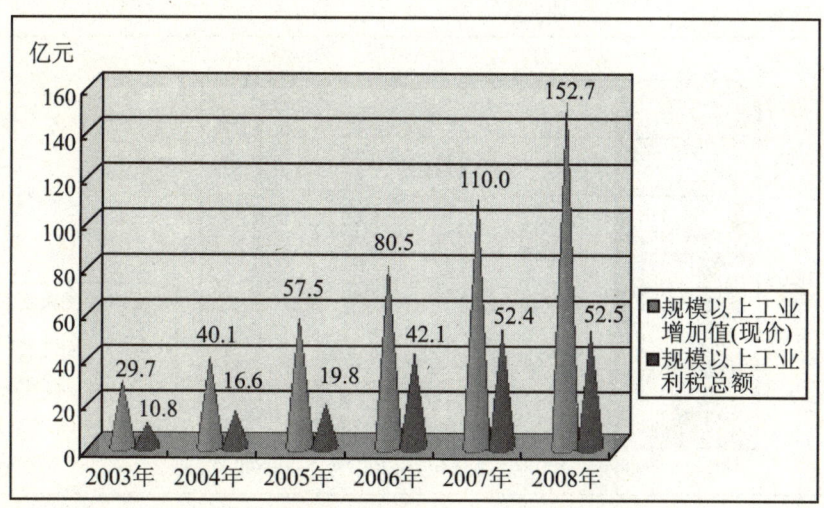

2003—2008年凉山州规模以上工业发展情况

科学的资源开发模式
——走出"资源诅咒"怪圈

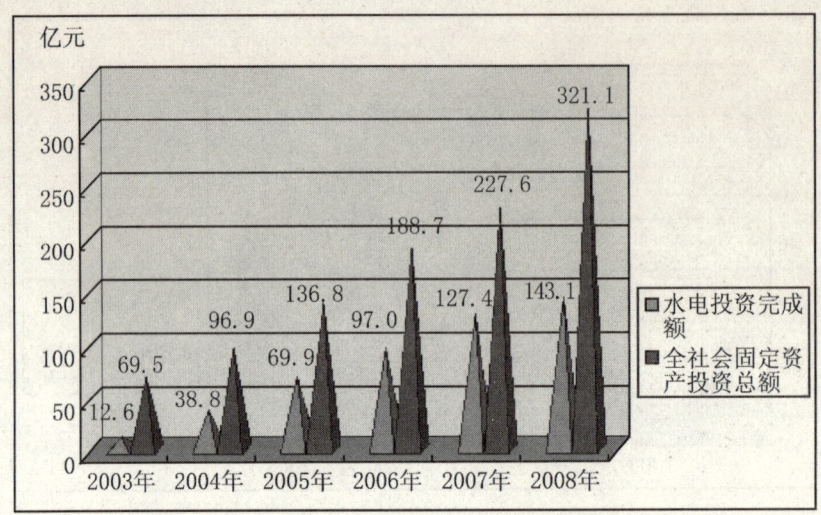

2003—2008 年凉山州固定资产投资及水电开发投资情况

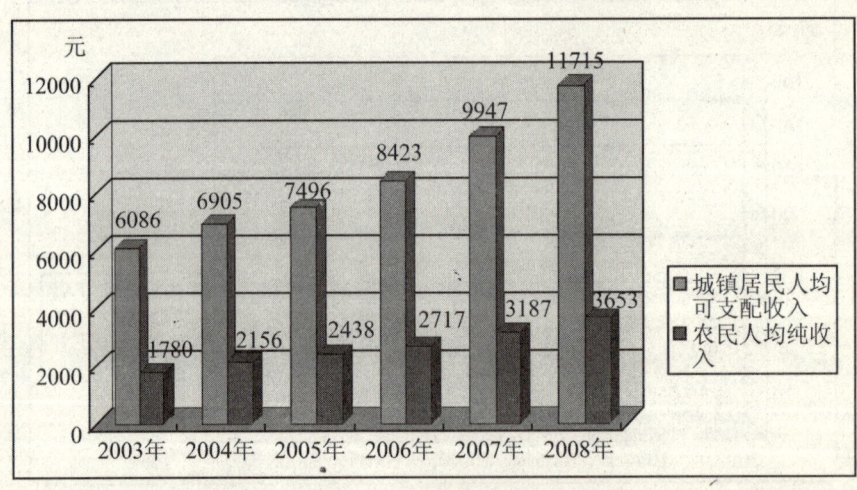

2003—2008 年凉山州城乡居民收入情况

主要参考文献

1. 《马克思恩格斯选集》第 1 卷，人民出版社，1972。
2. 《马克思恩格斯选集》第 2 卷，人民出版社，1972。
3. 《马克思恩格斯选集》第 3 卷，人民出版社，1972。
4. 《马克思恩格斯选集》第 4 卷，人民出版社，1972。
5. 《马克思恩格斯全集》第 25 卷，人民出版社，1972。
6. 马克思：《资本论》第 1 卷，人民出版社，1988。
7. 马克思：《资本论》第 2 卷，人民出版社，1988。
8. 马克思：《资本论》第 3 卷，人民出版社，1988。
9. 《辞海》中册，上海辞书出版社，1979。
10. 丁任重：《西部经济发展与资源承载力研究》，人民出版社，2005。
11. 丁任重：《经济区的理论与实践》，陕西人民出版社，1988。
12. 丁任重：《经济体制改革中的企业分析》，四川科学技术出版社，1994。
13. 丁任重、蔡竞、阳昌寿等：《提高四川主要工业产品市场竞争力研究》，西南财经大学出版社，2002。
14. 王慎之：《中观经济学》，上海人民出版社，1988。
15. 厉以宁：《资源转化和西部开发》，参见陈育宁：《中国西部经济发展——实证分析与对策研究》，中国经济出版社，2004。
16. 王来喜：《资源转换论》，中国经济出版社，2006。
17. 张贵祥等：《区域资源开发的系统转换理论》、《区域资源开发的互补转换理论》。
18. 庇古：《福利经济学》。

19. 斯蒂格利茨：《经济学》中译本，上册，中国人民大学出版社，1998。

20. 〔美〕小罗伯特.B.埃克伦德、罗伯特.F.赫伯特：《经济理论和方法史》，中国人民大学出版社，2001。

21. 亚当·斯密：《国民财富的性质和原因的研究》下卷，商务印书馆，1996。

22. 威廉·配第：《赋税论》。

23. 卢森贝：《政治经济学史》上册，三联书店，1961。

24. 约瑟夫·熊彼特：《经济分析史》第二卷，商务印书馆，1996。

25. 让·巴蒂斯特·萨伊：《政治经济学概论》，商务印书馆，1997。

26. 约翰·斯图亚特·穆勒：《政治经济学原理——及其在社会哲学上的若干应用》，商务印书馆，1997。

27. 马歇尔：《经济学原理》上卷，商务印书馆，1997。

28. 《白钦先经济金融文集》第2版，中国金融出版社，1999。

29. 白钦先：《以全新视野审视金融战略》，载《经济日报》，2000—07018。

30. 古希腊哲学家普罗泰戈拉：《论真理》。

31. 〔美〕迈克尔·波特：《竞争论》，高登第、李明轩译，中信出版社，2003。

32. 徐勇、贺雪峰、邓大才等：《中部复兴：中国第五增长极——中国区域统筹发展的战略思考》，中国农村研究网，2003—12—22。

33. 刘再兴主编：《中国区域经济：数量分析与对比研究》，中国物价出版社，1993。

34. 史忠良：《工业资源配置》，经济管理出版社，1997。

35. 亚伯拉罕·马斯洛：《动机与个性》，1954。

36. 〔美〕迈克尔.T.克莱尔：《资源战争》。

37. 帕累托：《政治经济学教程》。

38. 凯恩斯：《就业利息和货币通论》。

39. 萨缪尔森：《经济学：初步分析》，1948。

40. 科斯：《论生产的制度结构》，上海三联书店，1994。

41. 科斯、阿尔钦、诺斯等：《财产权利与制度变迁》，上海三联书店，1996。

42. 周小亮：《市场配置资源的制度修正》。

43. 厉以宁：《厉以宁北京大学演讲集》，经济科学出版社，2004。

44. 保罗.A.萨缪尔森、威廉.D.诺德豪斯：《经济学》第12版，中国发展出版社，1992。

45. 庄子银：《新增长理论简评》，载《经济科学》，1998（2）。

46. 弗安.W.拉坦：《新增长理论与发展经济学》，载《国外财经》，杨胜刚、胡艳妮译自《发展研究杂志》，1998（12）。

47. 杨小凯：《发展经济学：超边际与边际分析》，社会科学文献出版社，2003。

48. 托达罗：《经济发展与第三世界》，中国经济出版社，1992。

49. 弗朗索瓦·佩鲁：《新发展观》，华夏出版社，1987。

50. 段进朋、许道荣：《我国资源资本化过程中的资源产权问题及对策》，《郑州航空工业管理学院学报》第25卷，2007年第6期。

51. 王舒曼、王玉栋：《自然资源定价方法研究》，《生态经济》，2000。

52. 姜文来：《水资源价值模型研究》，《资源科学》，1998。

53. 李金昌：《环境价值越来越大》，《国际技术经济研究》，1994。

54. 王万山：《中国资源环境产权市场建设的制度设计》，《复旦学报》，2003.3。

55. T.库恩：《科学革命的结构》，上海科学技术出版社，1980。

56. 皮尔斯、沃福德：《世界无末日：经济学、环境与可持续发展》，张世秋等译，中国财政经济出版社，1996。

57. 钱阔、陈绍志主编：《自然资源资产化管理：可持续发展的理想选择》，经济管理出版社，1996。

58. 王军：《可持续发展》，中国发展出版社，1997。

59.〔英〕奥蒂主编：《资源富足与经济发展》，张效廉译，首都经济贸易大学出版社，2006。

60.〔英〕朱迪·丽丝：《自然资源：分配、经济学与政策》，蔡运龙等译，商务印书馆，2002。

61. 爱得华·哥尔德史密斯：《我们需要一种新经济学》。

62. 简新华：《产业经济学》，武汉大学出版社，2001。

63. 田雪原：《人口、经济、资源的可持续发展》，《中国社会科学》，1996（2）。

64. 白钦先、杨涤：《21世纪新资源理论——关于国民财富源泉的最新研究》，中国金融出版社，2006。

65. 刘力钢、罗元文等著：《资源型城市可持续发展战略》，经济管理出版社，2006。

66. 陈石：《资源配置论》，经济科学出版社，2006。

67. 阿兰·兰德尔：《资源经济学》，商务印书馆，1989。

68. 李小云等著：《生态补偿机制：市场与政府的作用》，社会科学文献出版社，2007。

69. 郭京福、毛海军编著：《民族地区特色产业论》，民族出版社，2006。

70. 李金昌、仲伟志主编：《资源产业论》，中国环境科学出版社，1991。

71. 陈惠雄：《资源层次、经济重心与区域经济的多元合作发展》，《中国工业经济》，2004年第8期（总197期）。

72. 陈惠雄：《经济与人本：关于科学发展观的两个基础理论分析》，《浙江大学学报（人文社科版）》，2005年第1期。

73. 陈惠雄：《"以人为本"发展观的几个基本理论分析》，《学术月刊》，2005年第3期。

74. 王忠武：《论知识经济时代的精神文明建设效能》，《理论与现代化》，1998年第10期。

75. 邓春玲：《经济人假说的理论回顾及其启示》，《深圳大学学报（人文社科版）》，2007年第3期。

76. 江林茜：《自然资源与经济增长的关系分析——李嘉图模型的再思考》，《成都理工学院学报》，2000年第27卷增刊。

77. 张世秋：《环境资源配置低效率及自然资本"富集"现象剖析》，《中国人口、资源与环境》，2007年第6期。

78. 尹碧波、范方志：《经济增长的源泉：资源禀赋、技术还是制度》，《贵州财经学院学报》，2004年第5期（总第112期）。

79. 高明、刘淑荣：《自然资源集约利用技术创新的动力机制》，《华中农业大学学报（社会科学版）》，（总第55期）2005年第1期。

80. 蒋满元、唐玉斌：《可持续发展与自然资源开发利用的制度创新》，《郑州大学学报（哲学社会科学版）》，2005年第38卷第5期。

81. 王碧峰：《资源约束与经济增长问题讨论综述》，《经济理论与经济管理》，2005年第7期。

82. 李金昌：《我国资源问题及其对策》，《管理世界双月刊》，1990年第6期。

83. 倪国良、范晓娟：《资源优势对经济增长的影响——兼谈西部地区资源优势战略实现模式》,《黑龙江社会科学》,2006年第3期(总第96期)。

84. 杨艳琳:《我国自然资源开发利用制度创新》,《华中师范大学学报(人文社会科学版)》,2002年第41卷第1期。

85. 孟昌:《对自然资源产权制度改革的思考》,《改革》,2003年第5期。

86. 翟辅东:《论区域可持续发展的资源观》,《资源科学》,1998年第20卷第6期。

87. 成金华、吴巧生:《中国自然资源经济学研究综述》,《中国地质大学学报(社会科学版)》,2004年第4卷第3期。

88. 胡昌暖:《资源价格研究》,中国物价出版社,1993。

89. 钱阔、陈绍志:《自然资源资产化管理——可持续发展的理想选择》,经济管理出版社。

90. 余瑞祥:《自然资源的成本与收益》,中国地质大学出版社,2000。

91. 徐蒿龄:《论市场与自然资源管理的关系》,《科技导报》,1995年第2期。

92. 沈大军:《税价理论与实践》,科学出版社,1999。

93. 〔美〕莱斯特.R.布朗:《B模式2.0》,林自新、暴永宁等译,东方出版社,2006。

94. 余瑞祥等:《中国西部自然资源竞争力评估研究》,中国地质大学出版社,2006。

95. 杨艳琳:《资源经济发展》,科学出版社,2004。

96. 温军: 《民族与发展 新的现代化追赶战略》,清华大学出版社,2003。

97. 宗寒:《资源经济》,人民出版社,1994。

98. 〔美〕阿兰·兰德尔:《资源经济学——从经济学角度对自然资源和环境政策的探讨》,施以正译,商务印书馆,1989。

99. 陈大夫:《环境与资源经济学》,经济科学出版社,2001。

100. 王子平、冯百侠、徐静珍:《资源论》,河北科学技术出版社,2001。

101. 何希吾等:《中国资源态势与开发方略》,湖北科技出版社,1996。

102. 李甫春:《资源开发与民族发展》,民族出版社,1993。

103. 杨云彦:《人口、资源与环境经济学》,中国经济出版社,1999。

104. 史忠良等：《中国经济资源配置的理念与实践》，中国财政经济出版社，1998。

105. 倪建：《区域资源开发模型系统》，中国科学技术出版社，1992。

106. 张帆：《环境与自然资源经济学》，上海人民出版社，1998。

107. 周立三：《中国资源潜力趋势与对策》，1993。

108. 刘光辉：《资源与财富大国》，山西经济出版社，1996。

109. 李康：《社会经济与资源环境》，云南人民出版社，1998。

110. 李昌宁：《资源倾斜配置研究》，陕西人民出版社，1994。

111. 吴大青：《当代资源环境与经济增长》，华中理工大学出版社，1995。

112. 郎一环：《全球资源态势与对策》，华艺出版社，1993。

113. 王国强等：《贫困地区资源开发与发展》，西安地图出版社，1996。

114. 李金昌：《资源经济新论》，重庆大学出版社，1996。

115. 〔英〕罗杰·珀曼等：《自然资源价值代偿机制研究》，经济科学出版社，2005。

116. 孟继民：《资源所有制论》，北京大学出版社，2004。

117. 试忠良、肖四如等：《资源经济学》，北京出版社，1993。

118. 〔日〕藤田昌久等：《集聚经济学》，刘峰等译，西南财经大学出版社，2004。

119. 于连胜：《自然资源价值论及其应用》，化学工业出版社，2004。

120. 中国21世纪议程管理中心可持续发展战略研究组：《发展的基础：中国可持续发展的资源、生态基础评价》，社会科学文献出版社，2004。

121. 程绪平：《我国资源稀缺性与资源产业的发展选择》，《经济研究》，1991年第9期。

122. 马静：《矿产资源的开发与环境保护》，《资源开发与市场》，2003年第9期。

123. 唐本佑：《论资源价值的构成理论》，《中南财经政法大学学报》，2004年第2期。

124. 吴宝华、刘庆山、吕锡强：《自然资源经济学》，天津人民出版社，2002。

125. 杨艳琳：《我国自然资源开发利用制度创新》，《华中师范大学学报（人文社会科学版）》，2002年第1期。

致　　谢

　　六年积累、三年攻坚，本书终于完成了。从一开始的选题、研究方法的选择、整体的构思、逻辑结构的组织、理论角度的切入到具体内容的丰富、相关概念的辨析，西南财经大学教授、博士生导师丁任重先生都给予了悉心指导。从初稿开始的彻夜长谈，到定稿时一个个细节的精心指正，无不浸透着教授的心血。特此向丁任重教授致以衷心的感谢和崇高的敬意！

　　在完成本书的攻坚阶段，正好受组织安排到中央党校学习，得到了中央党校教授张志明、张希贤、宁梅等老师以及中央党校第24期中青年干部培训一班同窗好友的鼓励、支持、关心和指导，在此，谨致以诚挚的谢意！

　　在本书的写作过程中，凉山州委办公室、凉山州发改委、凉山州统计局等单位和廖凯、王锋、万映斌等同志帮助收集了大量资料，给予了大力支持，一并表示衷心的感谢！

　　在本书出版之际，特别要感谢我慈祥的母亲，岳父、岳母和亲爱的妻子、女儿，给了我无微不至的关爱和支持，让我能够安心工作、愉快地完成本书的写作！

作　者　吴靖平

2009年12月